हरित भाषावैज्ञानिक विमर्श

हरित भाषावैज्ञानिक विमर्श

के. वनजा

वाणी प्रकाशन

वाणी प्रकाशन
4695, 21-ए, दरियागंज, नयी दिल्ली 110 002
शाखा
अशोक राजपथ, पटना 800 004
फ़ोन : +91 11 23273167 फ़ैक्स : +91 11 23275710
www.vaniprakashan.in
vaniprakashan@gmail.com

HARIT BHASHAVAIGYANIK VIMARSH
by K. Vanja

ISBN : 978-93-5072-983-0
Criticism/Ecology

प्रथम संस्करण 2015
मूल्य : ₹425

शुभम् ऑफ़सेट, दिल्ली-110093 में मुद्रित
वाणी प्रकाशन का लोगो मक़बूल फ़िदा हुसेन की कूची से

मेरे सुख एवं दुःख में
साथ देने वाले मेरे दोस्त
प्रो. एन. मोहनन जी
को

दो शब्द

साहित्य की दुनिया अब विमर्शों की है। विचारधारा की केन्द्रीयता नष्ट हो गयी। साहित्य में लोकतांत्रिकता आ गयी। इस लोकतंत्रीय स्वरूप के अनुकूल भाषा भी बदलने लगी। विज्ञान और प्रौद्योगिकी के क्षेत्र में तेजी से जो विकास एवं परिवर्तन प्रकट हो रहे हैं, वह उद्योग की गतिविधियों पर भी गहरा प्रभाव डाल रहे हैं। नयी विकास योजनाएँ जन्म ले रही हैं। कभी-कभी इन योजनाओं की अदूरदर्शिता के कारण इनका विपरीत असर समाज और जनता पर पड़ता है। यह दुनिया के पेड़-पौधों एवं जन्तु समूहों के वंशनाश एवं प्राकृतिक संसाधनों के शोषण की वजह बनता है। लेकिन ऐसे परिवेश में भी अधिकारी वर्ग एवं तथाकथित जनसेवक अपने को पर्यावरण-मित्र स्थापित करने के लिए प्रकृति की भाषा का इस्तेमाल करते दिखाई देते हैं। यह जीवन के समस्त क्षेत्र में आज फैशन-सा बन गया है। इसमें निहित जो औद्योगिक एवं बाजारू षड्यंत्र है, उसे समझना आज की अनिवार्यता है। यह हरित भाषावैज्ञानिक विमर्श के द्वारा सम्भव हो जाएगा।

मैंने इसके पूर्व पर्यावरण से जुड़ी हुई 'साहित्य का पारिस्थितिक दर्शन' और 'इकोफेमिनिज़्म' शीर्षक से दो पुस्तकें लिखी थीं। दोनों पुस्तकें 'वाणी प्रकाशन' द्वारा प्रकाशित हैं। उनकी अगली कड़ी है 'हरित भाषावैज्ञानिक विमर्श'। उपर्युक्त दोनों पुस्तकों में पर्यावरण पर केन्द्रित तथ्यात्मक विवेचन हुआ तो इसमें उसका भाषागत विवेचन है। हरित भाषा वैज्ञानिकविमर्श को रूपायित करने में अलविन फिल और पीटर मुहलहॉस्लर द्वारा सम्पादित पुस्तक 'द इकोलिंग्विस्टिक्स रीडर : लैंग्वेज, इकोलजी एण्ड एन्वायरमेंट' से मदद ली गयी है।

इह पुस्तक को प्रकाशित करने में वाणी प्रकाशन के श्री अरुण माहेश्वरी जी ने जो सौमनस्यता एवं सज्जनता दिखाई है, उसके लिए मैं बहुत आभारी हूँ। मेरे जीवन के हर कदम पर साथ देनेवाले गिरीश, श्याम एवं अन्य छात्रों का स्मरण मैं इस अवसर पर स्नेह एवं कृतज्ञता के साथ कर रही हूँ।

के. वनजा

अनुक्रम

खण्ड एक

उत्तर-आधुनिकता विमर्श

उत्तर-आधुनिकता एक ज्ञानदशा या जीवनदशा है। इसकी पहली परिकल्पना आर्नल्ड टायनबी ने की थी। इतिहास में 'उत्तर आधुनिकता' का पहला प्रयोग अमरीकी उपन्यासकार जॉन बार्थ ने 1967 में 'The Literature of Excistence' में किया। 'अनाथत्व', 'उत्तर-आधुनिकता का प्रस्थान-बिन्दु है, जो विकास के समूचे नक्शे पर पुनर्विचार माँगता है, जो कभी खुले बाजार और स्थानीयतावाद में भटकता है। पूँजीवाद अपने चरम पर है। उसने धरती का हर क्षेत्र रौंद डाला है। वह हमारे अवचेतन और प्रकृति को भी नियंत्रित करने में संलग्न है। इसलिए उत्तर-आधुनिकता इस पूँजीवाद का एक सांस्कृतिक तर्क है। अर्थात् वह एक आर्थिक-सांस्कृतिक अवस्था है। उत्तरा-आधुनिकता ठोस पूँजीवादी अवस्था है। वह विदेशी नहीं है, वह हिन्दी साहित्य की स्थिति है, वह भारत की स्थिति है; क्योंकि वह विश्वव्यापक स्थिति है।

फ्रेडरिक जेमसन ने उत्तर-आधुनिकता को 'वृद्ध पूँजीवाद का सांस्कृतिक तर्क' कहा। ऐसा उन्होंने इसलिए कहा कि यह पूँजीवाद का एक नया रूप है। उन्होंने मार्क्सवादी अर्नेस्ट मेंडेल की 'लेट कैपिटलिज़्म' को अपना सन्दर्भ ग्रन्थ बनाया। पूँजीवाद की इस अवस्था का एक विश्वसनीय चित्र मार्क्स ने 1848 में कम्यूनिस्ट मेनिफेस्टो में खींचा था, जिसमें विश्व बाजार और उसके बुर्जुआपन के अति चंचल और गतिवान होने का जिक्र था। मार्क्स की किताब 'ग्रंडिसे' (1857) में भूमंडलीय बाजार का उल्लेख है। पूँजीवाद एक 'क्रांतिकारी शक्ति' है। उसके यथार्थ को द्वन्द्वात्मक ढंग से जानना है। यह सच है कि वृद्ध पूँजीवाद की तकनीकी क्रान्ति ने जहाँ उत्पादकता के साधनों में क्रान्तिकारी परिवर्तन किया है, वहीं मनुष्य का शोषण-उत्पीड़न बढ़ाया है। विश्व बाजार को बढ़ावा दिया गया, लेकिन दूसरी ओर उसने सूचना और तकनीकी से मनुष्य और प्रकृति को अपनी पकड़ में लाकर अपने लिए भी सवाल पैदा किए हैं। आधुनिकता का केन्द्रवाद टूटा है तो नये केन्द्र बने हैं। नया बाजार बना, नये उपभोक्ता बने और नये प्रतिरोध भी बने। उद्योग का साम्राज्य जब बढ़ा तो स्थानीयता और अन्य प्रश्न उभर आये। उनमें मुख्य हैं स्त्री, दलित, पर्यावरण, काल आदि।

उत्तर-आधुनिकता के तीन केन्द्रीय प्रस्ताव हैं—

(1) समग्रतावादी भौतिक सत्यों का नकार

(2) तर्कवाद का नकार

(3) आधुनिकतावाद की सक्षमता का नकार।

'लेट कैपिटलिज्म' के लेखक अर्नेस्ट मेंडेल ने कहा है कि वृद्ध पूँजीवाद में समकालीन जीवन के तमाम क्षेत्र अंतर्भुक्त हो जाते हैं। इस सर्वव्यापकत्व में निहित समग्रता से निपटने के लिए बहुलतावाद को रणनीति की तरह इस्तेमाल करना है, या पूँजीवादी समग्रता को विखंडित करना ही उत्तराधुनिकता का लक्ष्य है। इसलिए बुर्जुआ समग्रता को चुनौती देने के लिए दलित, स्त्री, आदिवासी, पिछड़े और अन्य अल्पसंख्यक सब विमर्श के केन्द्र में आ गये। समूचे विमर्श में संस्कृति केन्द्र में है। ज्ञानोदय ने जिस सांस्कृतिक उद्योग को जन्म दिया, उसने जीवन के हर क्षेत्र को ग्रस लिया। देकार्ते ने कहा कि मनुष्य की मुक्ति 'प्रकृति पर स्वामित्व' में निहित है, सम्भवतः उसी दिन मानवतावाद एक आक्रामक विचार बना और धरती और प्रकृति के फल खाने के लिए निकल पड़ा। ज्ञानवृक्ष फला तो बिजली, इंजन और उद्योग बने। इस यांत्रिकता ने मनुष्य को केन्द्र में प्रतिष्ठित कर बाकी सभी को 'अन्य' बनाया। 'मैं हूँ और मनुष्य हूँ' के आत्मबोध को उठाया गया। ईश्वरवाद ने ईश्वर और मनुष्य के बीच जो सेतु बनाया था, वह टूटकर बिखर गया। सबको हाशिये पर छोड़ते हुए हमारी गौरवपूर्ण अस्मिता एक संकीर्ण-अहंग्रस्त दायरे में सिकुड़ गयी। खुद को विश्व के केन्द्र में प्रतिष्ठित करने की व्यग्रता में हम अपने को शून्य के केन्द्र में प्रतिष्ठित करते हुए बिल्कुल अकेले हो गये।

मनुष्य के अपने अस्तित्वबोध के परिणामस्वरूप उसको प्रकृति से भी अलग होना पड़ा। प्रकृति एक 'समग्र इकाई' है। उसके साथ मनुष्य का रिश्ता टूट जाना मनुष्य के सम्बन्ध में सबसे बड़ा पतन है। प्रकृति पर आधिपत्य स्थापन आधुनिक मनुष्य की पीड़ा को गहराता है, मिथक को नकारता है। निर्मल वर्मा के अनुसार "प्रकृति से अभिन्न होने का नॉस्टेलजिया, प्राथमिक स्मृति की कौंध, शाश्वत और चिरन्तन से पुनः जुड़ने का स्वप्न—ये भावनाएँ मिथक को सम्भव बनाने में सबसे सशक्त भूमिका अदा करती हैं। सच पूछें तो मिथक और कुछ नहीं, प्रागैतिहासिक मनुष्य का एक सामूहिक स्वप्न है और व्यक्ति के स्वप्न के समान वह काफी अस्पष्ट, संगतिहीन और संश्लिष्ट भी है।" (कला का जोखिम, मिथक, कला और यथार्थ, पृ. 15) इसका मतलब यह है कि प्रकृति से मनुष्य की अभिन्नता और उससे प्राप्त सामूहिक बोध मनुष्य को अनाथत्व से बचायेगा। उत्तरा-आधुनिकता में वह पहचान है। इसलिए उत्तर-आधुनिकता का प्रस्थान बिन्दु 'अनाथत्व' कहा जाता है।

इतिहास सम्बन्धी धारणा में भी बदलाव आ गया। इतिहास के पश्चिमी विचार के बदले में भारतीय कला में विसर्जित होने के बाद भी पुनः निर्मित का कालबोध है, जो निरन्तर नये सौन्दर्य को गढ़ता है। भारत का संस्कार न 'प्रगति' के भविष्यवाद में है, न उस इतिहासवाद में, जो सम्पूर्णता को ढके हुए हैं। फ्रायड ने कहा है कि

तमाम प्रभावों को हम विवश होकर अवचेतन की तहों में गाड़ देते हैं, वे कभी भी नष्ट नहीं होते, बल्कि कला में वे ऐसे प्रगट होते हैं मानो अभी जन्मे हों। इसलिए फ्रेंच उपन्यासकार प्रूस्त के उपन्यास 'In search of lost time' में स्मृतियात्रा की बारात चलती है। इसलिए पुराने कालबोध में आदि-यथार्थ के मिथक, अनुष्ठान, जादू, जल-पूजा, देवपूजा, वृक्ष पूजा के मिथक सदा जीते रहते हैं। लेकिन आधुनिकता में 'मिथक' का स्थान 'आइडियोलॉजी' ने ले लिया, ताकि 'इतिहास' की भूख को शान्त किया जा सके। हेगल और मार्क्स, दोनों इस सच को जानते थे। हेगल मनुष्य को इतिहास के साथ एकाकार करना चाहते थे और मार्क्स इतिहास को बदलने की आकांक्षा रखते थे। लेकिन दोनों को पता था कि मनुष्य और इतिहास के बीच जो सम्बन्ध बना वह टूट गया और मनुष्य 'आत्म-निर्वासित' हो गया। यह निर्वासन इतिहास में हुआ है, इसलिए इतिहास में उसका निवारण नहीं हो सकता। इसी से पैदा हुआ 'आइडियोलॉजी' का संकट। यह संकट डेनियल बेल के तर्क, कहें तो एक दिन 'आइडियालॉजी के अंत' में बिखर गया। इसलिए पूँजी ने 'आइडियोलॉजी' की जगह ले ली। उत्तर-पूँजीवाद ने 'विचारधारा' के केन्द्रवाद को ध्वस्त कर दिया। ब्रिटेन के केन्द्रवाद को उखाड़कर अमरीकावाद का डंका बजाया। तब तक सोवियत यूनियन अपनी ही अन्तर्विरोधी दमनकारी करतूतों से खंडित हो बिखर गया। पूरी तरह विश्व पर अमरीकी नव सांस्कृतिक साम्राज्यवाद एवं पूँजीवाद काबिज हो गया। अब कला, मिथक और इतिहास के बीच कोई दीवार नहीं रही। कला में शुरू हुआ अनेकतावादी, बहुलतावादी खेल बड़ी।

उत्तराधुनिक विमर्श इसलिए सांस्कृतिक विमर्श में निहित प्रतिरोध बिन्दु है। वह एक नये चिह्नशास्त्र को सक्रिय करता है। इससे अर्थवादी किस्म की पुरानी समीक्षा गिर जाती है। आधुनिकता के तर्कवाद द्वारा प्रतिष्ठित इच्छित वर्चस्व को उत्तर- आधुनिकता प्रश्नांकित करती है। उच्च कलाओं की स्वायत्तता, शुद्धता और पवित्रता, उसकी शुचिता, पॉपुलर संस्कृति से उसका अस्पृश्य रहना आदि पर उत्तर आधुनिकता प्रश्न करती है। उसमें सबकी जगह है। आधुनिकता में विकसित 'कला की शुचिता' के विचार पर उत्तर-आधुनिकता आक्रमण करती है। इसलिए 'पाठ' की रणनीति अपनाती है। पाठ बनाने की रणनीति विखंडन की है। इसमें पुराना मानवतावाद ध्वस्त हो जाता है क्योंकि इसमें 'अस्मिता' की खोज होती है जो 'आत्मा' को स्वतन्त्र बनाती है। आधुनिकता की स्वतन्त्रता 'अन्यों' के दमन का जरिया बनती है। 'अन्य' का मतलब है—अल्पसंख्यक, पिछड़े लोग, स्त्री, दलित आदि। उसके उलट उत्तराधुनिकता अन्यों की विविधता को बनाये रखती है, क्योंकि उनके तहत समाज बनता है और चलता है।

नवजागरण और पुनर्जागरण दोनों आधुनिकतावादी ज्ञानोदय के विमर्श हैं। पूँजीवाद परम्परा को, इतिहास को, ज्ञानोदय की योजना को ही तहस-नहस करता है।

'महान' सम्भावनाएँ उत्तराधुनिकता में नहीं हैं। पश्चिम में स्त्री को छोड़कर 'अन्यों' का एक हद तक अन्त कर दिया गया। यहाँ गोएथे की उक्ति विचारणीय है—"We are our own demons we expel ourselves from our paradise." लेकिन आधुनिकता का पूरा प्रभाव जिन देशों पर नहीं पड़ा, वहाँ बहुलता का प्रतिरोध सम्भव है। स्थानीय विशेषताओं की ओर लौटना, उन्हें जाग्रत करना, रुचियों, भाषाओं और व्यवहार की विविधता को बनाये रखने की इच्छायें अनेक रूपों में होती हैं। गाँधी का 'हिन्द स्वराज' इस तरह स्थानीयता का दस्तावेज बनता है। वह प्रतिरोधात्मक उत्तराधुनिक दस्तावेज है। इसे आज फैलाने की जरूरत पड़ी है।

उत्तर-आधुनिक विमर्श नकारात्मक नहीं, वह विविधता को बनाने का रचनात्मक सुझाव है। इसमें 'आजादी' के स्थान पर सत्य आ गया है। उत्तर-आधुनिक चिन्तक मानते हैं कि चीज़ों के बीच, सत्यों के बीच भेद और भिन्नता जो स्थापित करते हैं, उसमें हर चीज़ अलग-अलग नजर आती है, हर सत्य अलग नजर आता है, अलग-अलग रंग में नजर आता है। कलाकार विराट सांस्कृतिक उद्योग का एक हिस्सा है। उत्तराधुनिक कलाकार जन संस्कृति या लोकप्रिय संस्कृति का कलाकार है। आधुनिक एलिट कला ने जनता को त्यागकर जो शून्य बनाया है, उत्तराधुनिकता उसे भरती है।

हिन्दी की आधुनिकता यूरोप केन्द्रित थी। इसमें साहित्य की कोई स्थानीय सैद्धांतिकी नहीं है। वह एक ऐतिहासिक मृत्युबोध है; और वातावरण के रूप में विज्ञान, योजना, सेक्युलरिज़्म और प्रगति केन्द्र विशेषणों को अर्थ देती रही है। उत्तर- आधुनिकता इनके सीमान्तों का नाम है। इसलिए विज्ञान के मुकाबले अनुभव की वापसी, योजना की जगह बाजार, सेक्युलरिज़्म की जगह धार्मिक पहचानवादी, जातिवादी, स्त्रीवादी उपकेन्द्रों की वापसी और मनुष्य केन्द्रित प्रगति की जगह प्रकृति केन्द्रित विकास के बीच लगातार बहस जारी है। इसलिए यह कहा जा सकता है कि उत्तर-आधुनिकता का प्रतिरोध बिन्दु 1909 में गाँधी द्वारा लिखित 'हिन्द स्वराज' में पैदा हुआ। केन्द्रवाद के नष्ट होने पर समाज की प्रत्येक इकाई केन्द्र में आ गयी, ज्ञान की जगह उपभोग आ गया यानी कि उत्तर-उपनिवेशवाद और राष्ट्रवाद भी स्थानीयता के साथ केंद्र में आ गये। इसलिए समकालीन आलोचना कई विमर्शों की आलोचना बन गयी।

विमर्श क्या है?

अंग्रेजी में इसे 'डिसकोर्स' कहते हैं। यह विचार विनिमय है, जीवन्त बहस, सोच-विचार और परिचर्चा है। विचार अन्दर खदकते हैं, विमर्श बाहर होता है—विमर्श यानी सलाह-मशविरा, सार्वजनिक स्पेस में उस नये विचार का प्रवेश जो अब तक भीतर-भीतर उमड़ा।

विमर्श साझा चूल्हा है, जिसका लक्ष्य संवाद है। संवाद तब तक हो पाता है, जब तक परिवर्तन और परिष्कार की उम्मीद रहती हो। विमर्श मारकाट नहीं मचाते। प्रजातंत्र के अच्छे नागरिकों की तरह मानवाधिकार के मुद्दे उठाते हैं। वह तार्किक ढंग से है, जिससे सहमति अर्जित की जा सके। विमर्श स्वानुभूत विचार है, कहीं से उठाकर नहीं लाये। खुद अर्जित किया गया है खून-पसीना और आँसू बहाकर। आँसू से आँखें साफ हो जाती हैं, खून-पसीने से रोम-कूप खुल जाते हैं। रोम-रोम में आँखें विकसित हो जाती हैं। वह विवेक है, आईना है, वह दूसरों को भी दिखा रहा है।

संक्षेपतः यह कहा जा सकता है कि उत्तराधुनिकता विमर्श बहुलता का विमर्श है, वहाँ प्रत्येक की सच्चाई को स्थान दिया जाता है। वह कटु यथार्थ है, समय का सच्चा दस्तावेज़ है।

सहायक ग्रन्थ

1. उत्तराधुनिक साहित्यिक विमर्श—सुधीश पचौरी
2. आलोचना से आगे—सुधीश पचौरी
3. कला का जोखिम—निर्मल वर्मा
4. स्त्री-विमर्श का लोकपक्ष—अनामिका

साहित्य की पारिस्थितिकी

आधुनिकता औद्योगिक संस्कृति का सौन्दर्यशास्त्र है, पर समकालीनता सांस्कृतिक विमर्श है। आधुनिकता की हार-जीत से उत्पन्न सांस्कृतिक तर्क भी इसे कहा जा सकता है। या यों कहिए कि आधुनिकता का सांस्कृतिक प्रतिरोध है समकालीनता। सहज स्वाभाविक संस्कृति की गरिमा की उद्घोषणा है इसमें। आधुनिकता की संस्कृति में मनुष्य की निर्मितियाँ हैं यानी वह कृत्रिम है। औद्योगिक उपजों की निर्मिति के लिए मनुष्य ने प्रकृति का शोषण किया। वह प्रकृति से अलग होकर एक नवीन संस्कृति का निर्माण करने लगा। इसकी खतरनाक परिणति है पर्यावरण विनाश। इससे जो सामाजिक, सांस्कृतिक, संवेदनात्मक एवं आध्यात्मिक विचलन उत्पन्न हुए उससे समकालीनता सजग हो उठी है। इसलिए शेष वन्य प्रकृति मनुष्य और आगामी पीढ़ी को बचाने हेतु जो दर्शन रूपायित हुए, वे सब शुरू में आन्दोलनों में प्रकट हुए तो बाद में सर्जनात्मकता से मिलकर उच्च साहित्यिक रचनाओं में। इसलिए अवचेतन में सुप्त पड़ी सहज वासनाएँ आद्य बिंब, मिथक, लोककथा, लोकगीत, अनुष्ठान आदि से संश्लिष्ट प्रकृति जन्य संस्कृति की स्मृति दिलाती और जगाती समकालीन साहित्यिक रचनाएँ पर्यावरण विमर्श पर सोचने की प्रेरणा देती हैं।

पारिस्थितिकी : अवधारणा एवं विस्तार

खेती से उद्योग की ओर मनुष्य का कर्मक्षेत्र जब बदल गया, तब पारिस्थितिक दर्शन पर भी बड़े पैमाने पर परिवर्तन आना शुरू हुआ। कृषि बिलकुल प्रकृति के स्पन्दन से जुड़ी हुई वृत्ति है। कृषि युग में जलवायु एवं भौगोलिक स्थिति मनुष्य की जिन्दगी एवं संस्कृति को चालित करती थी। .कृषि की बुनियाद पर सामूहिक जीवन का आविर्भाव हुआ। स्वाभाविक रूप से इसके साथ मनुष्य की ज्ञान-वृद्धि भी हुई और चिन्तनों एवं दृष्टियों में भी बदलाव आने लगा। मिट्टी को जानने के साथ पर्यावरण को भी जाना। मनुष्य के मनोमण्डल को हवा, वर्षा, पेड़-पौधे, जीव-जन्तु और सूर्य-चन्द्र ने प्रदीप्त कर दिया। जहाँ-जहाँ खेती शुरू हुई, वे सारे भूभाग खेती के लिए उर्वर भूमि बन गये।

मनुष्य, संसार के अन्य जीव-जन्तु तथा उनकी परिस्थितियाँ मिलकर उत्पन्न पारिस्थितिक व्यवस्था है इकोसिस्टम। चेतन एवं अचेतन सब इसके हिस्से हैं।

'इकोलजी' शब्द का प्रथम प्रयोग जर्मन विद्वान अर्नेस्ट हैकिल ने किया (Ockologie-1886)। जीवजन्तुओं के परस्पर सम्बन्धों पर केन्द्रित इस अध्ययन में आज भौतिक, भौतिकेतर संसार, भावलोक एवं मनोलोक भी दर्ज हुए हैं। हमारी सांस्कृतिक व्यवस्था इन सबके मेलमिलाप से निर्मित है। साथ ही देश-देशान्तर का भ्रमण करके दीगर भूमियों एवं भूखण्डों की विशेषताओं की जाँच करने वाले यात्रीगण भी आ गये। उनकी खोजों से वे खुद भ्रमित हो गये। धीरे-धीरे यह उपनिवेश के रूपायन की वजह बन गया। परिणामतः जिन-जिन देशों में संस्कृति निर्मित हुई, वे देश शिकार तथा जिन्होंने उन संस्कृतियों को खोज निकाला, वे शिकारी बन गये। मनुष्य और प्रकृति की अवस्थिति से जब एक सन्तुलित सात्विकता पैदा हुई, तब मनुष्यता और भी सहज-स्वाभाविक हुई, तब उन सबको धन से मापने-नापने की प्रतिसंस्कृति शिकारियों द्वारा निर्मित की गयी। इस प्रतिसंस्कृति की सीमातीत घुसपैठ के बीच में भी अपने समृद्ध पारम्परिक संस्कार को बचाये रखने की कोशिश भी जारी रही। इसका सर्वोत्तम उदाहरण है, एक रेडइंडियन का एक अमेरिकन प्रेसिडेंट से अनुरोध कि मिट्टी, वायु और पानी की बिक्री कभी नहीं होनी चाहिए।

पर्यावरण संकट

दर्शनों एवं आन्दोलनों के आगमन के पहले ही मनुष्य की जीवनचर्या को पर्यावरण से अलग करके देखना नामुमकिन ही था। तब जीवन इतना जटिल तो नहीं था। संस्कृति की यात्रा की रफ्तार बहुत धीमी थी। मनुष्य की संख्या भूमि के लिए बोझ नहीं थी। सुरक्षा और सुख की वृद्धि के साथ मनुष्य की आबादी भी बढ़ गयी। आज की बढ़ती जनसंख्या की बुनियादी जरूरतों की पूर्ति करने में भूमि नाकाबिल है। बिना किसी नियंत्रण के बढ़ती आबादी भूमि के सन्तुलन को ही नष्ट करके दूसरे जीवजन्तुओं के लिए भी बहुत बड़ी चेतावनी बन गयी है। जनसंख्या वृद्धि के फलस्वरूप कई विकास योजनाओं की जरूरत आ पड़ी है। पर आज जरूरत से ज्यादा विकास योजनाएँ पूँजीवादी औद्योगीकरण से हुई हैं। समकालीन दौर के भूमंडलीकरण में नवउपनिवेशी पूँजीवाद का सबसे भयानक रूप दिखाई देने लगा है। इस प्रक्रिया में उच्चवर्ग के साथ मिलकर मध्यवर्ग भी सुख का लालची बनकर पारिस्थितिक सन्तुलन को बिगाड़नेवाली कई विकास योजनाओं के समर्थक बन गये। वे तात्कालिक प्रयोजन में अन्धे हो गये, भविष्यद्रष्टा नहीं रहे।

विकास योजनाओं के आयोजन से मुख्यतः दो प्रकार के पारिस्थितिक संकट पैदा होते हैं। वे हैं जैव संकट और सामाजिक संकट। जैव संकट पेड़-पौधे, जीव-जन्तु, मिट्टी, समुद्र, वायु, जल आदि के शोषण की देन है। सामाजिक संकट में मुख्यतः शहरीकरण के उपलक्ष्य में जो विकास योजनाएँ हो रही हैं, जैसे बाँधों का निर्माण, औद्योगिक नगरियों या विशेष आर्थिक क्षेत्रों (SEZ) की योजना, एक्सप्रेस हाईवे

आदि के निर्माण से जो लोग भूमिहीन बनकर विस्थापित हो जाते हैं, वे सब दरिद्र या समाज के निम्न तबक़े के होते हैं। इन योजनाओं से मुनाफा कमाने वाले पूँजीपति वर्ग हैं। बहुसंख्यकों का विकास अवरुद्ध रह जाता है और वे मानसिक-सामाजिक एवं सांस्कृतिक दृष्टि से विस्थापित हो जाते हैं।

गाँधीजी और पारिस्थितिकी

गाँधीजी दुनिया के सबसे बड़े पर्यावरण चिन्तक एवं पर्यावरण मित्र थे। पर्यावरणिक समस्याओं का वैज्ञानिक ढंग से गहरा विश्लेषण-विवेचन कर उनका समाधान भी प्रस्तुत करने में वे समर्थ हुए। प्रकृति और मनुष्य के अन्योन्याश्रित जीवन के समग्र दर्शन को संसार के सामने प्रस्तुत करते हुए उन्होंने अपनी दूरदर्शिता प्रमाणित की। पर्यावरण सम्बन्धी गाँधीजी के विचार बहुत ही महत्त्वपूर्ण हैं। यूरोपीय देशों में औद्योगिक क्रांति से जो परिवर्तन उभर आया, उसने एक नवीन संस्कृति को जन्म दिया। गाँधीजी ने उस संस्कृति को फैक्टरी संस्कृति कहकर उसे मनुष्य के लिए हिंसक माना। यह मानवीयता और प्रकृति का शोषण करने वाला उपभोग संस्कार है। यह यंत्र संस्कार हमेशा आडम्बरप्रियता को बढ़ावा देता है और पूँजीवाद को बनाये रखनेवाले साम्राज्यवादी संस्कार को मजबूत भी करता है।

धार्मिकिता और आध्यात्मिकता को छोड़कर जो आधुनिक संस्कृति रूपायित हुई है, वह लम्बे समय तक टिकेगी नहीं। गाँधीजी ने एक समग्र जीवन दर्शन को हमारे सामने प्रस्तुत किया। वेद और उपनिषदों द्वारा दिये गये सार्वभौमिक सदाचार की व्याख्या है गाँधीजी के पारिस्थितिकी दर्शन का मूलाधार। उन्होंने सभी क्षेत्रों में भौतिकता तथा आध्यात्मिकता को समन्वित करने की जरूरत पर बल दिया। जन-मानस और धरती के पोषण को महत्त्व देनेवाले भारतीय दर्शन का निचोड़ भी वही है। 1909 में रचित 'हिन्द स्वराज' सचमुच पारिस्थितिक दर्शन का 'घोषणापत्र' माना जा सकता है। उन्होंने उसमें यह ज़ाहिर किया कि भौतिकता पर केन्द्रित संस्कृति—औद्योगिक संस्कृति प्राकृतिक संसाधनों के निर्मम नाश एवं लूट तथा सभी ऊर्जास्रोतों के शोषण की वजह बनेगी।

मशीनीकृत प्रौद्योगिकी विद्यायें बाह्याडम्बर एवं उपभोग संस्कार के लिए मार्ग प्रशस्त करनेवाले विकास के गलत नमूने हैं। यह गाँधीजी की चेतावनी है।

गाँधीजी के दर्शन की आधारशिलाएँ हैं—सत्य और अहिंसा। उन्होंने प्राकृतिक संसाधनों के शोषण को हिंसा माना। इसलिए आडम्बरपूर्ण जीवन को उन्होंने हिंसा कहा। मनुष्य की आत्मा के विकास को उन्होंने सही विकास कहा। उन्होंने अपने विचारों से भारतीय संस्कृति को एक नूतन रूप प्रदान करने की कोशिश की। भारतीय संस्कृति के महत्त्वपूर्ण तत्व हैं आत्मनियंत्रण, सादगी, प्रकृति के साथ सहृदयता, स्नेह, सत्य और अहिंसा। गाँधीजी द्वारा निर्धारित नवीन संस्कृति के मेरुदंड ही भारतीय

संस्कृति के ये तत्त्व हैं। गाँधीजी ने 1909 में जो संवाद 'हिन्द स्वराज' के जरिए शुरू किया उसकी प्रासंगिकता आज बढ़ रही है।

मार्क्स और पारिस्थितिक दर्शन

द्वन्द्वात्मक भौतिकवाद है मार्क्सवाद। इसका जैवविकास सिद्धान्त है डारविन का विकासवाद। उसके अनुसार प्रकृति से प्रकृति का ही हिस्सा बनकर रूपायित है मनुष्य। इस प्रकार रूपायित मनुष्य अन्य जीवों से अपने प्रयत्नों के द्वारा भिन्न हो गया और इस संसार का संचालक बन गया। इस विकास यात्रा में मनुष्य द्वारा हासिल की गयी कामयाबियाँ हैं आज की दुनिया, संस्कृति, प्रगति आदि। मनुष्य द्वारा प्रकृति में जो जो निर्मितियाँ सम्पन्न हो रही हैं, उन्हें संस्कृति या प्रगति नाम से हम अभिहित करते हैं। लेकिन इनमें हर प्रगति एक प्रकार से प्रकृति से हमारी दूरी को सूचित करनेवाला पड़ाव है। ये निर्मितियाँ मनुष्य को आधुनिक बना देती हैं और मनुष्य की शक्तियों एवं सिद्धियों को असीमित भी। यह प्रगति प्रकृति और मनुष्य के बीच के सन्तुलन को बनाये रखने में बाधा बन जाती हैं। इस द्वन्द्वात्मक साम्राज्यवादी पारिवेशिक विकास नीति ने समकालीन पर्यावरण समस्याओं को बहुत मार्मिक व दुखद बना दिया है। एंगेल्स ने प्रकृति की द्वन्द्वात्मकता में सूचित किया है कि प्रकृति पर मनुष्य द्वारा अर्जित जीतों पर बेइंतहा आत्मप्रशंसा करने की जरूरत नहीं है। प्रत्येक जीत के लिए प्रकृति हमसे प्रतिशोध लेती है। हर जीत हमें प्रत्याशा देती है तो बार-बार सोच-विचार करने पर वह बिलकुल उलटे परिणाम में पहुँचती है। मेसोपोटामिया, ग्रीक, एशियामैनर जैसे भूभागों में खेती के लिए जंगलों का नाश किया गया, तब जंगल के साथ जलस्रोतों और जलसंचयों का भी नाश हुआ। यह उन देशों के अनाथत्व का कारण बन गया। इसका तात्पर्य यह है कि एंगेल्स उसी समय से ही प्रकृति के शोषण के प्रति चिन्तित थे और इसलिए आज 'Dialecties of Nature' बहुत प्रासंगिक नजर आता है।

भूमि, प्रकृति, व्यक्ति, मनुष्यसमूह, विवेक, शक्तिसिद्धि आदि को रूपायित करना, अच्छा करना, सबसे श्रेष्ठ बनाकर वापस करना विकास एवं दुनिया की प्रगति सम्बन्धी मार्क्स के दर्शन के मूलतत्व हैं। प्रकृति का विनाश किए बिना उससे पोषण करते रहना ही हर परिस्थितिवादी का मुख्य लक्ष्य है। लेकिन कुछ लोगों की मान्यता यह है कि मनुष्य-प्रयत्न और उस पर केन्द्रित विकास को मुख्य मकसद माननेवाला मार्क्सवाद मनुष्य केन्द्रित है। मार्क्सवाद ऐतिहासिक प्रक्रिया से प्रकृति और मनुष्य में उत्पन्न विकास का वैज्ञानिक विश्लेषण करके उसकी सफलता एवं असफलता की ओर हमेशा इशारा करता आ रहा है। मनुष्य और प्रकृति इस विश्वसत्ता के दो अभिन्न अंग हैं और प्रकृति से अलग मनुष्य का अस्तित्व सम्भव नहीं है, यह अच्छी तरह पहचानता है मार्क्सवाद।

प्राकृतिक नियमों को पहचानकर उन्हें प्रकृति के ऊपर ही प्रयुक्त करके अपनी निर्मितियाँ तैयार करते हुए मनुष्य प्रकृति का मालिक बनता आ रहा है। ये तो मनुष्य और प्रकृति की पुनःसृष्टियाँ हैं। लेकिन ये मनुष्य-निर्मितियाँ और प्रकृति के ऊपर अधिकार जमाना आदि तात्कालिक स्वार्थलाभ के लिए प्राकृतिक संसाधनों का उपयोग करना ही है। सचमुच मनुष्य की ये वृत्तियाँ संहारात्मक हैं और वह पर्यावरण-विरुद्ध भी। पूँजीवादी-साम्राज्यवादी दुनिया में ये वृत्तियाँ प्रकृति-शोषण की सीमाओं को पार कर पर्यावरण विनाश में परिणत होने के राजनैतिक एवं प्राकृतिक कारण हैं। समकालीन पारिस्थितिक चिन्तन एवं संवाद का परिवेश सचमुच यही है। इसलिए मार्क्सवाद के अनुसार पर्यावरण विनाश को समाप्त करने का व्यावहारिक हल कम्यूनिस्ट व्यवस्था ही है। उसमें वैयक्तिक सम्पत्ति को हासिल करने, बनाये रखने और बढ़ाने का प्रयत्न और पूँजी रूपी औद्योगिक चालक शक्ति की केन्द्रीयता आदि से उत्पन्न एक प्रदूषित हाशियाकृत समूह नहीं होगा। इसलिए मनुष्य और प्रकृति के बीच सम्पूर्ण ऐक्य इसमें रहेगा।

पारिस्थितिक दर्शन

1970 से शुरू होकर 1990 तक बिलकुल नयी साहित्यिक दृष्टि बनकर दुनिया भर में विकास प्राप्त एक मानसिकता है पारिस्थितिक दर्शन। 'इको-क्रिटिसिज़्म' (पारिस्थितिक सौन्दर्यशास्त्र) शब्द का सर्वप्रथम प्रयोग विलियम रुकेर्ट ने 1978 में प्रकाशित अपने निबन्ध 'Literature and Ecology An Experiment' में किया। साहित्यिक अध्ययन में परिस्थितिशास्त्र और पारिस्थितिक तत्त्वों के प्रयोग पर विचार करना उस निबन्ध का लक्ष्य था। यद्यपि विलियम रुकेर्ट ने इस शब्द का प्रयोग सर्वप्रथम किया तो भी प्रथम साहित्यिक समीक्षात्मक ग्रन्थ 'The comedy of survival : studies in literary Ecology' 1974 में जो कि जोसफ मीकर द्वारा लिखित है। साहित्यिक परिस्थितिशास्त्र को मीकर ने साहित्यिक कृतियों में अभिव्यक्त जीवशास्त्रपरक विषय के रूप में देखा। इसके साथ Human Ecology में साहित्य की हिस्सेदारी पर विचार करने की कोशिश भी उसमें की गयी है। उनके अनुसार साहित्यिक कृतियों में प्रकृति की प्रक्रियाओं में मनुष्य का विश्वास एवं आधुनिक पर्यावरण संकट के कारणीभूत सांस्कृतिक दर्शन भी प्रकट होते हैं। उन्होंने इस पर बल दिया कि मनुष्य के अस्तित्व एवं ज़िन्दगी पर साहित्य के प्रभाव के अध्ययन करने में साहित्यिक परिस्थितिशास्त्र को सक्षम बनाना जरूरी है।

1990 के आसपास ही पारिस्थितिक सौन्दर्यशास्त्र एक नई समीक्षा पद्धति के रूप में संसार भर में उभर कर आने लगा। 1996 में अंग्रेजी में 'The Eco-criticism Reader' शीर्षक आलोचनात्मक ग्रन्थ प्रकाशित हुआ। इसकी मुख्य सम्पादिका हैं शेरिल ग्लोफेलटिया। इस ग्रन्थ की भूमिका में शेरिल ग्लोफेलटिया ने इस नयी

आलोचनात्मक पद्धति की परिभाषा यों दी है—"मानव संस्कृति का प्रकृति के साथ अटूट सम्बन्ध है। वे परस्पर प्रभावित हैं। यह आलोचना प्रकृति और संस्कृति के बीच के सम्बन्ध को ढूँढ़ती है। एक आलोचनात्मक पद्धति के रूप में इसका एक पैर साहित्य में और दूसरा भूमि में है। एक दर्शन के रूप में यह एक साथ मनुष्य और मनुष्येतर सत्ताओं के साथ जुड़ा हुआ है।" उनके अनुसार आधुनिक साहित्य में संसार मनुष्य के सामाजिक संसार में सिमट रहा है। लेकिन इको-क्रिटिसिज़्म में 'संसार' व्यापक बनकर मनुष्य की पूरी आवास व्यवस्था को धारण करता है। यही तो इको-क्रिटिसिज़्म को अन्य आलोचना-पद्धतियों से अलग करता है। अथवा यह एक सार्वभौम केन्द्रित साहित्यिक अध्ययन है।

प्रसिद्ध पारिस्थितिक चिन्तक लोरेस बुवल के अनुसार "हम कथापात्र, विषय, कथावस्तु से परिचित हैं। थल सम्बन्धी बोध की उपेक्षा एवं अपमान किया जा रहा है। इस अवस्था को परिवर्तित करना पारिस्थितिक आलोचकों का लक्ष्य है। विविध प्रकार से इस अध्ययन में प्रयुक्त वर्ग, वर्ण, लिंग आदि प्रतिमानों के साथ 'थल' को भी जोड़ने के पक्ष में अनेक नव आलोचक हैं। स्वेन बिरकेर्ट्स नामक आलोचक का मानना है कि पारिस्थितिक चिन्तन के केन्द्र में बाह्य संसार या थल नहीं, बल्कि मनुष्य ही है। वे इको-क्रिटिसिज़्म को 'अहंबोध समीक्षा' (Ego-criticism) नाम से अभिहित करना चाहते हैं। क्योंकि इसमें मनुष्य की प्रकृति, उसका लालच, अधिकार के प्रति अतिमोह आदि की खोज आवश्यक है।

पाश्चात्य पारिस्थितिक चिन्तकों में ज्यादातर लोग इतिहास के बदले प्रकृति को स्थान देनेवाले हैं। पर पारिस्थितिक दर्शन इतिहास से मुक्त नहीं है। प्रकृति के संरक्षण का मतलब प्राचीनता का संरक्षण नहीं है। इतिहास की उपेक्षा से काल की गति रुक जाएगी। इसके फलस्वरूप पारिस्थितिक दर्शन किसी प्रागैतिहासिक युग की ओर वापसी और भूतकाल की पुनरावृत्ति बनकर सीमित हो जाएगा। वाल्टर बेंजामिन और लूई मेन्फोर्ड के यंत्रविरुद्ध दर्शन, रैमेंड विलियम्स के समाजवाद, इकोलजी और ग्राम-नगर के द्वैत सम्बन्धी चिन्तन अडोर्नो, हरबर्ट मर्क्यूस जैसे फ्रांकफर्ट-स्कूल के चिन्तकों की कृतियाँ एवं ऐंगल्स के 'डायलटिक्स ऑफ नेचर' के पुनःपाठ नये पारिस्थितिक मार्क्सवाद के लिए दार्शनिक पृ.भूमि प्रदान करते हैं। पारिस्थितिक चिन्तक जॉन एल्डर के अनुसार इको-क्रिटिसिज़्म की सबसे बड़ी अहमियत इसका अविश्वसनीय वैविध्य है।

परिस्थितिवाद की मुख्य शाखाएँ हैं—गहन परिस्थितिवाद (Deep Eco-criticism) सामाजिक परिस्थितिवाद (Social Eco-criticism), समाजवादी परिस्थितिवाद (Marxist Eco-criticism), पारिस्थितिक स्त्रीवाद (Eco-Feminism)।

गहन परिस्थितिवाद

1973 में नोर्वे के चिन्तक अर्ननेस ने गहन परिस्थितिवाद नाम से एक नयी दर्शनशाखा को जन्म दिया। इसके आधारभूत दो तत्त्व हैं। पहला है, मनुष्य के समान इस प्रकृति की सभी सत्ताओं का अपना मूल्य है और उन्हें अपने अस्तित्व को खुद ढूँढ़ने का अधिकार है। प्रत्येक सत्ता का मूल्य इस पर केन्द्रित नहीं है कि वह मनुष्य के लिए उपयोगी है या नहीं। इसलिए प्रकृति से मनुष्य को अपनी बुनियादी जरूरतों से ज्यादा संसाधनों को एकत्रित करने का अधिकार नहीं है। दूसरा है कि दर्शन को मनुष्य केन्द्रित तत्त्व से जैव केन्द्रित बनाना है। तब भूमि पर प्रत्येक सत्ता को अपना अस्तित्व प्राप्त हो जाएगा।

मनुष्य का आर्थिक जीवन स्तर लगातार बढ़ता जा रहा है। उसके लिए प्रकृति का अनुचित शोषण करना सही रास्ता नहीं है। उस दौर में मनुष्य की नीति, अर्थशास्त्र, कार्यप्रणाली आदि में परिवर्तन लाना चाहिए। इसके लिए अहिंसा के मार्ग को अपनाना चाहिए। भारतीय दर्शनों में बौद्ध-सेन दर्शन गहन परिस्थितिवाद को बढ़ावा देनेवाले हैं। विश्वसाहित्य में यह भाव बड़े पैमाने पर प्रयुक्त हो रहा है।

सामाजिक परिस्थितिवाद

पूँजीवाद ने प्रकृति और सामाजिक संरचना को समान रूप से आघात पहुँचाया। पूंजीवाद के जरिए जो प्राकृतिक विनाश हो रहा है, उसके सम्बन्ध में उन्नीसवीं शताब्दी के अन्त से मार्क्सवादी दृष्टिकोण से पीटर क्रोपोरकीन, चाल्स फेरियर, विलियम मॉरीस जौसे विद्वानों ने लिखना शुरू किया था। बीसवीं शताब्दी के अन्तिम तीन दशकों तक आते-आते पारिस्थितिक दर्शन को नया प्राण मिलने लगा। यह अरुण हरित संगम मुख्यतः दो धाराओं से आगे बढ़ा : Social Ecology और Eco- Marxism। इन दोनों की मुख्य समानता यह है कि गहन परिस्थितिवाद से अलग होकर ये पारिस्थितिक संकट के सामाजिक-सांस्कृतिक एवं आर्थिक कारणों पर ध्यान देते हैं। संकट के जैव रूप को दोनों पहचानते हैं।

1962 में रेचल कर्सन ने मौन वसन्त (Silent Spring) लिखा। उसी वर्ष में मुरे बुक्कच्चिन नामक एक अमेरिकी दार्शनिक ने कृत्रिम परिस्थिति नामक एक रचना की। इस रचना के जरिए सामाजिक परिस्थितिवाद को एक सुस्पष्ट परिभाषा एवं दार्शनिक आधार प्राप्त हुआ। बुक्कच्चिन ने कहा कि शुरू में मनुष्य ने अन्य मनुष्यों के ऊपर अधिकार जमाने का कार्य किया था। अधीनस्थ बनना उसकी सहज एवं स्वाभाविक वृत्ति ही है। मनुष्य जब गोत्र बनकर रहने लगा, तब वह प्रकृति का अनुसरण करके ही जी रहा था। पर धीरे-धीरे गोत्र में पुरुष का अधिकार बढ़ने लगा। इसे सुदृढ़ रखने के लिए कई अधिकार सम्बन्धी संरचनाएँ की गयीं। परिणामतः पुरुषसत्तात्मक व्यवस्था में स्त्रियों को अधीन कर दिया गया। इस सामाजिक प्रभुत्व का स्वाभाविक

परिणाम है प्रकृति पर अधिकार जमाने की प्रणाली। इस प्रभुत्व को समाज से दूर करने का प्रयत्न है बुक्कच्चिन का सामाजिक परिस्थितिवाद।

इको-मार्क्सवाद

इको-मार्क्सवाद के समकालीन प्रचारकों में मुख्य हैं जेम्स ओ. कोणोर। बुक्कच्चिन के सामाजिक परिस्थितिवाद से भिन्न इको-मार्क्सवाद राजनैतिक अर्थशास्त्र का विश्लेषण करता है। जेम्स के अनुसार प्रयत्न, शोषण, उत्पादन, मुनाफे की दर, पूँजी का बँटवारा और केन्द्रीकरण जैसे मुख्य मुद्दों के अध्ययन से ही पूँजीवाद के अधीन उत्पन्न होनेवाले प्राकृतिक नाश पर विचार किया जा सकता है। पूँजीवादी व्यवस्था के आमूल परिवर्तन से ही पारिस्थितिक संकट का हल सम्भव होगा। गहन परिस्थितिवादियों और सामाजिक परिस्थितिवादियों के समान जेम्स भी प्रकृति की सत्ता और जैव वैविध्य को मानने के साथ ही साथ इसको इक्कीसवीं शदी के मनुष्य के आधारभूत विज्ञान के रूप में मान्यता देते हैं।

इको-फेमिनिज़्म

आधुनिक फेमिनिस्टों में सबसे पहले सीमोन द बुआ ने स्त्री और प्रकृति को साथ रखकर विचार प्रस्तुत किया। पुरुषसत्तात्मक समाज ने स्त्री और प्रकृति की समानता पहचानकर दोनों का वस्तुकरण किया। इसलिए पुरुष ने स्त्री और प्रकृति को अपनी शक्ति के अधीन बनाकर नयी संस्कृतियों का निर्माण करना शुरू किया। स्त्री और प्रकृति से भी बढ़कर श्रेष्ठ की सृष्टि करने की व्यग्रता में पुरुष प्रकृति को खोकर औद्योगिक संस्कृति के निर्माण में लग जाता है। बुआ के अनुसार पुरुष द्वारा निर्मित औद्योगिक संस्कृति में आर्थिक पहलू ही नहीं मनोवैज्ञानिक पहलू भी है। विकास का यह पागलपन पुरुष के लिए विस्मृति है, स्त्री और प्रकृति को भूलने और उनसे दूर जाने का मार्ग भी है। शेरी आटनर नामक अमेरिकी फेमिनिस्ट ने 1971 में यह सवाल उठाया कि क्या संस्कृति के लिए प्रकृति के समान है पुरुष के लिए स्त्री? (Is female to man as nature is to culture?)। इसका तात्पर्य यह है कि बुआ के चिन्तन एवं शेरी के सवाल में पारिस्थितिक स्त्रीवाद नामक दर्शन का बीजरूप विद्यमान है।

बीसवीं शताब्दी के सातवें दशक में नारीवादी आन्दोलन को नवीन चेतना प्रदान करते हुए पारिस्थितिक स्त्रीवाद अथवा इको-फेमिनिज़्म विकसित हुआ। पारिस्थितिक दर्शन की अन्य शाखाओं से यह विकास प्राप्त होने लगा। इको-फेमिनिज़्म नामक संकल्पना की दार्शनिक व्याख्या सबसे पहले फ्रेंच फेमिनिस्ट फ्रान्स्वा द यूबोन ने प्रस्तुत की। 1974 में उनके द्वारा फ्रेंच भाषा में रचित 'फेमिनिज़्म अथवा मृत्यु' शीर्षक रचना के 'इको-फेमिनिज़्म का समय' (The Time for Eco-feminism) नामक

अध्याय में पारिस्थितिक स्त्रीवाद का प्रारम्भ देख सकते हैं। फ्रान्स्वा के अनुसार भूमि के नाश का दायित्व पुरुषों पर है। उनके आक्रमणों से भूमि को मनुष्य की भलाई के लिए बचाये रखने में स्त्री समर्थ है। पाँच हजार वर्षों पहले खेती स्त्रियों के नियन्त्रण में थी। उसे पुरुष ने अपने अधीन कर लिया। मिट्टी की उत्पादनक्षमता के साथ स्त्री की उर्वरता को भी अपने अधीन कर पुरुष ने अपनी सत्ता को आगे बढ़ाया। मिट्टी और स्त्री में बीज बोने का अधिकार पुरुष ने छीन लिया। आज की मुख्य दो समस्याएँ हैं—सीमा से बाहर जनसंख्यावृद्धि और प्राकृतिक संसाधनों का नाश। ये दोनों पुरुष लिंगाधिपत्य की सृष्टियाँ हैं। पूँजीवाद और समाजवाद दोनों समान रूप से पर्यावरण नाश के कारण हैं। यदि पूँजीवाद मुनाफे के नाम पर काम करता है तो समाजवाद प्रगति के नाम पर।

फ्रान्स्वा ने इको-फेमिनिज़्म को मानवतावाद के रूप में देखा। इसका लक्ष्य पुरुष के बदले स्त्री को प्रतिष्ठित करना नहीं है। इको-फेमिनिज़्म का मकसद अधिकार और उसकी संरचना को शिथिल करना है। इसके साथ अमेरिका में 'Institute of Social Ecology' ने 'इको-फेमिनिज़्म' शब्द का अंग्रेजी में प्रथम बार प्रयोग किया। इस संस्था ने 1976 में इको-फेमिनिज़्म का पाठ्क्रम चलाया। दार्शनिक नेस्त्रा किंग (Ynestrg king) ने इको-फेमिनिज़्म का दायित्व सँभाला। उन्होंने 'फेमिनिज़्म और प्रकृति की कला' शीर्षक प्रामाणिक पुस्तक तैयार की। इसके बीच 1978 में मेरी डाली का 'गॉन इकोलॉजी' और सूसन ग्रीफ की 'स्त्री और प्रकृति' शीर्षक रचनाएँ भी प्रकाशित हुईं। 1980 में प्रकाशित करोलिन मरचेंट का ग्रन्थ 'प्रकृति की मृत्यु' इको-फेमिनिज़्म के प्रचार में बहुत सहायक निकला। बंगारे मथाई जैसी नोबल पुरस्कार प्राप्त महिला भी इसी क्षेत्र में सक्रिय थी।

भारत में प्रकृति को बचाने में स्त्री हमेशा अगुआ रही है। वैष्णवी आन्दोलन में पेड़ काटने के बदले में अमृता देवी ने अपना सिर रख दिया था। वैसे ही चिपको आन्दोलन में भी गाँधीजी के विचारों से प्रेरित उनकी शिष्याएँ शुरू में आन्दोलन के नेतृत्व में थीं। भारत में सबसे ज्यादा सक्रिय इको-फेमिनिज़्म की चिन्तक एवं कार्यकर्त्री वन्दना शिवा हैं। उन्होंने इको-फेमिनिज़्म पर केन्द्रित कई किताबें लिखी हैं। वन्दना शिवा के अनुसार पितृसत्तात्मक पूँजीवादी विश्वदृष्टि से इस पृथ्वी के सारे जीवों के विमोचन एवं संरक्षण के लिए स्त्रियों को लड़ना चाहिए। पूँजीवादी संरचना पर आधारित सभी वृत्तियों का विरोध इको-फेमिनिज़्म करता है। शिवा की प्रकृति-परक दृष्टि एवं सिद्धान्त भौगोलिक और राजनैतिक हैं और उसका एक ठोस लक्ष्य भी है। तीसरी दुनिया की स्त्रियों पर भूमंडलीकरण और उपनिवेशवाद का जो दुष्परिण ाम पड़ा, उसकी चर्चा उनकी कई किताबों में उन्होंने बहुत ही संजीदगी से की है। पाश्चात्य देशों में प्रचलित आध्यात्मिक इको-फेमिनिज़्म से इको-फेमिनिज़्म को अलग करके समाजवाद के परिप्रेक्ष्य में देखने का कार्य भी उन्होंने किया है।

कुल मिलाकर इको-फेमिनिज़्म एक अन्तर अनुशासनात्मक आन्दोलन है; जो प्रकृति, राजनीति, स्त्री और आध्यात्मिकता के सम्बन्ध में नये ढंग से सोचने के लिए प्रेरित करता है। यह सिद्धान्त सभी पितृसत्तात्मक व्यवस्थाओं को नकारता है और पुरुष द्वारा स्त्री का जो शोषण हो रहा है उससे पर्यावरण-शोषण को जोड़ता भी है।

पारिस्थितिकीय भाषाशास्त्र (Eco-linguistics)

'पारिस्थितिकीय समीक्षक समाज पर प्रभाव डालने की साहित्य की क्षमता को मानते हैं। उनका मानना है कि जन-मानस को नियंत्रित करने और उनकी दृष्टि को बड़े पैमाने पर प्रभावित करने में साहित्य कामयाब है। जनसमूह के पर्यावरण सम्बन्धी नज़रिये को सुधारने में साहित्य समर्थ है, अथवा उसको समर्थ होना चाहिए। उसको ध्यान में रखकर रचना करना है साहित्यकार को। वे संरचनावाद का विरोध करते हैं। संरचना की स्वतंत्र अस्मिता नहीं है, उसका परिस्थिति के साथ सम्बन्ध भी नहीं है। साहित्य की संरचना परिस्थितिवाद से उत्पन्न होनी चाहिए। क्रिस्टफर कुक्किनोस ने 'कंपोस्ट स्ट्रक्चरलिज़्म' (Compost Structuralism) नाम इसी लक्ष्य से स्वीकार किया। यह एक सच्चाई है कि साहित्य की संरचना और भाषा में सुस्पष्ट पारिस्थितिक दर्शन होना चाहिए। हर रचना में पारिस्थिति को स्थान देते हुए उसकी समकालीनता पर विचार करना है। रचनाओं की श्रेष्ठता पारिस्थितिक दर्शन से रूपायित होनी चाहिए। पारिस्थितिकीय दर्शन मनुष्य द्वारा प्रयुक्त भाषा में कैसे प्रकट हुआ है, इसकी खोज करने वाला भाषाध्ययन है इको-भाषाशास्त्र। इको-भाषावैज्ञानिक की जाँच से उस काल का परिस्थितिबोध प्राप्त हो जाएगा। उदाहरणों के माध्यम से उन्होंने इसे ज़ाहिर किया है।

भाषाविज्ञान ने स्थापित कर दिया कि जनसमूह के द्वारा प्रयुक्त भाषा से उनकी जीवनदृष्टि और जीवन परिस्थितियाँ रेखांकित हो जाती हैं। व्यक्ति की अपनी भाषा में प्रयुक्त शब्दों से उसकी जिन्दगी की परिस्थितियों की पहचान तथा सांस्कृतिक इतिहास का भी पता मिल जाएगा। इस तरह के रहस्यों की सीपी है सचमुच प्रत्येक भाषा-शब्द। आज यह विचार मजबूत है कि परिस्थितिवाद की जीवन्तता की पहचान भाषा के शब्दों से की जा सकती है।

भाषा के अध्ययन में भी पारिस्थितिकी का प्रवेश 1990 में हुआ। आलविन फील के अनुसार 1990 में ए.ए.एल.ए. सम्मेलन में मिशेल हॉलिडे द्वारा प्रस्तुत 'अर्थ के नये रास्ते' (New ways of meaning) शीर्षक प्रपत्र में सबसे पहले पर्यावरण समस्याओं को अभिव्यक्त करने में भाषा की भूमिका पर विस्तार से विचार किया गया। लेकिन 1960 में एयनर हेगन ने पर्यावरण से मिलाकर भाषा अध्ययन शुरू किया था। उनके 'The Ecology of Language' शीर्षक अध्ययन में यह दृष्टि दिखाई देती है। तब भी यह मत प्रचलित था कि इसके पहले भी पर्यावरण से जुड़ा भाषाध्ययन हुआ था।

लेकिन नब्बे के दशक के बाद ही यह अध्ययन स्पष्ट रूप धारण कर सामने आया था। भाषा को केवल आशयविनिमय के माध्यम तक सीमित किए बिना पर्यावरण और वैयक्तिक क्षेत्रों में भी भाषा कैसे मिलजुलकर प्रकट होती है, इसकी जाँच करने वाले भाषाविज्ञान के रूप में इको-भाषाविज्ञान सामने आता है।

एयनर हेगन के अनुसार "भाषा एवं पर्यावरण के बीच के सम्बन्ध का अध्ययन है इको-भाषाविज्ञान।" यहाँ पर्यावरण शब्द भाषासंकेत को प्रयुक्त करने वाले समूह को ही सूचित करता है। प्रयोक्ता के मन में है भाषा, जो उन्हें आपस में तथा प्रकृति के साथ मिला देती है। हेगन के अनुसार इस अध्ययन का एक हिस्सा मनोवैज्ञानिक और दूसरा समाजशास्त्रीय है। हेगन ने कहा कि भाषा को सबसे पहले पर्यावरण से वोये जलीस और नोयल डब्ल्यू. बुड्स जूनियर ने मिला दिया। उन दोनों के अनुसार इको-भाषाविज्ञान किसी एक भाषा का अध्ययन नहीं है, बल्कि एक विशेष प्रदेश की सभी भाषाओं पर केन्द्रित अध्ययन है।

सरोज चौला के अनुसार भाषा के अध्ययन से उस भाषा के बोलने वालों के नज़रिये को पहचान लिया जा सकता है। उनके विचार में भूत-वर्तमान-भविष्य की ऋजुरेखा की कालसंकल्पना विश्वदृष्टि की जोखिम की वजह बन गयी। भूतकाल बीत गया, इसलिए वह उपेक्षित है। इस कालसंकल्पना के कारण परम्परा और पारम्परिक विश्वासों का इनकार कर नये काल में मात्र भ्रमित होने वाली दृष्टि पर्यावरण समस्याओं में सबसे ज्यादा विचारणीय मुद्दा है। विश्वास एवं पारस्परिक सम्बन्ध आदि भूत के साथ जुड़े हुए हैं। भूतकाल को नकारने का मतलब इन मूल्यों को नकारना है। इसका तात्पर्य यह है कि भाषा के प्रयोक्ताओं की जीवनदृष्टि भाषा के प्रयोग से पहचानी जा सकती है।

पारिस्थितिकीय अवबोध भाषा के शब्दों में रेखांकित होने के कारण प्रान्तीय भाषाओं का अस्तित्व अत्यन्त जरूरी है। यह विचार आज बहुत प्रबल दिखाई देता है। खास प्रान्तीय शब्द उस प्रदेश के विचारों, रीतिरिवाजों, संवेदनाओं को प्रकट करनेवाली रहस्य भरी सीपियाँ हैं। 'Time is money' और "सम्पत्ति के समय दस पौधे लगा ले तो गरीबी के समय खूब खा सकते हैं।" ये दो लोकोक्तियाँ एक ही आशय को प्रकट करती हैं, लेकिन दो भिन्न जीवन परिस्थितियों को उजागर भी करती हैं। दूसरी लोकोक्ति केरल की कृषक संस्कृति को प्रकट करती है तो पहली पाश्चात्य देश की औद्योगिक संस्कृति को। संक्षेप में प्रान्तीय भाषा उस प्रदेश की संस्कृति को द्योतित करती है, इसलिए ही प्रान्तीय भाषाओं के संरक्षण की बात उठती आ रही है। पीटर म्यूलहासलर ने इसीलिए कहा कि प्रांतीय एवं स्थानीय भाषाओं के नाश को रोकना चाहिए।

इको-भाषावैज्ञानिकों का दावा है कि हर देश का पर्यावरण और संस्कार उस देश की भाषा से खोज निकाला जा सकता है। बीथ षूड्स के अनुसार उद्योग के

लिए प्रयुक्त भाषा में उसकी विशेषताएँ उपलब्ध हैं। कई स्वतंत्र शब्दों को खास लक्ष्य के साथ प्रयुक्त किया जाता है। 'विकास' शब्द को उदाहरण रूप में लिया जा सकता है। इसके कई अर्थों में कुछ हैं–'to bring out the capabilities or possibilities of, to build on (land), to prepare (vacant land) for housing by the provision of roads, sewage' आदि। ये सारे के सारे अर्थ यह लक्षित करते हैं कि पर्यावरण को हानि पहुँचाए बिना विकास करना है। लेकिन आज जो चल रहा है, वह सही विकास नहीं है। इसलिए वंदना शिवा ने 'Maldevelopment' शब्द का इस्तेमाल किया। सही development के लिए Sustainable development कहा जाने लगा है। इसका तात्पर्य यह है कि औद्योगिक रुचि के लोगों ने 'Development' शब्द को चुन लिया। परम्परावादी लोग इसलिए Ecologically sustainable development का प्रयोग करने लगे। षूड्स ने कहा कि कभी भी जो sustainable नहीं है, उसके लिए इस शब्द का इस्तेमाल आज हो रहा है। औद्योगिक युग सोच-समझकर कुछ ऐसे पदों का इस्तेमाल करता है, जैसे 'improving on nature, value adding' आदि। कृषि में अब 'fully improved farms' का प्रयोग प्रचलित है। प्राकृतिक पौधों का नाश कर एक खास प्रकार के बीज मात्र को बढ़ाने का वातावरण पैदा करने की प्रक्रिया है यह।

संक्षेप में भाषाप्रयोग में निश्चित लक्ष्य दर्ज है। औद्योगिक युग ने पहचान लिया है कि प्रकृति के साथ के रिश्ते और परिस्थिति के साथ जुड़े शब्दों के दुरुपयोग करने का कार्य सर्वत्र हो रहा है। जैसे कोई दवा, साबुन अथवा सौन्दर्य प्रसाधनों के विज्ञापन में हमेशा यह शब्द प्रयुक्त किया जा रहा है कि 'आयुर्वेदिक जड़ीबूटियों से निर्मित'। ऐसे श्रमों के खिलाफ चुनौतीपूर्ण कोशिश इको-भाषा वैज्ञानिकों के अध्ययन से सम्भव हो रहा है। बदलती दुनिया की गतियों को सूचित करने में भाषा की जो क्षमता है, वह इको-भाषावैज्ञानिक ढूँढ़ निकालते रहे हैं। वे ससूर के संरचनावाद से उत्पन्न खतरे की ओर इशारा कर रहे हैं।

गोया कि मनुष्य की वैश्विक दृष्टि में परिस्थितिवाद का मुख्य स्थान है। यह पहचान हुई कि पर्यावरण से अलग मनुष्य का कोई अस्तित्व नहीं है। परिस्थितिवाद यह सिखाता है कि इस धरती के समस्त चराचरों के विकास से ही संसार का विकास सम्भव हो पाता है, मनुष्य मात्र से नहीं। यह विकास सबकी अवस्थिति का परिणाम है। साहित्य सांस्कृतिक अध्ययन है। साहित्य का जन्म, उसकी परिस्थितियाँ, लक्ष्य सब पारिस्थितिकी पर आधारित है। मनुष्य को केन्द्र में प्रतिष्ठित करने के बदले प्रकृति का स्थान दर्शन में व्याख्यायित है। भारतीय जीवन दर्शन के सार्वभौमिक सदाचार और साकल्यता पारिस्थितिकी का मूलमंत्र हैं। संसार के विकास, प्रगति और परिवर्तन का विरोध वह नहीं करता है। इतना अवश्य होना चाहिए कि सभी परिवर्तन पारिस्थितिकीय मूल्यों के अनुकूल होना चाहिए। इसके मूल्य सार्वभौमिक

एवं कालातीत हैं, इसलिए मनुष्य के सारे कर्मक्षेत्रों में पारिस्थितिक दर्शन बड़ी ठोस भूमिका निभाता आ रहा है। इस दर्शन का साहित्यिक क्षेत्र में सबसे ज्यादा बोलबाला है। हिन्दी साहित्य में भी इसकी लहर उठने लगी हैं।

सहायक ग्रन्थ

1- Silent Spring–Raichel Carson
2. The Second Sex–Simon de Boeuvier
3. The Rights of Nature–Roderick Frazier Nash
4. हिन्द स्वराज–महात्मा गाँधी
5. Ecology and the politics of survival–Vandana Siva
6. Dialectics of Nature–Frederic Engels
7. The Eco-Criticism Reader–Cheryll, Glotfelthy and Herold Fromm
8. The Eco-linguistic Reader–Fill, Alwin and Peter Mubihavester
9. Kadhayum Paristhithiyum–G. Madhusudanan
10. Jaivamanushyan–Anand

हरित भाषावैज्ञानिक विमर्श

भाषा की अपनी व्यापक अवधारणाएँ होती हैं, इसलिए वह मानव जीवन के प्रत्येक क्षेत्र में प्रवेश करती हैं। साथ ही वह भाषावैज्ञानिक विश्लेषण के बहुआयामी सन्दर्भों को सार्थक भी बनाती है। इसका सर्वोत्तम उदाहरण है इको-लिंग्विस्टिक्स। यह प्रायोगिक भाषाविज्ञान की सामाजिक कार्रवाईयाँ हैं। सामाजिक नमूनों को स्थिर करना या उसकी आलोचना करना इसकी भूमिका है। सामाजिक क्षेत्रों में इनका प्रवेश होता है और यह प्रवेश अर्थपूर्ण एवं समस्यामूलक मूल्य निर्मिति है। इसलिए हमारी भाषा के प्रयोग में जो भी परिवर्तन होता है, वह सामाजिक क्षेत्र में आनेवाले परिवर्तन के अनुसार है। अथवा भाषाविज्ञान ने साबित कर दिया है कि जनसमूह के द्वारा प्रयुक्त भाषा से उनकी जीवनदृष्टि और जीवन परिस्थितियाँ रेखांकित हो जाती हैं।

1990 में भाषाविज्ञान की नयी शाखा के रूप में इको-लिंग्विस्टिक्स का उदय हुआ। 1990 में माइकेल हॉलिडे द्वारा लिखित प्रपत्र "New ways of meaning: the challenge to applied linguistics" ने पर्यावरण के सन्दर्भ में भाषा को देखने का प्रारम्भ किया। हॉलिडे ने कहा कि इक्कीसवीं सदी के मुद्दों को सामने रखकर भाषाविज्ञान को प्रासंगिक बनाना है, विशेषकर पर्यावरण व्यवस्था में बड़े पैमाने पर जो विनाश हो रहा है, उसे एक ज्वलन्त विषय बनाना है। हॉलिडे ने 'आर्थिक विकास' (Econmic growth) के क्षेत्र से उदाहरण देकर उसे स्पष्ट किया है। जैसे: अंग्रेजी भाषा का नवीनीकरण large, grow, tall and good जैसे शब्दों से करना है, ये विकास को सकारात्मक रूप देते हैं, यद्यपि पर्यावरण के क्षेत्र में नकारात्मक कार्य चलता है। इस प्रकार 'इको-लिंग्विस्टिक' के क्षेत्र में हॉलिडे के प्रारम्भिक प्रयत्नों से विकास प्राप्त हुआ।

इको-लिंग्विस्टिक्स : परिभाषा एवं स्वरूप

हॉलिडे के अनुसार "इको-लिंग्विस्टिक्स मनुष्य-मनुष्य के बीच मनुष्य और अन्य जीव-जन्तुओं तथा पर्यावरण-व्यवस्था के बीच जीवन को बनाये रखने के रिश्ते को भाषा के प्रभाव के स्तर पर जाँचना है।" मतलब कि संसार के सभी जीव-जन्तुओं और पर्यावरण व्यवस्थाओं तथा मनुष्य एवं मनुष्य के बीच में सन्तुलन को बनाये रखने की जरूरत है। उनके बीच में एक पारस्परिक मेल-जोल होता ही है। वह भाषा

के जरिए अभिव्यक्त किया जाता है। उस भाषापरक सन्तुलन के संस्कार को जाँचने की प्रक्रिया है इको-लिंग्विस्टिक्स यानी कि हरित भाषाविज्ञान। वर्तमान सन्दर्भ में सन्तुलित पर्यावरण व्यवस्था का नाश बड़े पैमाने पर हो रहा है, इसलिए इस क्षेत्र में प्रयुक्त भाषा भी बदलती जा रही है।

प्रो. आलविन फिल के अनुसार "इको-लिंग्विस्टिक्स" भाषाविज्ञान की एक नई शाखा है, जो पर्यावरणीय एवं पारिस्थितिकीय समस्याओं के विकास और साध्य-समाधान में भाषा के रोल का अनुसन्धान करती है। पर्यावरण-व्यवस्था की अवधारणा के लिए भाषा की वैश्विक व्यवस्था में प्रतीकात्मक रूप में इको-लिंग्विस्टिक्स का प्रयोग होता है। इसमें जैविक पर्यावरण से परिवर्तित अवधारणा की मदद से विश्लेषण किया जाता है।" इस परिभाषा से यह जाहिर हो जाता है कि पर्यावरण-व्यवस्था में परिवर्तन हो रहा है; अलबत्ता पर्यावरण सन्तुलन के लिए यथासम्भव साध्य मार्गों का इस्तेमाल करना चाहिए। इसके लिए दुनिया भर की भाषिक व्यवस्था में नये प्रतीकों का प्रयोग अनिवार्य है। इको-लिग्विस्टिक्स इसकी जाँच-पड़ताल करता है।

एयनर हेगन के अनुसार "भाषा एवं पर्यावरण के बीच के सम्बन्ध का अध्ययन है इको-भाषाविज्ञान।" यहाँ पर्यावरण शब्द से भाषासंकेत को प्रयुक्त करनेवाले समूह को ही सूचित करता है। प्रयोक्ता के मन में है भाषा। वह उन्हें आपस में तथा प्रकृति के साथ मिला देती है। हेगन के अनुसार इस अध्ययन का एक हिस्सा मनोवैज्ञानिक और दूसरा समाजशास्त्रीय है। उन्होंने कहा कि वोये जलीस और नोयल डब्ल्यू. बुड्स जूनियर ने भाषा को सबसे पहले पर्यावरण से मिला दिया। उन दोनों के अनुसार इको-भाषाविज्ञान किसी एक भाषा का अध्ययन नहीं है बल्कि एक विशेष प्रदेश की सभी भाषाओं पर केन्द्रित अध्ययन है।

इको-लिंग्विस्टिक्स लांग और परोल के स्तर की भाषा की आलोचना करता है। यह जो भाषा पर्यावरण के खिलाफ है, उसके उपयोग को दिखाता है और प्रकृति को केवल मनुष्य के उपयोग की दृष्टि से देखने की भाषा की आलोचना करता है। यह आलोचना प्रायोगिक भाषाविज्ञान का हिस्सा है और यह पर्यावरण संकट में भाषा और भाषाविज्ञान कैसे सम्बद्ध है, उसपर विचार करता है। यह भाषा/भाषाविज्ञान का आलोचनात्मक सिद्धान्त है और सामूहिक एवं वस्तुगत दोनों है। यह संस्कृति का हिस्सा है, एक सामाजिक रूपायिति है, यह स्वीकार करने योग्य नमूना है। इसलिए भाषा और भाषाविज्ञान हमारे सामाजिक नमूने के दो विपरीतों द्वारा निर्मित है। विकास, लिंग, वर्ग, वंश और मानवकेन्द्रित भाषाओं के उपयोग परम्परा से चलते आ रहे हैं। इको-लिंग्विस्टिक्स उसकी भी आलोचना करता है।

इको-लिंग्विस्टिक समस्याओं का उदय

मनुष्य की संस्कृति में भाषावैज्ञानिक प्रक्रिया दर्ज है। इसे सबसे पहले पर्यावरण सम्बन्धी मुद्‌दों से जर्मन चिन्तक एडवर्ड सापिर ने परिचय कराया। उन्होंने 'भाषा

और पर्यावरण' शीर्षक एक लेख लिखा। सापिर भाषा और पर्यावरण को मिलाकर भौतिक एवं भौगोलिक वातावरण तक पहुँचे। उसके लिए उन्होंने भाषा को भाषावैज्ञानिक इकाइयों के रूप में सीमित नहीं किया, वे उससे परे गये। सापिर के अनुसार "पर्यावरण व्यक्ति पर सीधे असर डाल सकता है और उस प्रकार की स्थिति में हम देख सकते हैं कि शुद्ध पर्यावरणीय प्रभाव जातीय स्वभाव का कारण बनता है। इस सामान्य स्वभाव को व्यक्ति पर पर्यावरणीय प्रभावों की विभिन्न प्रक्रियाओं के संकलन का परिणाम कहा जाता है। मुख्य बिन्दु यह है कि वास्तविक समूह में सबसे छोटे पर्यावरणीय प्रभाव तक सामाजिक शक्तियों द्वारा समर्थित या रूपान्तरित है।" (सापिर, फिल और मुश्तासलर 2001:13 में उद्धृत)

सापिर के भाषा सम्बन्धी विचार के अनुसार पर्यावरणीय मामले को जातीय और सामाजिक अनुभवों तक पहुँचने के लिए प्राकृतिक स्थल, दृश्य और भौगोलिक समस्याओं का भी अतिक्रमण करना है। यह जाँच जरूर भाषावैज्ञानिक प्रक्रिया को भूगोलविज्ञान और समाजशास्त्र से परस्पर मिलाने की आवश्यकता की ओर हमारा ध्यान आकृष्ट करती है। उनकी दृष्टि में पर्यावरण भौतिक और सामाजिक दोनों हैं। उनके अनुसार भौतिक पर्यावरण एक स्थान की भौगोलिक संरचना से जुड़ा हुआ है। विशेष समुदाय की जिन्दगी पर समतल, पर्वत, समुद्र, हवा, कृषि और सभी प्राकृतिक घटकों का प्रभाव पड़ता है। ऐसी जिन्दगी इस भौगोलिक कसौटी के लिए उचित है, इसलिए प्राकृतिक पर्यावरण वासस्थान से परे है। क्योंकि मानव स्वभाव भौतिक और भौगोलिक परिस्थितियों पर केन्द्रित है, जो भाषावैज्ञानिक अन्वेषण में प्रमुख स्थान रखता है। भाषा खुद एक सामाजिक प्रक्रिया है, इसलिए सामाजिक शक्तियाँ सबसे ज्यादा महत्त्वपूर्ण हैं। यदि एक समूह के विशेष भौतिक पर्यावरण उसकी भाषा में बड़े पैमाने पर प्रतिबिंबित हैं तो यह सुविदित करा देता है कि उसका सामाजिक पर्यावरण का असर बहुत बड़ा है।

गोयाकि भौतिक पर्यावरण भौगोलिक विशेषताओं को आवृत कर लेते हैं। वे खुद प्राकृत्कि और अप्राकृतिक में लग जाते हैं। सामाजिक पर्यावरण में सामाजिक शक्तियाँ दर्ज हैं, जो स्वभाव में पर्यावरणीय-सी दिखाई देती हैं। क्योंकि भाषा सबसे पहले एक सामाजिक उपकरण है। वह सशक्त तथा कई पारामीटरों से पूर्णतः संयमित है। इन प्रभावी पहलुओं को जन-सम्बन्धी या सामाजिक तथ्य कहते हैं। इनके जरिए भाषाविज्ञान सामाजिक भाषाविज्ञान के क्षेत्र में अथवा भाषा के समाजशास्त्र में काम करता है। यह वक्ता की आयु, लिंग, सामाजिक वर्ग, प्रोफेशन, नेटवर्क, क्षेत्र अथवा स्रोत और वासस्थान आदि पर केन्द्रित है।

तात्पर्य यह है कि पर्यावरण का सामाजिक पक्ष पहले 'जातीय स्वभाव' के उपयोग के द्वारा दिखाया गया है। वैसी दृष्टि कई भाषावैज्ञानिकों जैसे हैम्स (1964), लाबोव (1970), फिशमेन (1972) और हड्सन (1996) में प्रकट हुई है। हेगन के अनुसार

भाषा एक व्यक्ति के विचारों को सारी दुनिया में प्रचार का सूचक मात्र है। लेकिन यह पर्यावरण भाषा का नहीं, बल्कि यह इसके शब्दसमूह और व्याकरण का है। एक भाषा का यथार्थ पर्यावरण समाज है, वह उसे उसके एक कोड के रूप में उपयोग करता है। भाषा उसके प्रयोक्ताओं के मन में मात्र विद्यमान है। इन प्रयोक्ताओं को परस्पर मिलाने का मतलब है—प्राकृतिक और सामाजिक पर्यावरण के साथ मिलाना। भाषा सचमुच यही काम करती है।

भाषावैज्ञानिक व्यवस्थाओं के संरचनात्मक कार्य आदर्शात्मक पहलुओं के प्रयोग में काम करते हैं। वह सामाजिक एवं जैविक परिप्रेक्ष्यों को छोड़ता है। समाज भाषावैज्ञानिक प्रतिमानों के आदर्शात्मक पक्षों के साथ सामाजिक लक्ष्य को भी मानते हैं, लेकिन जैविक पक्ष को नकारते हैं। इसलिए मनुष्य और पर्यावरण पर आधारित भाषाविज्ञान एक ऐसी अन्तर्दृष्टि प्रदान करेगा, जो सभी दृश्य-भाषाओं के परे की है।

भाषा का पर्यावरण विमर्श

भाषावैज्ञानिक द्वारा स्वीकृत पर्यावरण सम्बन्धी सिद्धान्तों के नियम गम्भीर एवं विद्वत्तापूर्ण हैं। भाषा एक विकसित परिप्रेक्ष्य के साथ मनुष्य और उसके पर्यावरण के बीच के विनिमय की तात्कालिक अभिव्यक्ति है। तात्पर्य यह है कि तात्कालिक सन्दर्भ में उसमें प्राकृतिक पर्यावरण भी दर्ज है। ठोस शब्द और उसकी जटिलता को भी समझकर जाँच-पड़ताल की जाती है। उदाहरण के तौर पर 'हिम' शब्द। उसका कई उपवर्गीकरण किया जा सकता है, उसके कई रूप हैं। यह जाँच-पड़ताल शब्द के स्थिर विश्लेषण तक रुका नहीं, बल्कि यह रूपान्तरण की प्रक्रिया का प्रतिनिधित्व करती है। लम्बे समय के अध्ययन से विकास की ओर अग्रसर उसके सांस्कृतिक इतिहास की पृ.भूमि मिल जायेगी। इस अध्ययन से यह पता मिलता है कि बीसवीं, इक्कीसवीं शती में हुए औद्योगिक विकास के अनुसार उन शब्दों में रूपान्तरण हुआ था।

आज हम व्यक्ति के अनुभव से तेजी से परिवर्तित सामाजिक और पर्यावरणीय परिवर्तन को मिलाते नहीं। अब निर्णायक तथ्य मीडिया द्वारा प्रचारित दूसरी ओर से प्राप्त अनुभव है। इको-लिंग्विस्टिक्स मनुष्य, पर्यावरण और भाषा के बीच के आदान-प्रदान से सम्बद्ध सामान्य ज्ञान को बढ़ाने हेतु या सामाजिक और प्राकृतिक पर्यावरण की समस्याओं पर योगदान देने के लिए मीडिया के अनुभवों के रूपायन की प्रक्रिया को भाषावैज्ञानिक पहलुओं के आधार पर गहराई से विचार करना है। सामान्य विमर्श में सामाजिक और पर्यावरणीय जानकारियाँ एक साथ रूपायित हैं। इस सन्दर्भ में सामान्य लोगों का ध्यान और रुचि बढ़ते जा रहे हैं और उसके विमर्शनात्मक सैद्धांतिक विवेचन का महत्त्व बढ़ता जा रहा है। यहाँ सबसे उपयोगी बात भाषा की सामाजिक परिस्थितियों को पहचानना होगा। यह भाषावैज्ञानिक इकाइयों जैसे शब्द,

वाक्य और पाठ के आधार पर है। यह विमर्श इतिहास के भाषावैज्ञानिक विवेचन के लिए आधार हो सकता है। यह वस्तुओं और भाषावैज्ञानिक बदलावों के साथ भाषावैज्ञानिक घटनाओं के इतिहास से जोड़ने के लिए है और वैसे, सामान्य विमर्श उसकी पूरी जटिलता के साथ देखा जाता है। यह हमें एक प्रकार के भाषावैज्ञानिक इतिहास की ओर ले जाएगा।

विमर्श के सैद्धांतिक विवेचन का आधार हमेशा सामाजिक एवं मनुष्यनिर्मित पर्यावरण है। उस पर मनुष्य का प्रभाव थोड़ा सा हिस्सा मात्र है, जो पारिस्थितिकी से जुड़ा हुआ है या यह एक उपविमर्श बनकर आता है। यह आर्थिक, राजनीतिक, विस्थापन जैसे विमर्श के साथ मिलकर आता है। पर्यावरण विमर्श जनता, व्यक्ति और वैज्ञानिक आदान-प्रदान जैसे भाषावैज्ञानिक सन्दर्भ नहीं, बल्कि वह पाठ की सम्पूर्णता को ध्यान में रखता है। उसमें मनुष्य और प्राकृतिक पर्यावरण के बीच के सम्बन्ध सार्वजनिक रूप से खुले तौर पर परिभाषित हैं। अर्थात यहाँ पर्यावरण पर मनुष्य की प्रवृत्तियों का प्रभाव जो पड़ता है और उससे मनुष्य पर पड़े बुरे असर की चर्चा की जाती है। सार्वजनिक प्रधान विमर्श हमेशा उप और विशेष विमर्श की बुनियाद पर केंद्रित है। उसके तर्क और भाषावैज्ञानिक विशेषताएँ स्थायी रूप से मुख्यधारा विमर्श की पोषक होंगी। पर्यावरण चर्चा के लिए उदाहरण वैज्ञानिक शब्दावली है, जैसे जन्तुशास्त्र, पर्यावरण प्रौद्योगिकी, न्यूक्लियर फिजिक्स आदि। इसकी भाषा में राजनीतिक दल, ग्रुप, एन.जी.ओ. पर्यावरणविद् आदि की भाषा दर्ज है। सार्वजनिक प्रधान विमर्श रोजमर्रा के आशयविनिमय पर प्रभाव डालता है, जैसे प्रत्येक व्यक्ति के बोल, विचार और मत। इसकी भाषा विशेष रोजमर्रा की ही नहीं है, बल्कि सार्वजनिक विमर्श पर जल्दी प्रभाव डालने वाली प्रासंगिक भाषा है।

पर्यावरण सिद्धान्तों के आधार पर भाषा समीक्षा

फिंके (1983), ट्राम्पे (1990) के अनुसार पर्यावरण विश्लेषण के लिए साधारण तत्त्व काफी नहीं है, उसका मुख्य तत्त्व 'रूपकों का अनुकूलन' है। पर्यावरणीय भाषाविज्ञान में बिल्कुल भिन्न रूपकों का इस्तेमाल किया जाता है। भाषा के पर्यावरण से बिल्कुल भिन्न पर्यावरण-रूपक का इस्तेमाल पर्यावरण भाषा समीक्षा में प्रयुक्त होता है। पर्यावरण समीक्षा की भाषा में व्यक्ति-भाषा को पूरी पर्यावरण-व्यवस्था से समतुल्य करता है। उसकी भाषिक इकाइयाँ (शब्द, व्याकरणिक प्रक्रिया आदि) हैं और उसकी प्रजातियाँ (वर्ग, प्रकार) हैं।

रूपान्तरित भाषा-जातियाँ बहुत अच्छी तरह काम करती दिखाई देती हैं। भाषा की जातियों की विविधता का नाश होता जा रहा है। यह कुछ भाषाओं के आधिपत्य से सम्भव होता है। यह मास मीडिया और बड़े पैमाने पर विकसित अन्तर्राष्ट्रीयकरण और जनसंख्या के कारण है। भाषा के पर्यावरण में बड़े पैमाने पर जैविक रूपान्तरण ने पीछा नहीं किया। भाषा वंश से बिल्कुल भिन्न एक पद रखती है और यह

भाषिक समुदाय की अस्मिता से बाँधी गयी है। भाषा एक प्राकृतिक उत्पादन नहीं है, वह सामाजिक है, वह जैव के समान जिन्दा रहती नहीं, मनुष्य की निर्मिति से वह बच जाती है।

इको-लिंग्विस्टिक रूपक नये-नये पहलुओं को खोलते हैं। 'आन्तरिक नेटवर्क' और 'आन्तरिक अन्योन्याश्रयता' पहले से लेकर इसमें स्थापित है। विज्ञान सम्बन्धी 'बाह्य भाषा' के तथ्य उपेक्षित हैं। सामाजिक भाषाविज्ञान के द्वारा जो रूपायित हुए हैं, वे इको-लिंग्विस्टिक के साथ मिल गये हैं। भाषा की मृत्यु सम्भव नहीं है। नये नये शब्द भाषाओं में रूपायित होते हैं। 'शब्द विस्फोटन' सम्भव हो जाता है। व्यक्ति-भाषा भी सुधरती जा रही है। अन्य भाषाएँ भाषाओं की मृत्यु से बचा लेती हैं।

विचारधाराओं की इको-लिंग्विस्टिक समीक्षा

इको-लिंग्विस्टिक समीक्षा कई प्रकार की होती है। एक ओर वह 'वर्गीकरण की पूरी व्यवस्था' की आलोचना है। उदाहरण के लिए मनुष्य और जानवर की वृत्तियों की अथवा औद्योगिक कृषि की भाषा में जैवों के स्थिर वस्तूकरण की। दूसरी ओर व्यक्ति-शब्दों की आलोचना, उनके साहित्यिक अर्थ या सकारात्मक अथवा नकारात्मक दोनों कारणों से—शब्दों के सम्बन्ध में है तो उनके संयुक्त शब्दों की आलोचना और उनका दूसरा नामांकन लक्षित है। यह भी देखा जाता है कि वे व्युत्पत्तिपरक या संयुक्त हैं।

भाषा का अनुसन्धान, विशेषकर शब्दों को और भाषा समुदाय की वैश्विक दृष्टि की अभिव्यक्ति की एक लम्बी परम्परा है। इको लिंग्विस्टिक दृष्टि में विशेष रूप से शब्दों के नरवंश-केन्द्रित पहलुओं पर बल दिया गया है। फिल ने तीन अंतरों को दिखाया है—(1) उपयोगी नामांकन, (2) भावुक अंतरीकरण, (3) शिष्टप्रयोग।

नरवंशीयता (मानव केन्द्रित)

भाषा का मुख्य बोध मान केन्द्रित है। जानवर और पौधों की दृष्टि से जो पर्यावरणीय नामांकन है, वहाँ भी मनुष्य बुलन्द है। मानव केन्द्रीयता को तोड़कर जानवर और पौधों के बोध को पुनरुत्पादित कैसे किया जाएगा? यह एक बड़ा सवाल है। उदाहरण के रूप में मानव केंद्रित एक प्रयोग है 'पेड़ को काटना' के बदले में 'पेड़ की हत्या' का प्रयोग करना। 'हत्या' वास्तव में सामाजिक नियमों एवं मूल्यों के बिना एक व्यक्ति को मार डालना है। यह स्वार्थ लक्षित है। इसलिए स्वार्थतावश किसी की हत्या की जाती है तो वह हत्या है।

शुद्ध नरवंश-भाषा के दो रूप हैं—

(1) प्रकृति को पूरी दुनिया के रूप में देखना, जैसे—en-vironment (पर्यावरण)

(2) कुछ पौधों को एक साथ (weeds) 'घासफूस' के रूप में देखना, जो

उपयोगी नरवंश पर केंद्रित है। यह प्रक्रिया उद्योग के विकास के साथ उदित हुई है; इसलिए असल में इको-लिंग्विस्ट समीक्षा औद्योगिक विकास के पूर्व और बाद के शब्दों की तुलना है।

दुनियादारी की दृष्टि में पहले जो साहित्यिक अर्थ है, वह ऐतिहासिक और पारम्परिक है; लेकिन आज ऐसे शब्दों का समर्थन नहीं होता। जैसे आज 'सूर्यास्त' को सूरज का समुद्र में डूबना कोई मानता नहीं है।

मृदु या शिष्टप्रयोग की समीक्षा

मृदुप्रयोग की पर्यावरण समीक्षा को मानव केंद्रित समीक्षा और भाषा के प्रदूषीकरण द्वारा आवृत किया जाता है। अंग्रेजी के 'novel forest damage' शब्द को 'forest death' शब्द ने आवृत किया। इसलिए शब्दों का सामान्य उपयोग, आवरण को निकालने का खेल, साफ-साफ समीक्षा जैसे समीक्षात्मक प्रयत्न वांछनीय है। मृदुप्रयोग की आमतौर पर शिकायत ठीक नहीं है।

प्रयोग की आलोचना की भाषिक समीक्षा

इसमें व्यक्ति के द्वारा प्रयुक्त शब्द अर्थात् सामान्यतः विशेषज्ञों की भाषा के खिलाफ समीक्षा है। इस दृष्टि के अनुसार प्रजातंत्रीय चर्चा को रोकना है।

वैज्ञानीकरण और प्रजातनत्रीकरण

अन्य विमर्शों से तुलना करने पर पर्यावरण विमर्श सामान्य जनता के वैज्ञानिक और तकनीकी शब्दों के तर्क पर केंद्रित है। यह वादा किया जाता है कि पर्यावरण विमर्श आधुनिक सन्दर्भ में पाश्चात्य औद्योगिक देशों में आम तर्क के वैज्ञानीकरण से निर्मित है। जर्मनी में करीब 1969/70, यू.एस.ए में 1989, ग्रेट ब्रिटेन में 1995 में यह निर्मित हुआ। इसके पारिभाषिक शब्द बुनियादी सामाजिक अन्तर के साथ प्रयुक्त हैं। उद्योग में अणु उद्योग के सम्बन्ध में पहले आवश्यक शिक्षा नहीं थी। बाद में प्रौद्योगिकीय समस्याओं पर चर्चा शुरू हुई। प्रौद्योगिकी की संख्या भी बढ़ने लगी।

भाषा नियन्त्रण

सरकार और उद्योग में एक ऐसा गुट है, जो गलत शिक्षा की ओर ले जानेवाली अभिव्यक्तियों का निर्माण करता है। वे जनता को इसके उपयोग के लिए मजबूर करते हैं। जैसे atomic energy, atomic power station जैसे शब्दों के बदले में आज nuclear energy, nuclear power station जैसे शब्दों का प्रयोग किया जा रहा है। सबसे पहले 'waste disposal' आणव ऊर्जा विमर्श में प्रयुक्त शब्द था और बाद में पर्यावरण समीक्षा का बन गया। लेकिन अब प्रशासनिक शब्दावली का बन गया। अब 'waste disposal park' भी है!

एक प्रयोग बार-बार होता है तो इसका अर्थ विपरीत निकलेगा। 'आणव ऊर्जा सुरक्षित है' का प्रयोग यदि बार-बार हुआ तो समझना पड़ेगा कि यह उल्टे अर्थ में है। सामान्य विमर्श में निजी सम्पत्ति और व्यक्ति के अधिकार का कोई स्थान नहीं होगा। पर्यावरणीय स्थितियों के स्थिर बदलाव के अनुसार सामाजिक और प्राकृतिक भाषिक व्यवस्थाओं में भी बदलाव आ जाएगा।

संक्षेप में यह कहा जा सकता है कि वैयक्तिक भाषा ज्ञान की विचारधारात्मक ग्रहणशीलता की वजह से एक समीक्षा पद्धति के रूप में भाषा की पर्यावरणीय समीक्षा को प्रयोगात्मक और वस्तुपरक तकनीकों से विकसित करना है। सिद्धान्तों के अनुसार इस सार्वजनिक विमर्श को संयुक्त व्यवस्था के रूप में बहुत गम्भीरता से देखना है। भाषा प्रयोग के अपराधीकरण को मूल्यवान बनाने और मृदु बनाने का कार्य छोड़ना है। गैर-पर्यावरणीय भाषाविज्ञान को अलग करना है।

इको-लिंग्विस्टिक विश्लेषण

भाषाविज्ञान के क्षेत्र में कई शोध चल रहे हैं। आज के परिप्रेक्ष्य में भाषावैज्ञानिक शोध नयी शताब्दी से सम्बद्ध समस्याओं और विशेषताओं से जुड़े हुए हैं। इस परिप्रेक्ष्य में दो प्रकार के पर्यावरणीय अध्ययन चल रहे हैं—पारिस्थितिकीय विश्लेषण (Eco-critical Analysis) और भाषावैज्ञानिक इकोलजी (Linguistic Ecology)

पारिस्थितिकीय विश्लेषण (Eco- critical Analysis)

यह भाषा और पर्यावरणीय प्रक्रिया के बीच के सम्बन्ध को दिखाने के मकसद में है। इसमें पर्यावरण से सम्बन्धित पाठों और दस्तावेजों की आलोचना की जाती है। इसकी जाँच-पड़ताल के विषय हैं—भूकम्प, अग्निपर्वत (ज्वालामुखी), प्राकृतिक पर्यावरणीय प्रक्रिया, कृषि, जानवरों का पालन-पोषण, अन्य प्रौद्योगिकी का उत्पादन, आर्थिक विकास, राजनीतिक निर्णय और भूमंडलीकरण के इस युग में आधुनिक जिन्दगी पर पड़ने वाली सारी विशेषताएँ आदि।

पारिस्थितिकीय विश्लेषण में भाषा और शेष दुनिया के साथ का परस्पर सम्बन्ध बढ़ता है, इसलिए गैर-भाषावैज्ञानिक रुचियों से तुलना करने पर पर्यावरण व्यवस्था के विवरण देने की भाषावैज्ञानिक विविधता और जैविक विविधता के बीच का सम्बन्ध इसमें बढ़ जाता है। ऐसे विश्लेषण में सम्बन्धों को पाठपरक हस्तक्षेपों के प्रकार-रूप में कहा जा सकता है। बंड्सगर्ड और स्टीफेन्सन के अनुसार यहाँ तीन प्रकार के सम्बन्ध विद्यमान हैं, उन्हें पारिस्थितिकीय विश्लेषण के रूप में माना जाता है। वे हैं—पारस्परिक सम्बन्ध (Inter), अन्तःसम्बन्ध (Intra) और अतिरिक्त सम्बन्ध (Extra)। उन्होंने माना है कि हर व्यक्तित्व (व्यक्ति, समूह, शब्द, पाठ आदि) इन

तीनों सम्बन्धों पर स्थित है। अन्तःसम्बन्ध व्यक्तित्व के अन्दर का सम्बन्ध है। पारस्परिक सम्बन्ध एक व्यक्तित्व और उसके वंश के उसी प्रकार के व्यक्तित्व के बीच का सम्बन्ध है। अतिरिक्त सम्बन्ध एक व्यक्तित्व और अन्य वंशों के व्यक्तित्व के बीच का सम्बन्ध है।

ये तीनों अर्थ, वाक्य और उपयोग के क्रमानुसार हैं। भाषावैज्ञानिक इकाइयों के प्राकृतिक पर्यावरण से परस्पर सम्बन्ध दिखाने के लिए अर्थ के स्तर पर तुलना करनी चाहिए। अन्तःसम्बन्ध के स्तर और आन्तरिक कार्यों के संगम के लिए वाक्य-संरचना के स्तर पर देखना चाहिए। तीसरे में पर्यावरण से जो बाह्य लक्ष्य जुड़े हुए हैं, उनमें भाषा का इस्तेमाल किया जा सकता है। सम्प्रेषण या आशय विनिमय के सन्दर्भ में बोलने वाले और इको-लिंग्विस्टिक संरचना के बीच के सम्बन्ध को व्यक्त किया जा सकता है।

भाषा पर्यावरण (Language Ecology)

सबसे पहले हेगन (Haugen) ने 1970 में 'भाषा पर्यावरण' (Language Ecology) शब्द का प्रयोग किया। इसका अर्थ है किसी प्रदत्त भाषा और पर्यावरण के बीच के आशयविनिमय का अध्ययन। हेगन के अनुसार भाषा को इसके सामाजिक सन्दर्भ में समझा जा सकता है। यह एक बच्चे द्वारा अर्जित पहली भाषा के सन्दर्भ में अनिवार्य है। भाषा के कुछ विशेष रूप का प्रयोग विशेष सन्दर्भ में उचित नजर आता है। हेगन की परिभाषा में वे पर्यावरणीय विनिमय पहचानते हैं और भाषा एवं पर्यावरण के अतिरिक्त सम्बन्धों के अध्ययन को मुख्य स्थान देते हैं। यह संरचनावाद और उत्पादनवाद द्वारा उपेक्षित पहलू है। हेगन ने यह बात उठायी कि भाषावैज्ञानिक व्यवहार उसके सामाजिक सन्दर्भ में समझा जा सकता है। यह विचार सामाजिक भाषाविज्ञान और नृतत्त्वशास्त्र के क्षेत्र में काम करने वालों की जाँच के आधार पर हुआ। कई अवसरों पर भाषा के सामाजिक घटकों जैसे उम्र, लिंग, सामाजिक वर्ग और साक्षरता आदि के सम्पर्क से यह पहचान हुई।

'Language Ecology' की भूमिका में मनुष्य मन की भाषाओं और बहुभाषिक समाजों के बीच के सम्बन्ध कहे गये हैं। हेगन भाषाविज्ञान को मनोविज्ञान और समाजशास्त्र से मिलाते हैं। भाषा के अन्दर अनुशासनात्मक और बहुअनुशासनात्मक प्रकृति नयी नहीं है। भाषाविज्ञान के विशाल स्तर पर वह न्यूरोलजी, नृतत्वशास्त्र और गणित से सम्बन्ध बनाता है। 'इकोलजी' शब्द से यह व्यक्त होता है कि भाषा चारों ओर के अनुशासन से विनिमय करके अपने को पुष्ट करती है। सामाजिक संरचना, भौगोलिक स्तर, सांस्कृतिक मूल्य, राजनीतिक गतिविधियाँ, शैक्षिक स्थितियाँ, मनोवैज्ञानिक घटक और विशेष पर्यावरण को दिखाने वाले अन्य घटकों से भाषा निर्मित है।

इसलिए लिंग्विस्टिक इकोलजी एक नवीन मुद्दा है। यह जिस परिवेश में भाषा प्रयुक्त की जाती है, उन सभी को मानकर चलता है। नवविकसित व्यापक क्षेत्रों के साथ भाषा के सम्बन्धों को मानकर यह अभी तक विकसित है। सापिर (1921), हैम्स (1964), गिम्पेर्स (1964), हेगन (1966), लेनबेर्ग (1967), माके (1980), विनरिच (1990), स्कुलूट्स (1992), बेरमेन (1994), हारीस (2001) आदि सभी ने भाषा के संस्कृति, समाज, राजनीति, अर्थशास्त्र और जीवविज्ञान से जुड़े परिवेश के साथ के सम्बन्ध को स्पष्ट कर दिया। संरचनावादियों ने अन्तःसम्बन्ध को तो माना, पारस्परिक एवं आन्तरिक सम्बन्ध को नहीं माना।

भाषा पर्यावरण का लक्ष्य जल्दी व्यापक हो गया। इसलिए यह अवधारणा मानव जीवन से सम्बद्ध सभी क्षेत्रों में प्रयुक्त कर सकते हैं। पर्यावरण की अवधारणा सामान्य से बढ़कर व्यापक हो गयी है और वह प्रदूषण, विनाश, जैव विविधता और प्रौद्योगिकी से भी सम्बद्ध हो गयी है। पिछली कुल शताब्दियों में भाषा और पर्यावरण के बीच का सम्बन्ध विज्ञान के व्यापक दायरे को समाहित करके संस्थापित हुआ। यह इको भाषा बहुत व्यापक क्षेत्र में काम आयी।

भाषा के अध्ययन में अनुसन्धान के चुनौतीपूर्ण क्षेत्र भी समाहित हैं। सरोज चौला के अनुसार भाषा के अध्ययन से उस भाषा के बोलने वालों के नजरिये को पहचान लिया जा सकता है। उनके विचार भूत-वर्तमान-भविष्य की ऋजुरेखा की कालसंकल्पना विश्वदृष्टि के लिए जोखिम की वजह बन सकती है। भूतकाल बीत गया, इसलिए वह उपेक्षित है—इस कालसंकल्पना के कारण परम्परा और पारम्परिक विश्वासों का इनकार कर नये परिवेश में मात्र भ्रमित होनेवाली दृष्टि पर्यावरण समस्याओं में सबसे ज्यादा विचारणीय मुद्दा है। विश्वास, पारस्परिक सम्बन्ध आदि भूत के साथ जुड़े हुए हैं। भूतकाल को नकारने का मतलब इन मूल्यों को नकारना है। इसका तात्पर्य यह है कि भाषा के प्रयोक्ताओं की जीवनदृष्टि भाषा के प्रयोग से पहचान ली जा सकती है।

उदाहरण के लिए उदय प्रकाश की कहानी 'पॉलगोमरा का स्कूटर' में प्रयुक्त भाषा को हम देखेंगे। "कैसी विडम्बना थी। बचपन से ही पॉलगोमरा ने कुछ और नहीं, सिर्फ कवि बनना चाहा था। एक बिल्कुल निरापद, खाली निर्जन क्षेत्र। स्कूली कॉपियों में कविताएँ लिखने पर उन्हें डाँट खानी पड़ती थी। कोई नया-नया शब्द उन्हें अपने जादू और नशे में इतना बाँध लेता कि वे लगातार उसे बड़बड़ाते या दीवारों पर लिखते और घूरते। वे तुलसी, कबीर, पाब्लो नेरूदा या मीर जैसा कवि होना चाहते थे। वैसी ही भाषा, उसी तरह के शब्द और हृदय के भीतर तक उतर जाने वाली वैसी ही करूणा के कवि और इस नये यथार्थ ने उनसे वह स्वप्न भी छीन लिया था।" यहाँ अपने देश, प्रान्त के अनुकूल सहज भाषा और शब्दों को बटोरकर रखने वाले रामगोपाल की जिन्दगी को समय के साथ सँवारने के लिए वह

मजबूर हो जाते हैं, नयी भाषा की रचना करते हैं; लेकिन उस नयी भाषा के गठन में वे पराजित हो जाते हैं। सबसे पहले रामगोपाल सक्सेना को अपना नाम प्रेमचन्द, लल्लूलाल, सदल मिश्र, हजारीप्रसाद, कबीरदास, केदारनाथ जैसा पिछड़ा दकियानूसी और निचले दर्जे का लगने लगा था। इसलिए समय के साथ मिलाने के लिए नया नाम चुन लिया 'पॉल गोमरा'। इसे सुनने पर जरूर ऐसा लगता था कि वे लातीनी अमेरिकी या किसी आफ्रिकी देश का कवि होगा।

दूसरा निर्णय जो उन्होंने लिया था, वह एक स्कूटर खरीदने का था। उसको चलाना नहीं आता था, सीखने का कार्य भी चला नहीं। "स्कूटर प्रतीकात्मक रूप से इस नवऔपनिवेशिक, भूमंडलीकृत, उपभोक्तावादी, बाजारू साम्राज्यवाद का सशक्त प्रतिरोध है। अगर गाँधीजी को यह मानने की स्वतंत्रता थी कि इंग्लैंड के विशाल मशीनी उद्योगों के विरुद्ध चरखा एक यंत्र मात्र नहीं, बल्कि दस्तकारों और बुनकरों या मनुष्यों के हाथ का ही नैसर्गिक विस्तार है, तो हिन्दी भाषा के एक फक्कड़ कवि पॉल गोमरा को भी यह मानने का अधिकार है कि आज के युग में स्कूटर दरअसल मनुष्य के पैरों का ही अत्यन्त मानवी विस्तार है।" यहाँ सहज संस्कार के परिवर्तित एवं प्रतीकात्मक रूप 'स्कूटर' शब्द और 'भाषा का फक्कड़ कवि' जैसे प्रयोग को इको-लिंग्विस्टिक्स के नजरिए से देखना है। 'लोहे का एक अजीबोगरीब जानवर—स्कूटर' के प्रयोग से स्कूटर को आज के ज़माने का यंत्र मानने की जरूरत नहीं है। वह बिल्कुल पैरों का थोड़ा सा विकसित रूप है। उदय प्रकाश बिल्कुल सहज मानवजीवन में सरलता, अकृत्रिमता, ग्रामीणता को बनाये रखने और इस उपभोगी संस्कार से उस ओर ले जाने के उद्देश्य से लिखते हैं—"मैं हूँ दलित हिन्दी कवि रामगोपाल। मैं दिल्ली का नहीं, रामपुर और गाजियाबाद का हूँ। मैं स्वदेशी आन्दोलन चलाऊँगा।" गाँधीजी के प्रकृतिमोह एवं विचारों की ओर ले जानेवाले स्वदेशी आन्दोलन, पॉल गोमरा से रामगोपाल की ओर वापसी, दिल्ली से रामपुर का बनना आदि उसी इको-लिंग्विस्टिक के सन्दर्भ में विचार करने योग्य है। गोपालराम के जेब में जो कविता है, वह है—"जो प्रजातियाँ लुप्त हो रही हैं/यथार्थ मिटा रहा है जिनका अस्तित्व/हो सके तो हम उनकी हत्या में न हों शामिल/और सम्भव हो तो सँभालकर रख लें/उनके चित्र.../ये चित्र अतीत के स्मृति चिह्न हैं...।" इस कविता में प्रजातियों का लुप्त होना, अस्तित्व मिट रहा है, हत्या, सँभालकर रखना, अतीत के स्मृति चिह्न आदि पर नयी पारिस्थितिकीय दृष्टि से विचार-विमर्श करना है। यहाँ वह अतीत को सँभालकर रखना चाहते हैं। बेशक भूत से जुड़े हुए मूल्यों एवं जो कुछ पारम्परिक है, उसको सँभालकर रखना है।

पारिस्थितिकीय अवबोध भाषा के शब्दों में रेखांकित होने के कारण प्रान्तीय भाषाओं का अस्तित्व अत्यन्त जरूरी है। यह विचार आज बहुत प्रबल दिखाई देता है। खास प्रान्तीय शब्द उस प्रदेश के विचारों, रीतिरिवाजों, संवेदनाओं को प्रकट

करने वाली रहस्यभरी सीपियाँ हैं। उपर्युक्त उदाहरण में 'स्वदेशी आन्दोलन चलाने' में व्यापक एवं गहरा अर्थ है, जो देशीय एव प्रान्तीय सारे के सारे संस्कारों को सुरक्षित रखने एवं जिनका नुकसान हुआ, उसे वापस लाने का अर्थ है। वैसे ही 'स्कूटर दुर्घटना' से एक अकेले व्यक्ति को आज की निर्मित व्यवस्था से टकराने की असमर्थता एवं नयी अपसंस्कृतियों के साथ मिल पाने की असमर्थता को दर्शाया गया है। यह हार जानेवाला व्यक्ति पुनः प्रकृत सहज संस्कृति की ओर लौट जाने की भाषा का निर्माण करता है। इको-लिंग्विस्टिक के अनुसार हर देश का पर्यावरण और संस्कार उस देश की भाषा से खोज निकाला जा सकता है। यहाँ उदय प्रकाश अपने देश की भाषा की ओर कहानी के द्वारा लौटने का सन्देश देते हैं। अपने देश की भाषा अपने संस्कार की द्योतक है।

पर्यावरण संकट और पर्यावरण चर्चा

पर्यावरण चर्चा में पेड़-पौधे, जानवर और मनुष्य की प्राकृतिक आवासीय स्थिति के संकट और नाश पर विचार किया जाता है, उस सन्दर्भ में कुछ विशेष अभिव्यक्तियों के लिए विशेष शब्दों का इस्तेमाल किया जाता है जैसे : environmental pollution (पर्यावरण प्रदूषण), the extinction of animals and plants (जानवर और पौधों का नाश), the overuse of nuclear waste disposal facitlities (आण ाविक कचरे के निपटाने की सुविधाओं का ज्यादा प्रयोग) the risk potential of nuclear energy (आणविक ऊर्जा की खतरनाक क्षमता)। ये शब्द सचमुच पर्यावण ीय संकट की गहराई को पूर्णतः प्रकट करने में समर्थ तो नहीं हैं।

पर्यावरण चर्चा के केन्द्र में आने वाले कुछ शब्द हैं—(अ) poisoning (विषाक्त करना), pollution (प्रदूषण), waste problems (कचरे की समस्याएँ), (आ) distruction of natural habitats (प्राकृतिक आवासीय व्यवस्था का नाश), extinction of species (वंशनाश), (इ) nuclear energy (आणविक ऊजा)।

उपर्युक्त विषय कई बार अनुसन्धान के विषय बन चुके हैं। इन्हें भाषाविज्ञान और विचारधारात्मक पहलुओं से सम्बद्ध करके देखा भी गया है। इ से सम्बन्धित आणविक ऊर्जा का शान्तिपूर्ण प्रयोग (peaceful use of nuclear energy), आणविक घटनाएँ (nuclear incident), आणविक अवशेष (nuclear dump) आदि प्रयोगों के विश्लेषण से एकमत हो इस निष्कर्ष पर हम पहुँचते हैं कि ऊर्जा-राजनीति में प्रयुक्त भाषा अधिकारियों की मृदुभाषा द्वारा निर्मित है। इनमें से कुछों को तथाकथित पर्यावरण आन्दोलनों ने भी स्वीकार किया है।

आ—के सम्बन्ध में परीक्षणार्थ कई भाषण देना शुरू हुआ था। 1974 में ऍनस्ट लेइसी द्वारा पर्यावरणीय भाषा पर दिये गये भाषण को Gigon (1983) ने प्रकृति के नाश और भूमि के संरक्षण के लिए जो मृदुभाषा दी गयी, उसे इकट्ठा किया

था। वे निम्नलिखित हैं–

(1) Extinct (2) Exterminated (3) decline of species (4) decimation of species (5) population decline (6) destruction of population.

अ–के सम्बन्ध में रोज की भाषा पर्यावरण प्रदूषण (Environmental pollution) गन्दा बन रहा है (becoming dirty) आदि का प्रयोग किया जाता है। इस सन्दर्भ में मुख्य शब्द 'पर्यावरण प्रदूषण' है। 'गंदा' जैसे शब्दों के प्रयोग से यथार्थ खतरा कम हो जाता है। कुछ वाक्य देखिए–"We have to keep our environment clean" (हमें अपने पर्यावरण को साफ रखना है), "How can nature become clean again?" (प्रकृति पुनः कैसे साफ-सुथरी बन जाएगी?) असली समस्या साफ करना और सफाई पर केंद्रित नहीं है, बल्कि प्रकृति की विविधता को विकसित करने और उत्पादन क्षमता की शक्ति को बढ़ाने में है। इसलिए उपर्युक्त शब्दों के बदले में पर्यावरण संरक्षण (environmental protection), पर्यावरण इंजीनियर (environmental engineer), पर्यावरण विधि (environmental law), पर्यावरणीय अवस्थिति की जाँच (test for environmental compatibility), अवशेष प्रबन्धन योजना (waste management plan), सुरक्षा का सिद्धान्त (principle of care), पर्यावरण सम्बन्धी ऐसे प्रौद्योगिकी उपयोग के साथ सम्पत्तिकरण भी दिखाई देता है।

जैसे–पर्यावरण छूट (enviroment discount)

पर्यावरण पेन्नी (enviroment penny)

पर्यावरण कर (environment tax)

निम्न मूल्य का पर्यावरण देश (low cost environment country)

प्रकृति की प्रौद्योगिकी आर्थिक चिकित्सा (techno-economic treatement of nature)

कृषि-भाषा में पौधे, जानवर और भूमि

सबसे पहले 'कृषि-भाषा' से तात्पर्य क्या है? क्या है यह 'कृषि'? इसे क्या हम 'कृषि-भाषा' कह सकते हैं आदि पर विचार करेंगे। उद्योग पर केंद्रित समाज के विविध समूह कृषकों की भाषिक-व्यवस्था को परिवर्तित करने का प्रयत्न करते हैं। उनमें रासायनिक उद्योग और उनके विज्ञापनदाता एवं sales people, फार्म संगठन, सरकार एवं अन्य संस्थानों के प्रतिनिधि हैं। ये जो ग्रुप हैं, वे अपनी अभिव्यक्ति का इस्तेमाल करने आ रहे हैं। यह अभिव्यक्ति एक अलग विश्वभाषिक सम्बन्ध को विकसित करने की ओर इशारा करती है।

कृषि के क्षेत्र में पर्यावरण संकट का अन्य क्षेत्रों से ज्यादा गहरा असर पड़ा। भूमि

के नाश की शीघ्र प्रक्रिया, ग्रामीण बन्दोबस्त और पारम्परिक कृषिरीतियों का पतन हाथ से हाथ मिलाकर जा रहे हैं। विल्हेम ट्राम्पे ने अपने लेख 'भाषा और पर्यावरण संकट' में कहा है कि उन्होंने कृषि की भाषा पर केंद्रित कुछ शब्द तैयार किये और उनमें से भाषा की राजनैतिक नीतियाँ जो निकली हैं, वे निम्नांकित हैं–

जानवर	पौधे	भूमि/मिट्टी
Pests, noxious animals	Weed, noxious plant	Clean soil
Pest treatment	Weed treatment	Soil improvement
Production	Plant protection materials	Melioration
Industrial animal production	Weed control	Landscape use
Animal production plant	Plant protection preparation	Dehydration project
Meat producers	Freedom from weeds	Wasteland
Improvement enterprise	Preventative spraying	Soil management
Horse material unit	Plant production	Pre flood release
Pork and piglet material	Growth regulators	Land retirement benefit
Cocktails belt	Green order plans	Designing a green

पहला जो निरीक्षण है, इसमें वस्तु बनने की प्रक्रिया है Reification। यहाँ उल्लेखनीय बात है कि जीवों को आर्थिक-प्रौद्योगिकी विचारधारा के अनुसार देखा जाता है, जैसे– produced (उत्पादित), managed (प्रबन्धित), optimised (आशा की गयी), utilized (प्रयुक्त), विनिमय मूल्य नैतिकता को निर्धारित करता है। बीज एवं भ्रूण सम्बन्धी काम करनेवाली कम्पनी को Cattle Production Lower Saxony Ltd. कहते हैं। जिन जानवरों और गायों में भ्रूणों को रोपित किया जाता है, उन्हें recepient material (आदाता सामान) कहते हैं। भूमि सम्बन्धी बातें भी भाषावैज्ञानिक ढंग से रूपायित हुई हैं। यह उपभोग वस्तु के रूप में बनाया गया है। यह भी योजनाबद्ध है। फलस्वरूप ऐसा पढ़ा जा सकता है 'using up a landscape' (भूमि को योजनाबद्ध करना), wear and tear (पहनना और फाड़ना), substitute living space (आवास स्थान का प्रतिस्थापन), drainage objects (निकासी वस्तुएँ), green management plans (हरित प्रबन्धन योजनाएँ),

retiring of space (स्थान की निवृत्ति), designing a green belt (हरे बेल्ट की डिज़ाइनिंग), programme for field surround strips (भूमि के लिए घेरा डालने का कार्यक्रम)।

दूसरी प्रक्रिया तथ्यों का छिपाव है। यह मृदुभाषा द्वारा है। भाषावैज्ञानिक अभिव्यक्तियाँ खुद मृदुभाषा नहीं बनती हैं। यह पर्यावरण के सन्दर्भ में प्रकट है। कुछ शब्दों को छोड़ने पर छिपाव दिखाई देता है, जैसे—death (मृत्यु), destruction (नाश), extermination (उन्मूलन), poision (जहर)। इसलिए 'जहर' के स्थान पर 'कीटनाशक' या 'पौधा संरक्षण मार्ग' आदि का उपयोग किया जाता है। जब कई टन फलों का नाश होता है, तब 'removal from the market' (बाजार से निकालना) से अभिहित करता है। इस सन्दर्भ में उपभोक्ताओं को कई गुना भुगतना पड़ता है। उपभोक्ताओं द्वारा जिन quality products को खरीदा जाता है, उनको सरकार या विक्रेताओं के द्वारा विभिन्न 'गुणवत्ता श्रेणियों' में विभक्त किया जाता है। यह कृषकों को विष के इस्तेमाल करने को प्रेरित करता है। कम गुणवत्तावाली चीजें जो कीटनाशकों से युक्त हैं वह सुपर मार्केट में 'फल और सब्जियाँ' नाम पर बेचा जाता है। प्रायः वे इस नाम के लिए योग्य नहीं है। 'सफाई', 'क्रम' जैसे शब्दों का प्रयोग विषों के प्रयोग के बाद उत्पादन प्रक्रिया शुद्ध स्थितियों और मशीनों के द्वारा सम्पन्न होती है।

तीसरी प्रक्रिया में पारम्परिक कृषिरीति के महत्त्व के खिलाफ नाराजगी बढ़ती है। यह भाषावैज्ञानिक विश्व-व्यवस्था में दिखाई देती है। ग्रामीण 'किसान-पसन्द' (peasant like) 'गन्दा है', 'लाभदायक नहीं' और 'पतनशील' है। यह नारा नये कृषि सम्बन्धी संगठनों द्वारा प्रचारित किया गया। आधुनिक कृषि पर चर्चा हुई। संगठनों ने कृषि को 'औद्योगिक', (industrial), 'साफ' (clean), 'लाभदायक' (economical), 'तर्कसंगत' (rational) बनाया है। व्यवसाय करनेवालों का नाम लम्बे समय तक किसान (farmer) रहा तो अब कृषिशास्त्र (Agriculturist) या कृषि इंजीनियर (Agricultural engineer) है।

चौथी प्रक्रिया 'नारे और शब्दावली' सम्बन्धी है। कुछ संगठन न्याय और प्रकृति के अनुसरण करने वाले ग्रामीण सांस्कृतिक रूपों के नाश में लगे हुए हैं। यह विपरीत फल उत्पन्न करता है। वे पूरे 'बाजारू अवसरों' को अपनाकर 'तार्किक' रूप से 'संरचनात्मक परिवर्तन' के पीछे पड़े हैं। 'सीमातीत उपयोग' को बढ़ावा देता है। इससे ग्रामीण सन्दर्भ उभरने के बदले नष्ट हो जाते हैं। ऐसे नारे इस ओर संकेत करते हैं कि भूमि और भाषा का अतिशयपूर्ण शक्तिक्षय समान्तरित रूप में चलता रहता है।

पारम्परिक ग्रामीण कृषि और इन भाषा-राजनैतिक प्रवृत्तियों की ओर पर्यावरणीय आन्दोलन की भाषावैज्ञानिक प्रतिक्रिया क्या है?

पहली प्रतिक्रिया निस्सहायता और सामंजस्य की है। वे एक भाषावैज्ञानिक रास्ता ढूँढ़ निकालने में असमर्थ बन जाते हैं। वे ऐसे लोग हैं जो ग्रामीण जीवन का नाश करके अपनी आजीविका चलाते हैं। इनको पर्यावरण के 'paid protectors' कहते हैं। इनमें से अधिकांश लोग नौकरशाही भाषा के द्वारा भाषावैज्ञानिक रूप तैयार करनेवाले हैं। इस धोखे से जो भी तैयार करते हैं, उन सबको झेलने में हम तैयार हैं। हरित-योजनाएँ (green-plans) जैसे कई शब्दों का निर्माण करते हैं।

दूसरी प्रतिक्रिया औपचारिक है। अर्थात् 'metalinguistic resistance'। इसमें ग्रामीण कृषक कभी-कभी औपचारिक मेटालिंग्विस्टिक अस्वीकृति द्वारा जीवन पद्धति और भूमि पर पर्यावरण विरोधी बर्ताव से प्रत्याक्रमण करने का श्रम करता है। जैसे तथाकथित पौधा-संरक्षण (so-called plant protection)। तीसरी प्रतिक्रिया 'शब्द सृजन' की है। जैसे–अवांछित घासपात (weed), मांस फैक्ट्री (meat factory), सांस्कृतिक मरुप्रदेश (cultural desert), वन्यप्रदेश पौधा (wild field plants)।

यद्यपि ग्रामीण कृषि में पर्यावरण विरोधी भाषावैज्ञानिक प्रयोग के खिलाफ प्रतिक्रियात्मक प्रणालियाँ दिखाई देती हैं तो भी उन्हें नौकरशाही, अर्थशास्त्री एवं उद्योगपतियों की भाषावैज्ञानिक और राजनैतिक प्रवृत्तियों का सामना करना बहुत दुष्कर कार्य है। औद्योगिक कृषि की विश्व भर की भाषिक व्यवस्था यह दिखाती है कि मनुष्य का उनके प्राकृतिक पर्यावरण के साथ जो सम्पर्क है, वह नष्ट होता जा रहा है और यहाँ की जिन्दगी खतरे में है, इसलिए इससे बचना है।

इको-लिंग्विस्टिक विमर्श की प्रासंगिकता इसलिए है कि समाजशास्त्र, मनोविज्ञान, जन्तुशास्त्र जैसी विभिन्न मानवीय आवधारणा को प्रायः पूरे सामाजिक और प्राकृतिक विज्ञान एवं शास्त्र से भाषावैज्ञानिक अनुसन्धानों से जोड़ा जाता है। जिस पर्यावरण में हम जिन्दा हैं, भाषा उस की हिस्सा है; इसलिए उस पर्यावरण के अनुसार उस पर विचार करना है। जब भाषा मानव जीवन के प्रत्येक क्षेत्र में प्रवेश करती है, तब मनुष्य जीवन से जुड़े हुए विभिन्न अनुशासनों को भाषावैज्ञानिक अध्ययन से जोड़ा जा सकता है। उदाहरण के तौर पर विधि के क्षेत्र से एक वाक्य को हम ले लेंगे। "Act on organic farm production"–जैव फार्म उत्पादन का अधिनियम। आज हम जानते हैं कि राष्ट्रीय, अन्तर्राष्ट्रीय एवं स्थानीय अवबोध पर्यावरण समस्याओं के बढ़ते-बढ़ते वैधिक स्तर तक पहुँच गया है। इसलिए इससे सम्बन्धित उपर्युक्त अधिनियम रूपायित हुआ है। इस अधिनियम का लक्ष्य जैव फार्म उत्पादन को बढ़ावा देना है। अधिनियम यह कहता है कि जैव फार्म उत्पादन का लक्ष्य, फार्मिंग व्यवस्था में मजबूती और एकरूपता लाना है। इसमें जो उत्पादन प्रणालियाँ हैं, वे फार्म में वैयक्तिक उत्पादनों को प्राकृतिक जैव सायकिल के साथ एकीकृत करने को सुगम बनाती हैं।

अधिनियम की भाषा दो विपरीत बातें जैसे प्राकृतिक, जैव उत्पादन के लक्ष्य और दूसरी ओर पूँजी और मल्टीनेशनल उद्योगों की रुचि को एक साथ अपने में समाहित करती हैं। यह अधिनियम दोनों प्रकार के उत्पादनों के अन्तर को परिभाषित करता है–(1) "प्राकृतिक, जैविक, पर्यावरणीय" और (2) औद्योगिक।

यहाँ ये सवाल उठते हैं कि कौन है कर्ता? विषय क्या है? इसके लिए वाक्य पर केंद्रित विश्लेषण सहायक बनता है। यह विषय कर्ता और अभिनेता को समझने के लिए सामाजिक व्यवस्था में उपस्थित विपरीत स्वरूपों को समझना चाहिए।

जैव कृषि को बढ़ावा देने के विरोध में खड़ी होने वाली बातें निम्नलिखित हैं–

1. निश्चित वर्ग विरोध
2. अधिकारी विरोध
3. प्रकृति-संस्कृति विरोध
4. नगर-गाँव विरोध

मुख्य विरोधों के सम्बन्ध में हम कर्त्ता को निश्चित नहीं कर सकते हैं तो पूरे पाठ और वाक्य की आवश्यक वाक्य रचना और अर्थ-रचना का विस्तार नहीं हो पाएगा। इस प्रक्रिया का अनुसरण किया जाए तो यह स्पष्ट होता है कि अधिनियम किसी निश्चित विजय पर नहीं पहुँचेगा। जैव कृषि के लक्ष्य शायद ये हैं–

1. उत्पादन का एकमात्र मार्ग
2. उत्पादन का प्रभुत्व रूप
3. विशेष समुचित उत्पादन का एक प्रकार

यह विश्लेषण यह स्पष्ट करता है कि यह अधिनियम पर्यावर्णीय उत्पादन और पूँजीवादी औद्योगिक उत्पादन के बीच के बढ़ते विरोध में एक राजनीतिक हस्तक्षेप है। भाषावैज्ञानिक दृष्टि से मुख्य बात इस तथ्य का अवबोध है कि विश्लेषण-प्रदर्शनियों का उपयोग, प्रथम और मध्यम पुरुष सर्वनाम, काल, निश्चित समय एवं स्थान, क्रिया विशेषण जैसे 'अब' एव 'इधर' तक सीमित नहीं, बल्कि 'विरोध' समझने, व्याख्या देने और भाषा के उपयोग के लिए अनिवार्य है। मुख्य प्रवर्तक मंत्रालय, परिषद् और अधिकृत निरीक्षक हैं, जो 'जैव फॉर्म उत्पादन को बढ़ावा देने के' लक्ष्य को पूरा करने के लिए काम करते हैं।

उपर्युक्त विवेचन एक अधिनियम की व्याख्या-विश्लेषण 'इको-भाषाविज्ञान' के परिप्रेक्ष्य में किया गया। यहाँ उल्लेखनीय बात यह है कि पूरी वाक्य रचना के विश्लेषण से अर्थ पर पहुँचते हैं, तब विरोधी बात वाक्य से अनिवार्यतः प्रकट होती है।

संक्षेप में भाषाप्रयोग में निश्चित लक्ष्य दर्ज है। औद्योगिक युग ने पहचान लिया है कि प्रकृति के साथ के रिश्ते और परिस्थिति के साथ जुड़े शब्दों के दुरुपयोग करने का कार्य सर्वत्र हो रहा है। जैसे कोई दवा, साबुन अथवा सौन्दर्य प्रसाधनों के

विज्ञापन में हमेशा यह शब्द प्रयुक्त किया जा रहा है कि 'आयुर्वेदिक जड़ी-बूटियों से निर्मित'। ऐसे श्रमों के खिलाफ चुनौतीपूर्ण कोशिश 'इको-भाषावैज्ञानिकों' के अध्ययन से सम्भव हो रही है। बदलती दुनिया की गतिविधियों को सूचित करने में भाषा की जो क्षमता है, वह इको-भाषावैज्ञानिक ढूँढ़ निकालते रहे हैं। वे ससूर के संरचनावाद से उत्पन्न खतरे की ओर इशारा कर रहे हैं।

सन्दर्भ

1. The Eco-linguistic Reader–Language, Ecology and Environment : Edited by Alwin fill, Peter muhlhauster
2. Language and Environment–Edward sapir
3. The Ecology of Language–Einar Haugen
4. The Eco-linguistic paradigm–An Integrationist trend in Language study
5. Eco-linguistics–A frame work–Jorgen Bany & Jorgen Door

हरित भाषावैज्ञानिक विमर्श में स्त्री

कई दशाब्दियों के भाषावैज्ञानिकों, समाजशास्त्रियों, दार्शनिकों और अन्य सैद्धान्तिकों के अनुसन्धानों से इस निष्कर्ष को रूपायित किया गया कि मनुष्य की सच्चाई मनुष्य निर्मित है, इसलिए अपनी भाषा अपनी सच्चाई का प्रतिबिम्ब है। नारीवादियों में डाले स्पेंडर, मेरी डाली और डोरोथी स्मिथ ने जाहिर किया कि हमारी भाषा पुरुषनिर्मित है। पाश्चात्य पितृसत्तात्मक समाज में पुरुष परम्परा से अधिकार और स्थान वहन करता आ रहा है और सम्पत्ति भी उसके द्वारा नियन्त्रित है। भाषा अपने आप में एक राजनीतिक सूक्ष्म रूप है जो शक्तिशाली अधिकार सम्बन्धों द्वारा तैयार और प्रत्युपादित है।

डाले पेंडर दावो करती हैं कि भाषा पुरुष निर्मित है और इस पितृसत्तात्मक भाषा के जरिए वह स्त्री तथा प्रकृति को अपने अधीन करता जा रहा है। पारिस्थितिकीय विमर्श में कई प्रयोगों एवं प्रतीकों के द्वारा प्रकृति और पर्यावरण संकट को दिखाया गया है। "rape of the land"(पृथ्वी का बलात्कार), virgin forest (कन्यावन), mother earth (पृथ्वी माँ) जैसे प्रयोग पृथ्वी एवं प्रकृति के भीषण शोषण की समझ से उद्‌भूत हुए हैं। पाश्चात्य देश में 'gai' शब्द पितृसत्तात्मक द्वैतता और पौरोहित्य परम्परा का प्रतिनिधित्व करने वाला है। वह स्त्री और प्रकृति का वस्तूकरण करता है और मनुष्य-मनुष्य के बीच की, मनुष्य तथा अन्य जीव-जन्तुओं के बीच की खाई को बढ़ावा देता है। लेकिन सामाजिक प्रगति पर लक्षित पर्यावर्णीय आन्दोलन जो चल रहा है, उसको लक्ष्य करके यह प्रयोग बहुत कम ही किया जाता है। पर यह विचारणीय बात है कि क्या पर्यावरण-आन्दोलन प्रभुत्व की भाषा को बढ़ावा देता है? और जिस शासकीय परम्परा का वह अन्त करना चाहता है क्या वह सार्थक बन पाएगा?

इसके लिए सबसे पहले इको-फेमिनिज़्म पर थोड़ा विचार करना जरूरी है। इको-फेमिनिज़्म सामाजिक परिवर्तन के लिए एक सिद्धान्त और आन्दोलन दोनों है। साथ ही वह पारिस्थितिकी और नारीवाद का समन्वय भी है। पितृसत्तात्मक समाज में स्त्री और प्रकृति का शोषण परस्पर सम्बद्ध है और परस्पर बढ़ावा भी देता है। इको-फेमिनिस्टों का दावा है कि मनुष्य एक बड़े समूह का हिस्सा है, उस समूह में

समस्त जीव और जैविक व्यवस्था समाहित है। भाषा एक सांस्कृतिक निर्मिति है, यह पुरुष वर्चस्ववादी समाज की रुचि पर केन्द्रित है। इसलिए हमारी भाषा पुरुष वर्चस्वादी शोषक रूप को बनाये रखती है और प्रचार करती है। सूसन ग्रीफ की रचना 'Women and Nature- The roaring inside her' स्त्री और प्रकृति के सामने जो चुनौतीपूर्ण यथार्थ है, उस ओर ध्यान आकृष्ट करती है–

"हम स्त्रियाँ हैं
हम प्रकृति हैं
हम फूल और परिन्दे हैं
हम प्रकृति और स्त्रियाँ हैं
पुरुष बोलता है
हमारी बातचीत वह सुनता नहीं है
लेकिन, हम सुनती हैं।"

इसका तात्पर्य यह है कि स्त्री और प्रकृति परस्पर समझती हैं और सुनती हैं; लेकिन पुरुष सुनता नहीं है। इसलिए प्राकृतिक दुनिया के साथ ज्यादा एकता का सम्बन्ध बनाना है तो पर्यावरण विमर्श की भाषा को आलोचनात्मक दृष्टि से परखना है।

भाषा और अन्यता

कई पर्यावरणवादियों ने देखा कि भाषा पाश्चात्य समाज में मनुष्याधिपत्य केन्द्रित विश्वदृष्टि का प्रतिनिधित्व करती है। बुनियादी तौर पर मनुष्य केंद्रित दृष्टि जानवर, पौधे और अन्य प्राकृतिक व्यवस्था को मनुष्य के लिए उपयोगी वस्तुएँ मानती है। यह दृष्टि कई शब्दों के उपयोग के द्वारा अभिव्यक्त है। पेड़ (tree) के लिए लकड़ी (timber), प्राकृतिक संसाधनों की पैदावार (harvesting of natural resources), जंगली जीवों का प्रबन्धन (wild life manangement) आदि प्रयोग मनुष्य द्वारा प्रकृति और प्राकृतिक व्यवस्थाओं के नाश को जताने और उसकी वकालत करने के लिए है।

भाषा के द्वारा इस दुनिया का निर्माण सम्भव हो जाता है। यह विभिन्न श्रेणियों का निर्माण कर हमारी सीमाओं को निर्धारित करती है। नारीवादियों के अनुसार स्त्रियों ने इन श्रेणियों का निर्माण नहीं किया। डोरोथी स्मिथ (Dorothy smith) दावा करती हैं कि सांस्कृतिक बिम्बों के निर्माण करने का उत्तरदायी पुरुष है, यह स्त्री को पुरुष से अलग करता है और पुरुष के अनुभव को सार्वभौमिक बना देता है। इसका दोष-भाषा प्रयोक्ता के रूप में स्त्री को भोगना पड़ता है, क्योंकि पुरुष भाषा स्त्री अनुभवों और विचारों को गलत निर्धारित कर देती है। इस दृष्टि ने नारीवादी लेखिका अड्रीने रिच को यह कहने को प्रेरित किया कि 'objectivity is nothing more than male subjectivity' इसलिए पितृसत्तात्मक आदेश वैधिक बन गया और पुरुष अनुभव एवं विषय प्रश्नातीत बन गया। रैडिकल नारीवादियों ने कहा कि हमारी भाषा पुरुष केन्द्रित है, इसलिए वह हमारी सच्चाई को व्यक्त नहीं करती।

एलिज़ाबेथ डोडसन ग्रे ने कहा कि सच्चाई का नाश और पुरुष-अनुभव का सार्वभौमीकरण पाश्चात्य संस्कृति में विद्यमान पारम्परिक धारणा से है? यह यहूदी-ईसाई चिन्तन का फल है। इस पारम्परिक विश्वास के अनुसार ईश्वर सर्वोच्च अधिकारी है। ईश्वर के निकट है पुरुष, इसके बाद स्त्री, बच्चे, जानवर, पौधे आदि क्रमानुसार है तो प्रकृति सबसे निम्न समझी जाती है। इस पृथकत्व के साथ दार्शनिक द्वन्द्वात्मक विभाजन भी है—मन/शरीर, आत्मा/मास, प्रकृति/संस्कृति के यह सबके लिए नया नहीं है तो भी अन्य स्त्रीवादी विश्लेषण से भिन्न है। ग्रे जानवर और प्रकृति की अधीनता की ओर भी संकेत करती है।

आन्द्रे कॉलोरिड दिखाती हैं कि प्रकृति से मनुष्य की अस्मिता की उपेक्षा और पुरुष/स्त्री और प्रकृति/संस्कृति की द्वन्द्वात्मकता की वृद्धि संस्कृत भाषा की स्वीकृति से हुई, यह 6000 वर्षों पूर्व मध्य एशिया में ईश्वर की पूजा करने वाले पुरुषों की वजह से हुई। सत्रहवीं सदी में पाश्चात्य देश में हुए वैज्ञानिक वस्तुकरण और यंत्रीकरण से पहले ही अधिकार सम्बन्ध और प्रकृति का अवमूल्यीकरण संस्कृत भाषा में विद्यमान था। इस पारम्परिक द्वन्द्वात्मकता के द्वारा स्त्री प्रकृति के साथ सहयोग देती रही, या मिल गयी तो पुरुष संस्कृति के साथ। उस प्रकार पुरुषत्व और स्त्रीत्व विपरीत रूप से निर्मित हुए। रोच ने कहा—"जब स्त्री प्रकृति के निकट आने लगी तो दूसरी ओर पुरुष से ज्यादा पूर्ण मनुष्य हो गयी। इसके साथ स्त्री और प्रकृति दोनों पुरुष के उपयोग की चीजें बन गयीं। स्त्री-पुरुष, पत्नी-पति के नाम से जाने जाने लगे। वैधिक रूप से स्त्री पति की वस्तु बन गयी। वेश्या के रूप में स्त्रियाँ लैंगिक वस्तुएं बनीं और प्राकृतिक दुनिया में जानवर मांस में प्रयोगशाला की वस्तु या प्रदर्शन में बन्दी तथा पौधे, पेड़ और लवण डॉलर में परिणत हो गये। वस्तूकरण का सशक्तीकरण हो गया।

डिबोरा कैमरोन ने दिखाया कि भाषिक संरचना में द्वैतता और लिंग पर केंद्रित सामाजिक निर्मिति कैसे हुई है। यह लिंग भेद एवं श्रेणियाँ सामाजिक रूप से निर्मित हैं। लिंग परिवर्तन कब सम्भव है। जब पुरुष किसी चीज या वस्तु पर अधिकार का प्रयोग कर अपने अधीन बना लेता है, तब वह स्त्रीलिंग बनाता है। उनके अनुसार 'salt' (नमक) पुल्लिग है या स्त्रीलिंग है, यह सवाल पूछे जाने पर जल्दी कोई बोध नहीं होगा। यदि 'pepper' से तुलना की बात उठती है तो लिंग बोध उत्पन्न होता है। हमेशा कमजोर स्त्रीलिंग बन जाता है। कैमरोन एक उदाहरण सामने रखती हैं। यदि 'spoon' और Fork को तथा knife को प्रतिद्वन्द्वी बना देते हैं तो spoon और Fork के सन्दर्भ में Fork पुल्लिग बनता है तो knife और Fork के सन्दर्भ

में Fork स्त्रीलिंग बनता है। क्योंकि पहले में जो Fork सशक्त है, वह दूसरे सन्दर्भ में दुर्बल है। पितृसत्तात्मक अवधारणाओं और सामाजिक विशेषताओं के आधार पर लिंग निर्धारण हुआ है। यह एक पारम्परिक हीन-प्रभुत्व विचारों से उत्पन्न है। Mother Earth (भू माता) में भूमि का जो मानवीकरण हुआ है, वह पर्यावरण विमर्श में स्त्री रूप में हुआ है। क्या यह स्त्री और प्रकृति की अधीनता को सूचित करने वाले विपरीत अर्थ में प्रयुक्त है? या यह मनुष्य और प्रकृति की अधीनता को सूचित करनेवाले विपरीत अर्थ में प्रयुक्त है? समानता और स्त्रियों के सशक्तीकरण को सूचित करता है।

भूमि माता है और पिता कौन है?

पर्यावरण विमर्श में प्रयुक्त दो शब्द हैं—भूमि माता और 'प्रकृति माँ'। यह सर्वत्र स्वीकृत और बिना सवाल का है। अमेरिका जैसे देशों में स्त्रीवादी आन्दोलन में स्त्री को 'सँभालनेवाली' सबकी रक्षा करने वाली के रूप में जो स्थान दिया जाता है, उसका विरोध हुआ है। भूमि का पर्यावरण और नारीवादी आन्दोलन में अवश्य आलोचनात्मक अध्ययन और प्रश्न करने का विषय है। जब पृश्वी को अपनी माँ का दर्जा दिया जाता है, यह नाम मातृत्व से जब हम जोड़ते हैं, तब पितृसत्तात्मक समाज 'माँ' के काम को निर्मूल्य कर देता है। दो सवाल इस सन्दर्भ में उठते हैं—(1) क्या हम एक नये एवं परिवर्तित सम्बन्ध प्रकृति के साथ जोड़ सकते हैं? 'माँ' शब्द में जितना सांस्कृतिक गौरव निर्भर है, उतना प्रकृति को दिया जाएगा?

(2) हमारी भाषा जीवों, जैविक व्यवस्था और प्राकृतिक दुनिया की विविधता को स्वीकार करते हुए बुनियादी बनेगी?

पितृसत्तात्मक समाज में स्त्री पारम्परिक रूप से 'मातृत्व' से जुड़ी हुई है। इसलिए वह बच्चों को जन्म देने, उसकी परवरिश कर उसे स्नेह आदि प्रदान कर बड़ा करने के लिए है। पूँजीवादी समाज में माँ का काम वेतनरहित, अस्वीकृत और मूल्यहीन है। उस संस्कृति में 'माँ' वेतन के बिना हमारी सारी जरूरतों की पूर्ति करनेवाली है, वह सारे कूड़े-कचरे लेने, साफ करने के लिए है, सबको खिलानेवाली है। माँ चोट देनेवाली नहीं है। जैसे 'माँ' की अवधारणा में हम उस से सब कुछ ले सकते हैं, लेकिन वापस कुछ देने की जरूरत नहीं है। वैसे ही भूमि सीमातीत है और वह मनुष्य के मात्र उपयोग के लिए है। यह अवधारणा हमारी आर्थिक व्यवस्था में भी प्रतिबिंबित है, वहाँ प्रकृति एक प्राकृतिक संसाधन है या बाहरी है। डोरोथी डिन्नरसीन ने कहा कि स्त्री प्राकृतिक संसाधन के समान मानी जाती है। वह एक ऐसी सम्पत्ति है, जिसको कोई अपना सकता है, उसका पालन पोषण कर सकता है, उसे पैदा कर सकता है, उसका खनन किया जा सकता है, लेकिन उसके नाश में कोई हमदर्दी नहीं रखता उसकी रक्षा का भी दायित्व कोई नहीं लेता। यहाँ उल्लेखनीय बात यह

है कि स्त्री और प्रकृति दोनों रक्षणीय हैं। लेकिन इसका दायित्व कोई अपना नहीं समझता है। पर्यावरण विमर्श इसकी जरूरत की ओर इशारा करता है।

पाश्चात्य पर्यावरण विमर्श में पृथ्वी को स्त्री मानने की मुख्य बात ग्रीक देवता 'Gai' है। यह शब्द जेम्स लोलाक के विश्लेषण से सार्वजनिक हो गया और उससे यह अभिव्यंजित हुआ कि भूमि एक जैवव्यवस्था है। पैट्रिक मरफी दिखाती हैं कि ग्रीक मिथ 'गैया' उसके पुत्र और पति के अधीन बन गयी। उनका दावा है कि भूमि का वस्तूकरण पुरुष द्वारा निर्मित पारम्परिक द्वैतता से भिन्न है। मरफी लोलाक की प्रारम्भिक कृतियों के आधार पर कहती हैं कि पुरुष को 'स्त्री' को बचाने का ज्ञान अर्जित करना है। इसलिए 'पुरुष' अपनी माँ और सहयोगिनी के रक्षक और अक्लमंद के रूप में काम करता है, पुरुष स्त्री की रक्षा को पक्का करता है। स्त्री और प्रकृति से पुरुष का अलगाव पारम्परिक द्वैतता को मजबूत करता है और यह स्त्री और प्रकृति की अधीनता और शोषण को प्रसारित करता है। प्रतीक 'देवता' इको-फेमिनिज़्म में सशक्तीकरण का मुख्य पहलू है। उसको अनदेखा कर 'गैया' प्रतीक पूर्ण नहीं होगा। प्रतीक 'देवता' और धर्म को स्त्री और प्रकृति के बीच के सम्बन्ध और उनकी आज़ादी को पहचानने और समझने का बड़ा हाथ है। इसके साथ स्त्रीत्व और भूमि को पुनर्मूल्यांकित करने का भी ये दोनों कारण बन गये। तब चुनौती यह है कि देवता की आराधना यहूदी-ईसाई धर्म की मुख्यधारा में आ गयी, यह पारम्परिक मातृसत्तात्मक स्त्री और पुरुष विभाजन और द्वैतता के काम करने का कारण बन गया। परम्परा और 'गैया' प्रतीक ने स्त्री विशेषताओं और स्त्री शक्ति को कम करने या नकारात्मक रूप प्रदान करने के बदले में एक सकारात्मकता प्रदान की। लेकिन पृथ्वी को मनुष्य और स्त्री का प्रतीक बनाकर सीमित करने से बच जाना चाहिए। इसके बदले में पृथ्वी को शक्तिसम्पन्न, पवित्र एवं सीमातीत बनाना अनिवार्य है। मनुष्य को इसका एक अंशमात्र समझना है। यह स्त्री और प्रकृति के शोषण और दासता को कम करने में सहायक भी हो जाएगा।

सूचक की अनुपस्थिति

पर्यावरण विमर्श में सूचक की अनुपस्थिति भाषा के सम्बन्ध में मुख्य है। करोल आदम ने सूचित किया कि 'जानवर' को भाषा में स्थान देकर उनको मृतशरीर के रूप में या खाने के रूप में अभिव्यक्त किया जाता है। pig (सूअर) से corpse, meat, ham (मांस) में परिणत हो गया है। यहाँ हिंसा अनुपस्थित है, मृत्यु अनुपस्थित है, सूअर उपभोग की वस्तु में परिणत होता है। उनके अनुसार सूचक की यह अनुपस्थिति जानवरों को भूलने और उनकी अस्मिता को भूलने में कारण बनता है, वर्तमान जानवर विस्मृति में बदल जाएगा।

सूचकों की अनुपस्थिति हमारी भाषा और प्रवृत्ति के बीच के अन्तर को प्रकट

करती है। सामान्यतः जानवरों से जो क्रूरता का सलूक है, हम इसे सामाजिक स्वीकृति नहीं देते। लेकिन जानवर-फार्म में जो हिंसा है, वह जानवरों के 'मांस' के लिए मारा जाना है। वहाँ हम 'मांस' कहते हैं तो स्वीकृत है। chicken एक प्राकृतिक पक्षी है, लेकिन खाने के लिए इसे दवा तथा अन्य रासायनिकों का इंजेक्शन देकर अप्राकृतिक रूप से पाला जाता है। इसे पर्यावरण निरीक्षक भी खरीदते हैं और खाते हैं। ऐसे बिल्कुल उल्टे कार्य हमारी संस्कृति में भाषा के माध्यम से आ जाते हैं। यह प्रक्रिया पुनर्नामकरण के द्वारा नाटकीय रूप से हमारी भाषा में कैसे आ जाती है, उसे कई उदाहरणों द्वारा व्यक्त किया जा सकता है। इससे यह बात जाहिर हो जाती है कि जानवर और हमारे बीच का सम्बन्ध कैसे बदल जाता है–

Pet (पालतू जानवर)/Captive (क़ैद किये गये)

Meat (मांस)/Corpse (लाश)

Ham (सूअर का नमकीन गोश्त)/Slicedpig (सूअर का टुकड़ा किया गया मांस)

Work Animal (श्रम के लिए प्रयुक्त जानवर)/Slave (गुलाम)

जानवर और महिलाओं के सम्बन्ध में कई रूपकों का जो इस्तेमाल हो रहा है, वहाँ सूचक का अभाव दिखाई देता है। कभी-कभी स्त्रियों को Cow (गाय), Bitches (कुतिया), Fox (लोमड़ी), Bearers (बिलाव), Bunnies (खरगोश), Piece of meat (मांस का टुकड़ा) इन शब्दों से परिभाषित किया जाता है। सचमुच इन शब्दों के पीछे स्त्रियों के प्रति जो हिंसा और उनको अधीन बनाने का कार्य चल रहा है, उसकी सूचना निहित है। पर प्रत्यक्ष सूचकों की अनुपस्थिति से उसे वस्तु बना देता है और पितृसत्तात्मक मूल्यों की स्थापना की जाती है। उदाहरणार्थ रूपकों के बलात्कार से स्त्रियों के विरुद्ध होनेवाली हिंसात्मक वृत्ति को वैध बनाता है। बलात्कार का कार्य साधारण है, लेकिन क्या वह स्वीकृत है? सांस्कृतिक हिंसा के विवरण में स्त्री और जानवर दोनों अनुपस्थित सूचक हैं : butchering of women (स्त्री का कसाईपन)–यहाँ जानवर मांस के रूप में अनुपस्थित है। The rape of the wild (वन्यों का बलात्कार) यहाँ स्त्री अनुपस्थित है।

जो भाषा जानवर को खाने की मेज से दूर करती है, वैसे ही स्त्री को राजनीतिक फॉरम से अलग करती है।

उदाहरण–beating (मारना), raping or hitting women partner (स्त्री सहभागी का बलात्कार या पीटना), domestic violence (घरेलू अत्याचार)। इन उदाहरणों में स्त्री की अनुपस्थिति मात्र नहीं, स्त्री को वस्तु बना देता है, जो केवल हिंसा झेलने के लिए है। 'domestic violence' बहुत अस्पष्ट शब्द है। करोला आइमान का दावा है कि 'शारीरिक दमन' सूचक की अनुपस्थिति से हिंसा का वैश्वीकरण और बलप्रयोग अधिनियम के यथार्थ-दायित्व से दूर हो जाता है। पर्यावरण विमर्श में रूपकों का बलात्कार पर्यावरण संकट के लिए कारण बनता है।

रूपक बलात्कार और नामकरण का महत्त्व

कई विद्वानों का विचार है कि मनुष्य रूपात्मक ढंग से सोचता है, इसलिए हमारी संकल्पनात्मक व्यवस्थाएँ बुनियादी तौर पर रूपात्मक हैं। हमारे रोज़मर्रा की जिन्दगी की वास्तविकता को परिभाषित करने में हमारी संकल्पनात्मक व्यवस्था की बड़ी भूमिका है। हमारे विचारों, प्रवृत्तियों और सम्भावनाओं को बनाने में रूपक का स्थान बड़ा है। लॉकोफ और जॉनसन ने देखा कि हमारे रूपकों का सार एक तरह की चीज को दूसरे के रूप में समझना और अनुभव करना है। यदि धारणाएँ और प्रवृत्तियाँ रूपकात्मक ढंग से निर्मित हुईं तो भाषा भी रूपात्मक ढंग से निर्मित होती है। ये विचार रूपक बलात्कार को पर्यावरण विमर्श में व्यापक ढंग से प्रयुक्त करने में बहुत उपयोगी होंगे। रूपकों का उदाहरण देखिए—'the rape of the land' (भूमि का बलात्कार), vargin forest (कन्यावन), penetrating the wildness (वन्यता को बेधना) आदि। इन उदाहरणों से यह जाहिर होता है कि इन रूपकों के जरिए स्त्री के सन्दर्भ में प्रकृति के बलात्कार को स्पष्ट करता है। रूपकों की भाषा स्वच्छ नहीं है। यह हमारी शारीरिक, सांस्कृतिक और सामाजिक सच्चाइयों का प्रतिरूप है यह निर्मिति हमारी प्रवृत्तियों में प्रकट होती है।

मनुष्य के सम्बन्ध में 'rape' साधारणतया अत्याचार, अवैधिक और पुरुष द्वारा एक स्त्री पर बलपूर्वक लैंगिक सम्बन्ध जोड़ना है। कई लोगों की धारणा है कि बलात्कार एक वैश्विक प्रक्रिया है और विकृत मन वाले पुरुषों से यह सम्भव होता है। लेकिन सूसन ग्राफिन कहती हैं कि बलात्कार सम्बन्धी कई घटनाओं के अध्ययन से यह बात स्पष्ट हो जाती है कि यह 'मानसिक असन्तुलन' से सम्पन्न नहीं है। आगे मारगरेट मोड और हेलीना नोर्खर्ग—होड्ज (1991) कहती हैं कि कई अन्य संस्कार विशेषकर पुरानी संस्कृतियाँ हैं, जिनका पाश्चात्यों से बिल्कुल कोई सम्बन्ध नहीं था, वहाँ बलात्कार की बात दिखाई नहीं देती है। बलात्कार एक सीखी हुई प्रवृत्ति है। यह पुरुष के प्रभुत्व, शक्ति और मजबूती के फलस्वरूप है तो वहाँ स्त्री और प्रकृति बहुत निष्क्रिय और पुरुष के उपयोग की वस्तु सी दिखाई देती है। यह वन्यता को व्याप्त करता है। यह बहुत बड़े राजनीतिक और सामाजिक रोग का प्रकटीकरण है। यौनबलात्कार अवैधिक है, वह यौन व्यवहार के लिए एक प्रकार की मान्यता देने का समझौता है। यह दिखाई देता है कि पुरुष की अनियंत्रित लैंगिक इच्छा हिंसात्मक गुस्से में परिणत होती है। स्त्री अवचेतन में यह आग्रह रखती भी है। आन्ड्री कोलारड यह दिखाती हैं कि स्त्री में जो इच्छा है, वह प्रकृति में भी प्रकट है—"स्त्री पुरुष को जिस प्रकार बलात्कार के लिए बुलाती है उसी प्रकार प्रकृति अपने आकर्षण से पुरुष को बुलाती है। स्त्री हिरण के समान बलात्कार की शिकार बनती है तो सिंह बन्दूक का शिकार बनना चाहता है; भूमि, समुद्र और आकाश शोषण एवं प्रदूषण का शिकार बनाना चाहते हैं। शिकार को प्रदूषित करने की प्रवृत्ति वन सम्बन्धी साहित्य में दिखाई देती है। वहाँ 'वन कन्या' बहुत परिपक्व माना जाता है,

इसलिए वह खेती के लिए योग्य है।

मुख्यधारा की संस्कृति में 'पृथ्वी का बलात्कार' नामक रूपक मनुष्य में व्याप्त हिंसा और आधिपत्य की स्वीकृति है। पृथ्वी के नाश के लिए मनुष्य की हिस्सेदारी को यहाँ सूचित किया जाता है। इस रूपक के प्रयोग से यह अनुमान किया जाता है कि कुछ सन्दर्भों में प्रकृति, स्त्री के समान पुरुष के साथ सहयोग देने के लिए तैयार हो जाती है। यह रूप पुरुष द्वारा स्त्री और प्रकृति पर होनेवाले आधिपत्य को वैधिक और दृढ़ बना देता है। 'बलात्कार' स्त्री का अनुभवजन्य मान्यताप्राप्त रूपक है। स्त्री के खिलाफ अन्याय हिंसात्मक प्रवृत्तियाँ, यौनशोषण आदि जो चल रहा है, इसके लिए प्रयुक्त शब्द है बलात्कार। यहाँ स्त्री अनुपस्थित सूचक है। डेल स्पेंडर कहती हैं कि 'बलात्कार' शब्द स्त्री का अनुभव मात्र नहीं, बल्कि उसका चुप रहना और पुरुष समझ को भी प्रतिबिंबित करनेवाली प्रवृत्ति का नाम है। उनके अनुसार 'बलात्कार' में शक्ति का अभाव है, जो पापकर्म के रूप में अभिव्यक्त नहीं होती। इसलिए इसे किसी संकोच के बिना एक रूपक के रूप में प्रयुक्त किया जाता है। यह शब्द की वृत्ति को वैधिक बना देता है। इसलिए जाने या अनजाने पुरुष द्वारा प्रकृति और स्त्री पर होनेवाला यह बलात्कार मान्य बन जाता है। प्रकृति और स्त्री दोनों पुरुष के उपयोग के लिए है, यह दृष्टि प्रबल बनती है।

बलात्कार रूपक साहित्य में बहुतायत प्रयुक्त किया जाता है। यह 'वन्यता' को सूचित किया जाता है। जो वन पुरुष द्वारा अनछुआ है वह 'virgin forest' (कन्यावन) है। लेकिन ऊसर प्रान्त के अन्वेषण और उसके ऊपर की जबरदस्ती को 'penetrating the winderness' (वन्यता का भेदन) से सूचित किया जाता है। ये शब्द उद्योग, सरकार और पर्यावरणविदों द्वारा प्रयुक्त किये जा रहे हैं। वन्यता और स्त्री वस्तुएँ हैं, उन पर आक्रमण किया जा सकता है, वन्य स्थानों से सम्बद्ध 'virgin' (कन्या), और penetrate (भेदन) शब्द स्वामित्व और आक्रमण को सूचित करता है। एक बार उसको भेदता है तो वह पुरुष का वन बन जाता है। ग्रेवल ने देखा कि पुरुष का विज्ञान सौ सालों से विश्वास करता है कि नाम देना मतलब अपनाना है। अपनाना या स्वामी बनने का तात्पर्य है उपयोग करना और वह उपयोग स्वाभाविक रूप से पूर्ण उपभोग या नाश करने में परिणत होगा (डायमंड और ओरेनस्टीन, 1990)

अन्य वस्तुओं, जीवों और प्रवृत्तियों का नामकरण कर पुरुष अपनी संस्कृति का विस्तार करता है और अभी तक की संस्कृति से अलग करता है। डेल स्पेंडर का कहना है कि इस संसार को नाम देने की शक्ति और अधिकार जिसको है, वही यहाँ की सच्चाई को प्रकट करने या उसपर प्रभाव डालने की स्थिति में है। एक छोटे से उदाहरण के द्वारा यह स्पष्ट किया जा सकता है। पाश्चात्य देश में विकास को सूचित करनेवाला चित्र एक बन्दर का एक गोरे युवक में परिणत होने का है। कहीं भी स्त्री

में परिणत होने का चित्र दिखाई नहीं देता। यह दिखाता है कि पितृसत्तात्मक समाज में हमारे व्यापक स्वभाव का समाजीकरण कैसे सम्भव हो जाता है।

एक सामाजिक प्रक्रिया का नामकरण समाज में प्रकृति और लिंग के आधार पर होना चाहिए। हम अनुभव कर रहे हैं कि प्राकृतिक दुनिया सामाजिक एवं सांस्कृतिक दृष्टि से निर्मित है। हमारी भाषा इन अनुभवों, हमारी आवश्यकताओं और प्रवृत्तियों को निर्मित करने में बड़ी भूमिका अदा करती है। अभी तक हमने जिस ढंग से, जिस भाषा में प्रकृति को स्वीकार किया, चित्रित किया, उसके प्राकृतिक दुनिया के साथ पारस्परिक सम्बन्ध की दृष्टि से भी गम्भीर निहितार्थ हैं। स्त्री और स्त्रीत्व का प्रकृति के साथ सम्बन्ध और समानता पर्यावरण विमर्श में प्रचारित किया जाता है। वह पितृसत्तात्मक परम्परा और आधिपत्य को प्रसारित करता है। इसलिए प्रकृति के ऊपर का अनिषेध्य आक्रमण और 'बलात्कार' के रूपक का प्रयोग आधिपत्य या प्रभुत्ववाद को बढ़ावा देता है या पुनर्निर्मित करता है। इसलिए कवयित्री और नारीवादी लेखिका ओड्री लोरदे का वाक्य यहाँ उल्लेखनीय है– "The master's tools willnever dismantle the master's house" (मालिक के उपकरण कभी भी मालिक के घर को नहीं उजाड़ देंगे)।

उपर्युक्त विवेचन से यह स्पष्ट है कि प्रकृति और प्राकृतिक दुनिया से जो सम्पर्क है उसे प्रस्तुत करने में नये रूपक और मुहावरों का सृजन करना है। हाशियेकृत जनता, अन्य जीव और प्राकृतिक व्यवस्था के लिए एक सकारात्मक अर्थ-थल निर्मित करने की बड़ी जरूरत है। मेरी डॉली के अनुसार एक पुंसत्व-हरण, जिसको पितृसत्तात्मकता द्वारा लादी गयी पुरुष केंद्रित मूल्यव्यवस्था के रूपकों को काट डालना है।

भाषा एक सशक्त उपकरण है और हमें वर्तमान सामाजिक संरचना को बनाये रखने और प्रसारित करने में इसकी हिस्सेदारी को जांचना चाहिए। यह भी देखना है कि प्रभुत्व केंद्रित वर्ग, जाति, लिंग और मानवकेंद्रित विश्वदृष्टि के लिए यह कौन-सा योगदान दे रही है। इसलिए हमें इसकी जरूरत है कि हमारे द्वारा प्रयुक्त भाषा से सवाल करने और यहाँ गहराई से जम गये पुरुष केंद्रित एकतरफा समाज को चुनौती देने के लिए सृजनात्मक मार्ग को ढूँढ़ना है। यह सवाल करना एक प्रगतिशील संवाद में सम्भव होगा। इसके जरिए एक प्राकृतिक दुनिया की अद्भुतता और विविधता को अभिव्यक्त करने के लिए काल्पनिक रास्ता अपनाया जा सकता है, उसमें समानता के पक्षधर मनुष्य समूह भी दर्ज हैं।

सन्दर्भ

1. The Rape of Mother Nature–Tzeporah Berman
2. Women and Nature–Caroline merchant
3. Language and Nature–Meisner Mark
4. Feminism or Death–Francwa Theyaboo

हिन्दी की समकालीन कविता की हरित भाषा

समकालीन कविता समय की नब्ज को अपने में समाहित कविता है। जीवन का हर क्षेत्र बदल रहा है, इसलिए जीवन की अभिव्यक्ति की भाषा भी बदल रही है। शब्दों में जो नया अर्थबोध आ गया है, वह समकालीन कविता की जीवन्तता का सूचक है। कभी-कभी समय के साथ वह समझौता करती है तो कभी उसकी भयानकता से भयभीत होकर अपनी चिन्ता को जाहिर करती है। ये दोनों पक्ष इसलिए हमारे लिए आस्वादनीय बनते हैं कि उसके लिए योग्य शब्दों को वह तय करती है। आज की माँग हरित जीवन की है। हरित जीवन की माँग इसलिए की जाती है कि प्रौद्योगिकी और विज्ञान के अधुनातन आविष्कारों के उपयोग एवं अनुचित अनुपयोगों से जिस प्रकार नदियाँ रसविहीन एवं प्रदूषित होती जा रही हैं; वैसे ही जीवन का प्रत्येक क्षेत्र भी नीरस एवं प्रदूषित होता जा रहा है। इसलिए स्वच्छ, हरित एवं सादगीपूर्ण जीवन की कामना से सजग कवि जीवन के समस्त क्षेत्रों में व्याप्त यांत्रिकता एवं नीरसता का विरोध करते हैं। वैश्वीकरण के फलस्वरूप धन, व्यापार एवं सुखाडम्बरपूर्ण जीवन विश्व की मुखमुद्रा बन गयी। मानवीयता का चेहरा नष्ट हो गया है। पारंपरिक मूल्यबोध एवं नैतिकता की मान्यता चकनाचूर हो गयी। कहीं-कहीं द्वन्द्वात्मकता है तो कहीं गतिहीनता प्रकट है। ऐसे एक माहौल में भाषा के शब्दों एवं प्रयोगों में उभरी नयी अर्थछवियों को परखना बहुत ही प्रासंगिक एवं अनिवार्य सा लगता है।

सबसे पहले 'समय' सम्बन्धी कवि के विचारों को देखेंगे। राजेश जोशी कहते हैं–

"नदियों का नहीं/समुद्रों का नहीं
पहाड़ों का नहीं/ बाजारों का समय है यह"। (नेपथ्य में हँसी)
लेकिन दूसरे कवि हरीश करमचन्दानी समय की परिभाषा यों देते हैं–
"यह कैसा समय है?
बड़े लड़ रहे हैं
छोटी-छोटी बातों पर बच्चों की तरह
बच्चे गुमसुम उदास
चिन्तातुर हो रहे बड़ों की तरह
यह कैसा समय है?"

(समय कैसा भी हो)

पहली कविता में कवि यह विचार प्रकट करते हैं कि प्रकृति बोध एवं सहजता के स्थान पर इस समय में बाजार ने अपना आधिपत्य स्थापित किया है। जब सबकुछ बाजारों की वस्तुओं में परिणत हो जाते हैं, तब प्राकृतिक संसाधनों का अनावश्यक विनाश सम्भव हो जाता है और हमारे और उनके बीच का रिश्ता नष्ट हो जाता है। अतीत का जो समय था, वह मनुष्य और प्रकृति के बीच की अवस्थिति का था। प्रत्येक की अपनी अस्मिता थी। लेकिन आज की कविता में अपने समय की भयानकता और बदलाव का संकेत है। दूसरा उदाहरण आज के खतरनाक दौर में कवि को आतंकित करनेवाले समय से सम्बद्ध है। देखने में भले ही सहज और सरल दिखाई दें, लेकिन कविता की ये पंक्तियाँ जीवन की सच्चाई बनकर सामने खड़ी हैं, जिन्हें आसानी से अनदेखा नहीं किया जा सकता।

समकालीन कविता की समय सम्बन्धी अवधारणा में आये परिवर्तन को निम्नलिखित तरीके से वर्गीकृत करके अध्ययन किया जा सकता है—बाजारू संस्कृति का विरोध, पृथ्वीबोध, कृषिसंस्कृति, हाशियेकृतों की संस्कृति।

बाजारू संस्कृति का विरोध

बाजारू संस्कृति वर्तमान समय की संस्कृति है। उस संस्कृति में भारतीय सांस्कृतिक मूल्य का ह्रास दिखाई देता है। अब बाजार ही शरण है तीसरी दुनिया के लोगों के लिए।

देखिए—

"अब इस दुनिया में बची है एक ही दुनिया
वही पहली है वही आखिरी है
यहाँ से वहाँ तक उसी की है दुनिया...
अब चिन्ता की कोई बात नहीं/वे निश्चिन्त हैं
विश्व बाजार खुला है/आकाश खुला है
आकाश में मँडराते उन्हीं के हैं बमवर्षक
बाजार पर टूटती चीज़ों की वर्षा उन्हीं की है

—ज्ञानेन्द्रपति (संशयात्मा)

सम्पत्ति पर केन्द्रित इस नयी संस्कृति में बाजार का यह विराट शामियाना विश्व का नियंत्रण कर रहा है। दुनिया की अर्थव्यवस्था अब बाजार के हितानुसार संचालित है। वैश्विक स्तर पर बाजार का यह वर्चस्ववादी कलेवर बीसवीं शताब्दी में विशेषकर सोवियत संघ के पतन के बाद शुरू हुआ था। बाजार की विध्वंसात्मक ताकत को पहचानकर पहले सोवियत संघ और चीन ने अपने देश के अन्दर विश्व बाजार को उभरने नहीं दिया और उससे बहुत सीमित सम्बन्ध रखा था। इसका प्रमुख कारण साम्यवादी विचारधारा का प्रभाव था। लेकिन बाद में विचारधारा ही इन देशों के पतन की वजह बनी। इस प्रकार बाजार की तानाशाही का प्रतिरोध नाम मात्र के

लिए हुआ, वह भी अल्पकाल तक। अब बाजार के बिचौलिए दुनिया भर में घूम रहे हैं। बाजार की सम्प्रभुता से बच निकलने की कोई चिन्ता भी नहीं है। अब पहले और आखिरी उपाय के रूप में बाजार में शरण लेने के अतिरिक्त तीसरी दुनिया के लोगों के सामने कोई चारा भी नहीं बचा है। बाजार का करिश्मा गरीबों को नहीं छोड़ता। लेकिन बाजार उसके लिए लायक जगह नहीं है। वह उसे विवश करता है। चीज़ों की कीमत उसे बाजार की सीमा से बाहर कर देती है। जिनकी जेबें भारी हैं, बाजार उनका है और जिनकी जेबें खाली हैं, वे बाजार के वृत्त से बाहर हैं। उस बाजार में सब चीजों में बदल जाते हैं, यहाँ तक मनुष्य भी। 'चीज़' सम्बन्धी जो विचार कवियों ने प्रकट किये हैं उसपर हम विचार करेंगे।

कवि लीलाधर जगूड़ी ने 'खबर का मुँह विज्ञापन से ढका है' में लिखा है–

"चीज़ों के बारे में सोचना अब सरल
नहीं रह गया है
क्योंकि चीज़ें भी अब हमारे बारे में सोचने
लग गयी हैं।"

मदन कश्यप ने लिखा–

"कोई भी चीज़ वह न हो, जो उसे होना चाहिए।"

कवयित्री कात्यायनी 'इस पौरुषपूर्ण समय में' में लिखती हैं–

"चीज़ों के बारे में/सोचने के लिए कहा उन्होंने हमें।
चीज़ों में बदल डालने के लिए।
हमने सोचा/चीज़ों के बारे में /
चीज़ों में बदल जाने से/बचने के लिए।"

मैनेजर पांडेय ने भी बाजार और चीज़ों के बारे में जो रवैया प्रकट किया, वह यों है–

"एक ऐसे समय में/ जब सब बिक रहा है/
और इस बहुमुखी बिक्री में लोग
एक दूसरों की नजरों को बचाकर भी
अपने को बिकने से बचा नहीं पा रहे।"

तात्पर्य यह है कि कोई भी इस बाजार में चीज़ बनने से बच नहीं पाता है। पहले हमारी जरूरी चीज़ें ही बाजार की बन जाती हैं। अब मनुष्य इससे बच नहीं पाता है। क्योंकि प्रत्येक के सामने धन कमाने का मार्ग मुख्य है। इसलिए आज मानवीय संवेदनाएँ ही चीज में परिणत हो गयीं। देखिए लीलाधर जगूड़ी की ये पंक्तियाँ–

"कोई बनानेवाला है कोमलता, सहानुभूति और
ये किस कम्पनी के पेय पदार्थों। क्रोध के नाम होंगे परसों"

प्रेम जैसा मूल्य भी पदार्थ में परिणत होकर यंत्रवत् बनता जा रहा है। कवित

विमलकुमार अपनी कविता 'प्रेम की होड़' में कहते हैं–

"हे देवी
तुम तो सूफी परम्परा की नहीं हो
अलग है तुम्हारी परम्परा
फिर कैसे समझोगी तुम
प्रेम की महत्ता
सार्वभौमिकता।"

विष्णु नागर की कविता 'जरूरत' प्रतीकात्मक ढंग से इस विपत्ति का मूल्यांकन करती है–

"उन्होंने ऐसा कृत्रिम दूध बनाया, जो असली दूध को
मात करें, उसे पीकर
लोगों को लगा कि अब गाय-भैंस
बकरी की जरूरत नहीं रही
फिर उन्होंने ऐसा मांस बनाया कि
लोगों को जानवरों की जरूरत नहीं रही
फिर उन्होंने ऐसे रोबोट बनाये
जिनमें मनुष्य का एक भी दुर्गुण नहीं था
और सद्गुण सारे थे।"

बाजार ने मनुष्य जीवन को बिल्कुल कृत्रिम बनाकर रोबोट तक सीमित कर दिया है। यहाँ 'रोबोट' आज का मनुष्य रूप ही है, जो संवेदनशून्य है। उसको हँसी नहीं आती और वैसे ही रोना भी।

दूसरी ओर कवि चन्द्रकान्त देवताले नवीन 'अश्वमेध' शब्द के प्रयोग से साम्राज्यवाद के अभूतपूर्व व्यूह-विन्यास का परिचय देते हैं। पुराने जमाने में अपने साम्राज्य को विस्तृत करने के लिए घोड़ों के व्यूह से एक से दूसरे देशों तक अपना आधिपत्य राजा लोग स्थापित करते थे। लेकिन आज घोड़ों के स्थान पर हत्याएँ, बलात्कार एवं सूचना प्रौद्योगिकी के औजार जैसे मोबाइल, टेलीफोन और कंप्यूटर के द्वारा अपना साम्राज्य विस्तृत किया जा रहा है।

कवि कहते हैं–

"भूल जाओ आधी रात की हत्याएँ और बलात्कार
यहाँ अश्वमेध यज्ञ हो रहा है
उधर मोबाइल टेलीफोनों के सहारे
शेयर बाजार और भूमिगत धन्धे पर पकड़ पुख्ता है
इधर कम्प्यूटर के परदे पर प्रवेश कर रहा है/अश्वमेध का घोड़ा!"

कवि अष्टभुजा शुक्ल अपनी कविता 'इसी हवा में अपनी भी दो चार साँस हैं'

में 'खिलौना' शब्द के माध्यम से यह जाहिर करना चाहते हैं कि खिलौना सचमुच खुद खेलने के लिए है। लेकिन अब हमें खेलने के लिए अपना कुछ नहीं, सब उधार का है। उधार के खिलौने से हमें कितनी तृप्ति होगी। बाजारू वस्तु में तब्दील हमारी संस्कृति की बदहालत ने कवि में बेचैनी पैदा की है। संस्कृति पर हो रहे साम्राज्यवादी आक्रमण और उससे उपजी अप-संस्कृति का वास्तविक चित्र है उपर्युक्त कविता में। अपनी संस्कृति से मनुष्य को अलग करके कृत्रिम संस्कृति के संकीर्ण संसार में ले जाने की तरह-तरह की कोशिशें हो रही हैं। इन कोशिशों का लक्ष्य मनुष्य को मनुष्यत्व विहीन बनाना है। इसके लिए यांत्रिक संस्कृति का जामा उन्हें पहनाया जाता है। सांस्कृतिक आक्रमण हमारा अपनत्व छीन लेता है। अस्मिता विहीन जड़ संस्कृति उपभोक्तावाद का परिणाम है।

उपर्युक्त संस्कृति में जब मनुष्य वस्तुओं बाजारों से मात्र प्रेम करने लगता है, तब मानवीय मूल्य का खतरनाक विनाश सम्भव हो जाता है। तब 'प्रेम' शब्द को कैसे परिभाषित किया जाता है, यह हम देखेंगे—

"प्रेम ही है
जो इस संसार में
रस भरता है
अन्यथा सबकुछ रसहीन हो चुका है
गन्धहीन भी
मिथ्या है वह शोर
वह आपाधापी
आगे निकलने की होड़!"

—विमलकुमार (प्रेम की होड़)

पृथ्वीबोध

समकालीन कविता में हरितबोध का विलक्षण रूप कई प्रकार से द्रष्टव्य है। 'पृथ्वी' सभी समकालीन कवियों का प्रिय शब्द है। आधुनिकता की कविता में पृथ्वी को अधीन बनाकर लूटने का भाव प्रकट है तो समकालीन कविता में इसकी जो प्रतिक्रिया प्रकट है, उसे नजरअन्दाज नहीं किया जा सकता। कवि हेमन्त कुकरेती के शब्दों को देखिए—

"पृथ्वी हमारे सबसे
निकट का रहस्य है
कवि सोच रहा है कविता का
पहला शब्द है पृथ्वी!"

एकान्त श्रीवास्तव माँ एवं पृथ्वी को एक ही मानते हैं—

"हम धरती कहते हैं
तो वह माँ है
हम माँ कहते हैं
तो वह धरती है।"

आधुनिकता में जो पृथ्वीबोध नष्ट हो गया था, उसे कई प्रकार से समकालीनता वापस करने की कोशिश में है। प्रभुदयाल श्रीवास्तव की कविता 'एक बल' में 'पानी' को नये ढंग से व्याख्यायित किया गया है–

"जरा ठीक से देखो बेटे। पानी नहीं नहाने में
तुमको आज नहाना होगा। एक लोटे भर पानी में।
नहीं बचा धरती पर पानी। बहा व्यर्थ बेईमानी में
खूब मिटिया हमने-तुमने। पानी यूँ नादानी में।
बीस बाल्टी पानी सिर पर। डाला भरी जवानी में
पानी को जी भर के फेंका। बिना विचारे पानी में।
ढेर-ढेर पानी मिलता था। सबको कौड़ी-कानी में
अब तो पानी मोल बिक रहा। पैसा बहता पानी में।"

पुराने जमाने में पानी पैसे में नहीं बेचा जाता था। प्राकृतिक संसाधनों का काफी हम मुफ्त में इस्तेमाल करते थे। आज इसको भी दाम में बेचा जा रहा है।

'नदी' का विशेषकर गंगा नदी को ज्ञानेन्द्रपति 'गंगातट' में यों अंकित करते हैं–

"तुम क्या जानो, क्योंकि तुम्हारे लिए नहीं बची है कोई पवित्र नदी
तुम्हारी सारी नदियाँ अपवित्र हो गयी हैं–विषाक्त
हाँ, तुम क्या जानो, तमगों-सजीया बचत खातों के पास बुकों से भरी
जेबवाली होकर भी छूँछी छातीवाले तुम।
कि वह निर्मल नदी
भीतर ही बहती है
तुम्हारे हृत्पिंड की गंगोत्री सूख ही गयी है
पीछे और पीछे खिसकती आखिरकार।"

'गंगा' भारत का संस्कार है, वह भारतीय जीवन के रग-रग में व्याप्त है। उस गंगा नदी के प्रदूषण का मतलब हमारे संस्कार का प्रदूषण है। यहाँ गंगा नदी ही नहीं, समस्त नदियाँ प्रदूषण की भयानक शिकार बन रही हैं। भारतीय नदियों को अपने जीवन में पवित्र स्थान दे रहे हैं। भारतीय विश्वास के अनुसार गंगा में स्नान करने से मोक्ष मिलता है। हिमालय पर्वत से निकलनेवाली यह नदी स्वास्थ्यदायक अनेक धातु-लवणों के साथ कई प्रकार की जड़ीबूटियों से होकर बहती जा रही है। यहाँ एक बूढ़ी माँ गंगा की पूरी पवित्रता को आत्मसात कर नहा रही है। लेकिन कवि

गंगा की आज की स्थिति का बयान कर गंगा के प्रति और भारत की सारी नदियों के प्रति अपना प्यार एवं सम्मान प्रकट करते हुए भारतीय संस्कृति में नदियों का स्थान भी प्रकट करते हैं। कवि पंकज चतुर्वेदी 'एक सम्पूर्णता के लिए' कविता में कहते हैं–

"यहाँ एक नदी थी
जो अब मैली हो गयी है
क्योंकि हम उसमें
कचरा डाल आते हैं।"

इसका मतलब पहले स्वच्छ पानी की नदी थी। आज वैसी नदियाँ यहाँ नहीं बची हैं।

दूसरी तरफ 'पेड़' सम्बन्धी नयी व्याख्याएँ हम सुनेंगे–

"धुएँ के पेड़ की तरह उगी है
उस पार वहाँ एक चिमनी
पेड़ों की हरित पट्टी के पीछे, पेड़ बनी
खड़ी है एक चिमनी, धुआँ उगलती!"

–ज्ञानेन्द्रपति (धुएँ के पेड़ की तरह उगी है)

आज पेड़ की जगह फैक्टरियों की चिमनियाँ हैं। यह मनुष्यों के फेफड़ों के लिए जितने खतरनाक हैं उससे ज्यादा बुरा असर पेड़-पौधों पर भी पड़ता है। मनुष्य को स्वच्छ वायु प्रदान करनेवाली वनस्पतियाँ शुद्ध वायु के लिए तरस रही हैं। भगवत रावत की कविता 'पेड़ों की आवाज' मानव सभ्यता के भविष्य पर प्रश्नचिह्न लगाती है–

"पर यह सच है
कि पेड़ों के पास नहीं बची है आक्सीजन
वे धरती पर चेतावनी की तरह खड़े हैं
और अब इन दिनों
कोई नहीं सुनता पेड़ों की आवाज़।"

कुमार अंबुज 'आयुर्वेद' कविता में यह बताने की कोशिश करते हैं कि बौद्धिक अधिकार के कानून के तहत साम्राज्यवादी शक्तियाँ तीसरी दुनिया की जड़ीबूटियों को हड़पने के प्रयत्न में हैं। सदियों से औषधियों के रूप में प्रसिद्ध तुलसी, नीम आदि का पेटेंट आज बहुराष्ट्रीय कम्पनियों के हाथ में है। पेटेंट कानून अपने आप में एक विनाशकारी षड्यंत्र है। तीसरी दुनिया की जैव विविधता आज बहुराष्ट्रीय कम्पनियों की बपौती बन गयी है। इनके दखल से विस्मृति में डूबती स्थानीय औषधियों एवं परम्परागत चिकित्सा प्रणालियों की वास्तविकता पर लिखित कविता है–

"हर्र, बहेड़ा, आँवला, सौंठ, तुलसी, पीपल
पर्यावरण ही आयुर्वेद
जो डूब रहा है सभ्यता के उत्तर औद्योगिक समुद्र में

विस्मृति की सीमा पर खड़ा है अनुपान भेद का ज्ञान
वंशलोचन, पारद, शिलाजीत, भृंग, महासुदर्शन
तेजोमय रूप सभी
डूबते हुए अधैर्य के पोखर में गिरते हुए पूँजी के गर्त में
अब कोई नहीं पहचानता जड़ी-बूटियाँ
जो कहते हैं कि हम पहचानते हैं....वे उद्योग हैं
शहद बनाती हैं मधुमक्खियाँ और...कम्पनियों के डंक।"

जैवीय सम्पदा का विनाश प्रकृति में मनुष्य के प्रतिकूल हस्तक्षेप का परिणाम है। विरल वन्यजीवों की वंशलुप्ति, अनेक प्राणियों के प्राकृतिक आवास का ध्वंस, वनस्पतियों का खो जाना आदि इसका ज्वलंत प्रमाण है। मनुष्य का अपरिमित लालच और उसके लिए विज्ञान के सहयोग ने जैव परिस्थिति को उलट-पुलट कर दिया। यहाँ कवि 'जीभ' शब्द का प्रयोग करते हैं, वह लिप्सा की 'जीभ' है, वह जीभ लम्बी है और पृथ्वी को ग्रस रही है और उसका खून पी रही है–

"एक लम्बी जीभ है लिप्सा, जो सिर्फ खून पीती है
जो युद्ध का स्वप्न देखती है
और धरती की हरियाली को ग्रस लेती है
ग्रस लेती है हर उस पेड़ को
जो इस धरती का हरा चाँद है।"

पहले ही 'माँ' और धरती को एक माननेवाले एकांत श्रीवास्तव के विचार को हमने देखा। बोधिसत्व की 'माँ को पत्र' कविता में 'माँ' को देखने का ढंग देखेंगे–

"मैंने सपना देखा माँ!
तुम धान कूट रही हो
तुम आटा पीस रही हो
तुम उपले पाथ रही हो
तुम बासन माँज रही हो
तुम सानी-पानी कर रही हो
तुम अरहर दर रही हो
तुम उधरी फटी धोती सी रही हो
तुम मुझे डाक से
कपड़े सिलाने के लिए
रुपये भेज रही हो।"

यहाँ माँ को परम्परा से त्याग, सेवा और ममता आदि का पर्याय कवि समझते हैं। लेकिन उस प्रकार 'माँ' की अभी तक की प्रचलित मूर्ति का वर्णन कर 'माँ' का आदर्शीकरण करते हैं। आदर्शीकरण जहाँ होता है, वहाँ शोषण भी होगा। आज 'माँ'

हर कहीं कई प्रकार के शोषण की शिकार हो रही है। उसकी अस्मिता, उसकी इच्छाएँ आदि के बारे में कौन सोचता है। 'Use and Throw' संस्कृति में पली नयी पीढ़ी की 'माँ' जब उनकी सेवा करने में असमर्थ या कमजोर हो जाती है, तब घर से भी बाहर उसे निकाला जाता है। कवि माँ को स्नेह, करुणा, सेवा का मूर्त रूप मानते हैं और आशा करते हैं कि हमें भी उससे वैसा ही व्यवहार करना चाहिए।

एकान्त श्रीवास्तव 'घर' कविता में घर का असली चेहरा प्रकट करते हैं–

"यह घर
हमारे सबसे आत्मीय परिजन
हर दुःख हर सुख में जो रहा हरदम हमारे साथ
क्या इतनी आसानी से गिर जाएगा
जो घर
मैं तुझे गिरने नहीं दूँगा।"

'घर' प्रत्येक के लिए कितना प्यारा है। सभी दुखों और सुखों में साथ देनेवाले परिजन हैं साथ में। आत्मीयता की जगह है। घर का गहरा अर्थ एवं भाव है, इसे कवि खोने नहीं देंगे। लेकिन उसी कवि ने 'मेले में' कविता में यों कहा–

"न मैं भटका न खोया
अगर कुछ खोया तो बस एक घर
इस मेले में
जिसे मैं आज तक ढूँढ़ नहीं पाया।"

इस कविता में हमारे व्यस्त जीवन में नष्ट होनेवाले 'घर' का रूप अभिव्यक्त है। घर आज स्नेह-मिलन का केंद्र नहीं है। वहाँ भी कोई दूसरे के दुख में भाग लेता नहीं। व्यक्ति अकेलेपन का दुःख घर में भी महसूस करता है।

राजेश जोशी 'दो पंक्तियों के बीच' कविता में 'गाँव' के स्वरूप के परिवर्तन के साथ अर्थ परिवर्तन का परिचय देते हैं–

"इस इलाके का सबसे अच्छा आलू होता था वहाँ
वहाँ मोटे सूत्र की दरियाँ बनाई जाती थीं
जिन्हें डोरिया कहा जाता था
और दूर दूर तक उसकी माँग थी
अच्छी जमीन थी और कुओं में पानी था
रात गये बाजार में सट्टा खेलते लोगों को देखा
तो पता चलता था कि लोगों की अंटी में पैसा है
पर उस गाँव का नाम मत पूछो
उस गाँव का नाम नहीं लिया जाता।"

यहाँ कवि पहले गाँव का जो सहज रूप है, उसे जाहिर करते हुए अन्त में गाँव के परिवर्तित स्वरूप की ओर इंगित करते हैं। इसलिए 'गाँव' शब्द में निहित नयापन

और उसकी नयी व्याख्या देने में उसकी यह कविता बहुत सहायक बनी है।

वैशाली नामक एक कॉलोनी में कवि विजेन्द्र रहते हैं। वहाँ जब शहर बनने लगा तो उन्होंने उसका भयानक एवं घिनौना रूप देखा। 'भला नगर' कविता में 'नगर' की व्याख्या कवि ने बहुत मार्मिक ढंग से की है—

"नहीं हो कुछ भी, हर रोज नये भारत उठ रहे
चरती भेड़ें, बकरी, गाएँ खेत नहीं हैं
दूर-दूर तक कहीं आँकड़े, बबूल कहीं हैं
उगते जो बिन देखे भाले, ठाठ ठठ रहे
पैसेवालों के, श्रमिक ठंड में नित ठिठरे हैं
नहीं पौष्टिक भोजन उनको सूखे गुठरे हैं।"

'नगर' तो हमेशा पैसेवालों का है। वहाँ लोक जीवन नष्ट हो रहा है, प्राकृतिक उपजें बिलकुल नहीं के बराबर हैं। ऐसे वातावरण में गरीबों का स्थान बिलकुल नहीं। वहाँ मानवीयता लुप्त हो गयी है। 'नगर' को हम सभ्यता एवं संस्कार का केंद्र मानते हैं तो अब नगर यंत्र-संस्कृति का अंग बन गया। तब 'नगर' का नया रूप यहाँ अनावृत हो रहा है।

पवन करण अपनी कविता 'गुल्लक' में नष्ट होती हमारी वस्तु को याद दिला रहे हैं—

"बिटिया बड़े जतन से सिक्के जोड़ती
कान से सटाकर देखती बजाकर
गुल्लक के सिक्के खन-खन करते।"

'त्योहार' साधारणतया खुशी का माहौल प्रदान करते हैं। एक साथ मिलकर खुशी बाँटना और उससे प्राप्त होनेवाली ऊर्जा और आत्मबल हमारे लिए कई दिनों के लिए संबल बन जाते हैं। लेकिन आज 'त्योहार' के दिनों में भी अकेला होनेवाला आदमी है। तब त्योहार का लक्ष्य नष्ट हो जाता है—

"लगता है त्योहार के बाद
उसका मन काम में लगेगा,
महसूस होता है
त्योहार का मजा घर पर ही है
घर के बिना कैसा त्योहार!"

—पवन करण (त्योहार मनाने घर जाता आदमी)

कृषि संस्कृति

कृषि संस्कृति भारत की पुरानी संस्कृति है। खेती एक परम्परागत सम्पत्ति है। कृषक का उसपर पूरा अधिकार होता है। कृषक खरीफ, रबी और गर्मी की फसल मानव शक्ति, मवेशी और यंत्रों की सहायता से कर लेता है। कृषक का काम केवल खेत

जोतकर उसमें फसल निकालने तक सीमित नहीं है। अन्न, वस्त्र आदि जरूरतों की पूर्ति फसल, वृक्ष और प्राणियों से होती है। परिणामतः फसल के साथ पशु, भेड़, बकरी, मुर्गियाँ, मधुमक्खी पालन, रेशम के कीड़ों की पैदावार और बागवानी आदि कृषक का काम होता है।

लेकिन आज 'किसान' मजदूर बनते जा रहे हैं। अपनी किसानी से ज्यादा लाभ फैक्टरियों में काम करने से मिलता है। परिणामतः किसानी नष्ट होती जा रही है।

एकान्त श्रीवास्तव ने 'कन्हार' में लिखा–

"गाँव के किसान
शहर की मिलों और फैक्ट्रियों में मजूर हुए
गाँव की बहू-बेटियाँ
शहर जाकर चौका-बर्तन करनेवाली
नौकरानियाँ हुईं
गाँव के नौजवान पढ़-लिखकर
न किसान बन सके, न कर्मचारी
एक अधकचरी-सी संस्कृति में फँसकर
फूलती रही उनकी साँस
जमीन, जाति-धर्म के झगड़े हुए
थानों और कोर्ट कचहरियों में खो गये।"

यहाँ 'किसान' का अर्थ बदलता सा दिखाई देता है। इसका मतलब कृषि संस्कृति लुप्त होती सी जा रही है। लखनलाल पाल 'बादल' कविता में किसान के जीवन के बदलाव को सूचित करता है–

"जर्जर किसान मजदूर की चटपटाती हड्डियाँ
बेआवाज़ विलीन हो रही हैं
विकास के लावे में।"

यहाँ विकास जब इतिहास रचता है, उस इतिहास के पन्ने से गायब होता किसान और कृषि संस्कृति को दर्ज किया गया है। किसान अब मजदूर बन गया। कृषि उद्योग में परिणत हो गयी। कवि के अनुसार भारत को कृषि प्रधान देश कहा गया है, लेकिन यहाँ किसानों की स्थिति बहुत दयनीय हो गयी है। गरीब किसान लगातार ऋणजाल में फँसकर आत्महत्या कर रहे हैं। उमाशंकर चौधरी ने भूमिहीन किसानों के दर्दनाक जटिलतापूर्ण वास्तविक जीवन को 'कहते हैं तब शहंशाह सो रहे थे' कविता में अभिव्यक्त किया है–

"वह बूढ़ा किसान
जिसके खेत में पड़ चुका है सूखा
जिसके जवान बेटे ने अपने पीछे

पत्नी और दो बेटियों को छोड़ लगा लिया है
गले में फंदा।"

इस प्रकार अपने में पहले खुश एवं तृप्त किसान समय के साथ मिलकर जीने में असमर्थ होकर खुदकुशी करता है। वह है आज का किसान।

आज नवीन अर्थव्यवस्था में किसान आत्महत्या कर रहा है। खेत में कृषि की जगह कांक्रीट-जंगल बन गया। कृषि संस्कृति की जगह औद्योगिक संस्कृति बहुत मजबूत हो गयी। जीवन का ताल और लय थी कृषि संस्कृति। वहाँ प्रकृति से मेलजोल था, जो अनाथत्व की जगह अपनापन प्रदान करता था। वह सामूहिक जीवन का स्पेस तैयार करता था। हमारी रग-रग में व्याप्त वह संस्कृति यादों में ताजा करते थे हिन्दी के समकालीन कवि। कुमार कृष्ण 'मोटर अड्डे पर गुलमुहम्मद' कविता में रोज खेत की आवाज सुनते हैं–

"गाय-बैल, भेड़-बकरी, खेत-किसान-खलिहान
मैं हर रोज सुनता हूँ
बैल के गले की घंटियों का स्वर"

कवि 'पानी के पत्थर' में यों लिखते हैं–

"मैं लिखना चाहता हूँ
खेतों का ताप
मिट्टी की बौखलाहट
बीज की बेचैनी
जमीन का उन्माद
सभी कुछ एक साथ।"

पवन करण अपनी कविता 'बैलगाड़ी में लिखते हैं–

"कच्चे पक्के रास्ते के
धचके खा-खाकर
लौटा हुआ किसान सो चुका है
घर में ब्यालू कर
गाड़ी खींचकर आये
जुगाली करते बैल भी
आँगन में सो रहे हैं
बँधे-बँधे खूँटे पर।"

ये खेत, गाय-बैल-बकरी, खेतों का ताप, मिट्टी, बीज, जमीन, कच्चे पक्के रास्ते, जुगाली करते बैल सब यादों में सिमट जाते हैं। यह अनुभूति किसी संग्रहालय में जाकर ढूँढ़ने से भी प्राप्त नहीं होती है। विश्व के पूँजीवादी देशों ने जैव-प्रौद्योगिकी के सहारे हमारी कृषिरीति और प्रकृति पर आघात पहुँचाया। परम्परागत बीज-व्यवस्था

टूट गयी। अब वह बहुराष्ट्रीय कम्पनियों के अधीन है। विदेशी प्रयोगशालाओं की देन नवीन संकर बीज अंतक, बी.टी. (Bio-technology), जी.एम. (Genetically modified) आदि नामों से विकासशील देशों की खेती तथा पर्यावरण को बरबाद करते हैं। यह वैश्वीकरण का कार्षिक अधिवेशन है, कार्षिक उपनिवेश है। इसलिए कवि ज्ञानेन्द्रपति जैव-प्रौद्योगिकी को 'आयातित तकनीक' मानते हैं। भारत के परम्परागत बीज आज सुदूर पश्चिम के बीज संग्रहालय में नमूने के रूप में सुरक्षित हैं। टेर्मिनेटर तकनीक के सहारे वे अविकसित देशों की बीज सम्पदा को खत्म करते हैं। इससे खेती विदेशी बीज उत्पादन कम्पनियों की इच्छानुसार चलती है। ज्ञानेन्द्रपति 'बीजव्यवस्था' कविता में 'बीज' का जो अर्थपरिणाम आया, उस पर विचार करते हैं—

"वे बीज-अनन्य अन्नों के एकल बीज
अनादि जीवन-परम्परा के अन्तिम वंशज
भारत भूमि के अन्नमय कोश का मधुमय प्राण
तितलियों की तरह ही मार दिये गये
मरी पूरबी तितलियों की तरह ही
नायाब नमूनों की तरह जतन से सँजो रखे गये हैं वे
वहाँ सुदूर पश्चिम के जीन-बैंक में। बीज संग्रहालय में।"

नदी का कृषि संस्कृति के साथ अटूट सम्बन्ध है। प्रत्येक देश की संस्कृति के रूपायित करने और देश के इतिहास के अंकन के लिए नदी का योगदान सर्वमान्य है—

"नदी ने
अपने अंचल को
दो भागों में
बाँट लिया है
जिसके अर्द्ध भाग में
खेती होती है
और अर्द्ध भाग से
सींचती है नदी
अपनी अधिया फसल।"

—अष्टभुजा शुक्ल (इसी हवा में अपनी भी दो चार साँस हैं, पृ. 63)

कृषि संस्कृति की कविता में वर्षा, पहाड़, समुद्र, सूरज सब अपनी-अपनी गहरी अनुभूतियों, विचारों तथा जीवन साथी बनकर हमारे हर्षोल्लास को बढ़ावा देते थे। कवि गण आज इसके प्रति ज्यादा सजग इसलिए हैं कि उनको लगता है कि वे सब पूँजीवादी संस्कृति की विकास योजनाओं के तहत शोषण के शिकार बन रहे हैं।

हाशियेकृतों की संस्कृति

समाज के हाशियेकृत लिंग, जाति एवं वर्ग, जनजाति आदि की संस्कृति के बदलते परिवेश में पुराने शब्द नये अर्थ भर देते हैं। वे हमारी नवविकसित संस्कृति एवं राष्ट्रीयता का द्योतक हैं। इसे हरितभाषा के नजरिए से परखना अनिवार्य सा बन गया। सबसे पहले स्त्री सम्बन्धी परिभाषाओं एवं मान्यताओं में जो परिवर्तन समकालीन कवियों की कविताओं में दर्शनीय है, इसपर विचार करेंगे।

कवि दिनेश कुशवाहा हमसे कहते हैं स्त्री को 'वनवास' हमने क्यों दिया?

"स्त्री ने घर बनाया और
पुरुष को मालिक बना लिया
पुरुष ने स्त्री को घरेलू बनाकर
'वनवास' दे दिया।"

यहाँ 'वनवास' शब्द विचारणीय है। महाभारत में कौरवों ने अपने स्वार्थ एवं कुशासन को सुचारु रूप से चलाने के लिए सचमुच पांडवों से डरकर उन्हें वन भेजा था। आज पुरुष भी स्त्री की शक्ति एवं बौद्धिक क्षमता एवं कुशलता से डरकर हाशिये की ओर धकेल दिया जाता है। तब स्त्री अपने 'वनवास' का सही परिप्रेक्ष्य पहचानने लगती है। कवि खुद पहचानते हैं कि स्त्री अपने दायित्वों को सँभालती है और संस्कारहीन पुरुषों को संस्कारवान बना देती है। फिर भी क्यों पुरुषाधिपत्य इसे अनदेखा करता है। खुद कवि की स्वीकारोक्ति है–

"बरसों से मैंने देखा है
मेरे तन-मन की लेखा है
उसके चौका वासना से ही
मेरे यहाँ भोर आती है
जागी प्रिया जगा देती है।"

यहाँ स्त्री विवेकी है, वह अपने विवेक से पति को सुधार लेती है। लेकिन ऐसी स्त्रियों को क्यों वह इतने ताड़न-प्रताड़न से कष्ट देता रहता है।

इसलिए कमल कुमारजी अपनी कविता 'औरत' में औरत को अभी तक की परिभाषाओं से अलग करना चाहती हैं–

"औरत/न धरती है न खेत/न फूल न डाली
न सीता न काली/न द्रौपदी न पद्मिनी
महज एक औरत है/जैसे आदमी/आदमी है।"

स्त्री को धरती, सीता, फूल आदि के प्रतीक मानकर सचमुच स्त्रीत्व की कड़ी उपेक्षा की जा रही है। स्त्री जब स्त्री मानी जाएगी तभी तो स्त्री की रक्षा होगी। 'नीर भरी दुख की बदली' को इब्सन के नीरो ने किनारे कर दिया। स्त्री ने कहा–

"मेरे भी पंख उग आये हैं

नहीं चाहिए अब मुझे
किसी के सहारे की वैसाखियाँ
मैं आश्वस्त हूँ कि
मैं उड़ सकती हूँ और
छू सकती हूँ
आकाश की ऊँचाइयों को
नहीं यह कल्पना नहीं है
यह तो यथार्थ है"

(इंदिरा नूपुर—'नहीं नहीं मैं केवल नारी', पृ. 9)

यहाँ स्त्री अपने सामर्थ्य को पहचानकर आजाद होकर अपनी आकांक्षाओं की पूर्ति के लिए लड़ने की तैयारी में है। अब स्त्रियाँ वैसाखियों को अवश्य तोड़ेंगी। उन्हें किसी प्रकार का आश्रय नहीं चाहिए। वे आत्मविश्वासी बन गयी हैं। यह आत्मविश्वास उनकी जीत है। इसलिए अनामिका ने कहा—

"अब निकलूँगी मैं भी
अपने सन्धान में अकेली"

(अनामिका—दूब धान, पृ. 21)

स्त्री अपनी जाति-सीमित जो भी दायरे हो; उन सबसे मुक्त होकर पुरुष की भाषा में नहीं, बल्कि अपनी भाषा में अपने को देखना पसन्द करने लगी। निर्मला पुतुल कहती हैं—

"मैं स्वयं को स्वयं की दृष्टि से देखते
मुक्त होना चाहती हूँ अपनी जाति से।"

(नगाड़े की तरह बजते शब्द, पृ. 9)

इक्कीसवीं सदी की स्त्री 'कौन' और 'कैसी' होगी, इसका घोषणापत्र भी कविता ने कुछ यूँ तैयार किया—

"पर 21वीं सदी की औरत तो
कहलाएगी वही। जो मस्तक पर सूर्य
आँखों में विश्वास। मुट्ठी में भाग्य, होठों पर लोरियाँ
नींद में ममता। और पैरों में चलने की अमर साध लिए
देगी मनुष्यता को नये आयाम। जीवन को नये क्षितिज। नयी दिशाएँ।"

(दिनेश डालमिया—नारी एक सफर, पृ. 79-80)

'स्त्री' की ऐसी परिवर्तित परिभाषाओं के साथ 'स्त्री' जिसे अपनी 'आजादी' समझती है, उसका खोखला रूप भी कई कविताओं में अभिव्यंजित है। पुरुष द्वारा बिछाये गये आजादी के इस जाल को वह पहचानती नहीं है। वह इसे अपनी मुक्ति समझती है। विमल कुमार की कविता 'मुक्ति का इन्तजार' स्त्री शरीर पर टिके

बाजारू नजरिए को मुक्ति मानने की सच्चाई का अनावरण करती है—

"हर निगाह/तुम्हारी देह पर टिक जाती है
जिसमें कितने फोड़े, फुंसियाँ हैं
पर जो लोग तुम्हें आजाद करना चाहते हैं
खँडहर से/वे भी दरअसल तुम्हें खरीदना ही चाहते हैं
कि तुम्हें बेच सकें कुछ रोशनी के साथ बाजार में
तुम्हारी आँखों में थोड़ा सा रंग भरकर
तुम्हारे चेहरे पर थोड़ी-सी मुस्कान बिखेरकर।"

स्त्री को बिकाऊ चीज बनाकर स्वतंत्र करने की जो कोशिश हो रही है, वह 'स्त्री मुक्ति' का अलग रूप है। जितेन्द्र की कविता 'सोनचिरई' में स्त्री की व्याख्या जो दी गयी है, वह यों ही है—

"स्त्रियाँ कभी बाँझ नहीं होतीं/वे रचती हैं, तभी हम आप होते हैं
तभी दुनिया होती हैं/रचने का साहस पुरुष में नहीं होता।"

यहाँ स्त्री को निर्माता और सृष्टिकर्ता का दर्जा दिया गया है।

हाशियेकृतों का इतिहास में कहीं स्थान नहीं है। इतिहास केंद्र के लोगों का है। आज दलित, आदिवासी सब नये इतिहास रचने के संघर्ष में हैं। देश की आबादी का अधिकतम ये लोग हैं। उनको और उनके योगदानों को मिटाकर जो इतिहास लिखा गया है, उन्हें हम इतिहास कैसे मानेंगे? इस नये इतिहास-लेखन में 'इतिहास' शब्द बदल जाता है। उसमें सबका स्थान है। दलित कवि सूरजपाल चौहान की कविता अपना इतिहास रचने का आह्वान करती है—

"छीन ले, साहित्य अपना
दूसरों के हाथ से
इतिहास अपना रच दे तू
अब अपने ही हाथ से।"

मुख्य धारा के इतिहास द्वारा निर्मित आदिवासियों का पूरा चित्र गलत है। वे उनके लोकसाहित्य की समृद्ध परम्परा और पाँच हजार वर्षों के अपने इतिहास को खुद नये इतिहास में दर्ज करना चाहते हैं। आदिवासी की लड़ाई का सही-सही अंकन होना ही चाहिए—

"इतिहास तुम्हारा/इतिहास के पन्नों पर
गढ़ा नहीं शब्दों ने/न ही हो सकता है दर्ज ग्रन्थों में
तुम्हारी विजय गाथाओं/और संघर्षों के गवाह
पेड़ हैं, नदियाँ हैं, चट्टानें हैं/पुरुषों की आत्माएँ हैं
ससबदिरी हैं/जा होर-थाल हैं
तुम्हारे लोकगीत हैं/पर इन सबकी गवाही

उन्हें नहीं है स्वीकार/इसलिए तुम इतिहास के ग्रन्थों में
हाशिये पर डाल दिए गये हो/या कर दिये गये हो उससे बाहर।"

उपर्युक्त दोनों उदाहरणों से यह जाहिर होता है कि 'इतिहास' का अर्थ नया बन रहा है।

मोहनदास नैमिशराय की कविता 'झाड़ और कलम' परम्परागत साहित्य पर दलित साहित्य के प्रहार को शब्दबद्ध करती है। दलित अभी तक अपनें प्रतीक रूप में 'झाड़ू' और 'बाल्टी' लेते थे। ये दोनों सफाई के चिह्न हैं। अपने धंधे के प्रतीक हैं। इसलिए इन दोनों को दलित साहित्य में नया आयाम मिला है। ओमप्रकाश वाल्मीकि अपनी कविता 'बस्स! बहुत हो चुका' में इन दोनों प्रतीकों को दलितों के लिए प्रयुक्त करते हैं–

"जब भी देखता हूँ मैं
झाड़ू या गन्दगी से भरी बाल्टी-कनस्तर
किसी हाथ में।"

मोहनदास नैमिशराय 'झाड़ू', जो प्रतीक अपने लिए प्रयुक्त किया जा रहा था; उसके स्थान पर नये प्रतीक 'कलम' को प्रयुक्त करने के पक्ष में हैं।

"कल मेरे हाथ में झाड़ू था/आज कलम
कल झाड़ू से तुम्हारी गन्दगी हटाता था
आज कलम से/मैं तुम्हारे भीतर की गन्दगी धोऊँगा...
तुमने गन्दगी फैलाने के लिए
वेद/पुराण/मनुस्मृति का सहारा लिया
कल उन्हें जलाने का/मुझे अधिकार न था
आज शब्दों की आँच से/मैं उन्हें जलाऊँगा।"

इन पंक्तियों में 'कलम' गन्दगी को दूर करने का उपकरण बनता है। 'वेद', 'पुराण', 'मनुस्मृति' जैसे ग्रन्थों का दुरुपयोग करनेवाले सवर्ण-जातों के प्रति विरोध और उनको कलम के जरिए भस्म करने का निर्णय लेनेवाले कवि को यहाँ दिखाई देता है। एक बात इसमें स्पष्ट है कि वेद, पुराण, मनुस्मृति को सवर्णों ने ही नहीं, दलितों ने भी समझा नहीं। इसलिए इनकी नयी व्याख्या की जरूरत है। सवर्णों ने शोषण के लिए इन ग्रन्थों का इस्तेमाल तो किया था, पर इन किताबों में कहीं भी ऐसे शोषणों के किसी प्रावधान का उल्लेख तक नहीं है।

आदिवासियों को आदिवासीपन का जो अनुभव हो रहा है, वह जब आदिवासी कवि शब्दबद्ध करते हैं तो अन्य लोग अथवा अपने को सभ्य समझनेवाले लोग दूसरे ढंग से 'आदिवासी' की परिभाषा देते हैं। कवि महादेव टोप्पो अपनी कविता 'मैं पूछता हूँ' में यह सवाल उठाते हैं कि आदिवासी कौन हैं?–

"संविधान की भाषा में हम/अनुसूचित जाति या

अनुसूचित जनजाति हैं/मनु की भाषा में शूद्र
कम्युनिस्टों की भाषा में शोषित। भाजपाइयों की भाषा में
पिछड़े हिन्दू। मैं पूछता हूँ तुम सबसे
आखिर इस देश में/इस प्रजातंत्र में। हम क्या हैं, हम क्या हैं?"

इस कविता में यह जाहिर है कि कवि अपनी अस्मिता की तलाश सभी षड्यंत्रकारी शक्तियों के बीच खड़े होकर कर रहे हैं। उन्होंने खुद को पहचान लिया। अभी तक की अज्ञता से मुक्त हो गये हैं। यह पहचान अथवा आदिवासी का असली अर्थ युवा कवि अनुज लुगुनजी लिखते हैं। उसमें आदिवासियों के प्रकृति के साथ के सम्बन्ध अभिव्यंजित हैं।

"और वे जो नंगे पैर/चुपचाप चले जाते हैं जंगली पगडंडियों में
कभी नहीं कहते कि/हम आदिवासी हैं
वे जानते हैं जंगली जड़ी-बूटियों से
अपना इलाज करना
वे जानते हैं जन्तुओं की हरकतों से
मौसम का मिजाज समझना
सारे पेड़-पौधे, पर्वत-पहाड़
नदी झरने जानते हैं
कि वे कौन हैं।"

यहाँ प्रकृति और वे परस्पर पहचानते हैं। वे अपने को आदिवासी कहते नहीं हैं स्वयंसिद्ध हैं। वे बिलकुल प्रकृतस्थ हैं। लेकिन सभ्य लोग उन्हें उस प्राकृतिक गुणों से दूर ले जाकर परिभाषित करते हैं।

आदिवासी लोग बहुत कम वस्त्र पहनते हैं। बहुत से लोग नंगे हैं। आदिवासी लोगों के इस नंगेपन पर शहरी सुसभ्य वस्त्रवाले लोग परिहास करते हैं। लेकिन आदिवासी कवि इन परिष्कृत लोगों के नंगेपन की असलियत और आदिवासियों के नंगेपन के भोलेपन पर कविता करते हुए उन दोनों की मानसिकता के अन्तर को यों व्यक्त करते हैं–

"शरीर तक सीमित है उसका नंगापन
शहर का नंगापन फैला है
अन्तर्मन की गहराई तक
उसके जंगल में बाकी है आँखों की शर्म
यहाँ नंगापन है शर्म करना
वह शहर नहीं आ पाएगा अब
पहले अपना ही नंगापन था
अब तो शहर का नंगापन भी है।"

आदिवासियों के नंगेपन में वह अपनी इज्जत को सुरक्षित रखते हुए उनकी सामूहिक बोध के साथ प्रेम, भाईचारा और इंसानियत पर आधारित जिन्दगी बिताने की खास संस्कृति है। यह सहज प्रकृत संस्कृति है। लेकिन तथाकथित सुसभ्य लोगों का नंगापन कृत्रिम है, पाशवीयता का आवरण है वह।

आदिवासी संस्कृति और आदिवासीपन को प्रकट करनेवाले कई शब्द आदिवासी कविता में भरे पड़े हैं। जैसे—महुवाई गंध, फगुआ का गीत, कचनार का गाछ, मांदर, बांसुरी, तोलाँग, लोक नृत्य बडवा, सहुल के फूल, पियार और पिठोर जैसे फल, खुखड़ी और रूगड़ा जैसा मशरूम, हाडी जैसा कुआ, डोभा—ये सब उनके लोकजीवन के अटूट अंग हैं।

अन्य कुछ शब्द

आज हमारे बीच में प्रचलित कुछ ऐसे शब्द हैं, जो अपने पूर्व प्रयुक्त अर्थों से बिलकुल उल्टा अर्थ हमें देते हैं। उनमें कुछ उदाहरण हैं—'हिन्दू' 'मुसलमान', 'गुजरात', 'अहमदाबाद' जैसे शब्द। प्रत्येक धर्म मानवीयता, कर्तव्य, प्रेम एवं भाईचारे का संवद्ध क है। हिन्दू का मतलब है-'यो हिंसाय दूयने सःहिन्दू' अर्थात् हिंसा को देखकर दुखी होनेवाला हिन्दू है। वह सहिष्णुता, प्यार, स्नेह जैसे मानवीय गुणों के पोषक एवं शान्ति की संस्थापना में अगुवे हैं। लेकिन आज देखिए राजेश जोशी की कविता—

"मैं हिन्दू हूँ और शर्मिन्दा हूँ
मैं हिन्दू था शर्मिन्दा था
चवालीस साल पहले मारे गये महात्मा गाँधी
इसी शब्द के उन्माद से।
बार बार जलाई गयी हरिजन बस्तियाँ
इसी शब्द के उन्माद से।
आग के हवाले किया जिन्दा स्त्रियों को
इसी शब्द के उन्माद से।
मैं हर बार शर्मिन्दा हुआ
मेरे मर जाने के बाद
जब लिखा जाये कहीं। मैं हिन्दू था
तो लिखा जाये यह भी साफ-साफ
कि मैं शर्मिन्दा था।"

(अन्तिम इच्छा)
(यह ऐसा समय है—सं. असद जैदी)

यह 'हिन्दू' शब्द अपने उत्पत्तिजनक अर्थ के बिल्कुल उलटा हो गया। वह 'हिंसा' का पर्याय बन गया। इसलिए कवि अपने को 'हिन्दू' कहने पर शर्माता है।

'मुसलमान' शब्द मुहम्मद साहब के चलाये गये मज़हब के लोगों के लिए है। वे भी क़ुर्बानी, भाईचारा जैसे महान आदर्शों के प्रणेता हैं। लेकिन राजेश जोशी की पंक्तियाँ एक भयानक सत्य की ओर इशारा करती हैं–

"तो तुम किससे डरते हो? मैं हिन्दू से डरता हूँ भाई जान।
कहाँ है हिन्दू, जिससे तुम डरते हो?
एक रात अचानक दिखाई देते हैं
बहुत सारे भयानक चेहरे
और मैं चीखता हूँ
मुसलमान आ रहे हैं।
लेकिन इन सबके चेहरे तो
एकदम यकसाँ हैं! यकसाँ खूँखार।"

(हमारा डर)

इसका तात्पर्य यह है कि हिन्दू हो या मुसलमान दोनों खूँखार हैं। दोनों साम्प्रदायिकता के प्रतीक बन गये हैं।

वैसे ही जितेन्द्र श्रीवास्तव की कविता में 'गुजरात' एवं 'अहमदाबाद' का जो प्रयोग है, उस पर यहाँ विचार किया जाएगा। कवि की 'किस देश में' कविता को देखेंगे–

"और पढ़कर अखबार
चिल्लाती है गुजरात गुजरात
पूछती है कि किसी पागल स्त्री की तरह
कहाँ है बुद्ध की धरती
कहाँ है कबीर का वतन
कहाँ बह रही हूँ मैं
किस देश में?"

यहाँ बुद्ध और कबीर जैसे 'धर्मनिरपेक्ष और अहिंसावादियों' के देश में 'गुजरात' जो है, साम्प्रदायिकता एवं हिंसा का प्रतीक बनकर ठहरा हुआ है। पर भूमंडलीकरण के इस दौर में विकास का बिम्ब भी है गुजरात। दूसरी तरफ कवि की निम्नलिखित पंक्तियों में 'अहमदाबाद' को किस अर्थ में प्रतीकित किया गया है–

"जब भी देखता हूँ देश का नक्शा
इस किनारे उस किनारे
यहाँ-वहाँ जहाँ-तहाँ
दिखता है बस अहमदाबाद अहमदाबाद।"

ये पंक्तियाँ किसी तात्कालिकता का परिणाम न होकर कवि के दीर्घ पर्यवेक्षण को व्यक्त करती हैं। यही कारण है कि यह कविता निरन्तर अपने अर्थ-सन्दर्भ

को विस्तारित करती जाती है। यहाँ अहमदाबाद देश में पनपी फासीवादी वृत्तियों को प्रतीकित करता ही है, साथ ही साथ यह वैश्वीकरण की नीतियों के कारण हजारों-लाखों मजदूरों के विस्थापन के केंद्र को भी।

निष्कर्षतः यह कहा जा सकता है कि समकालीन जीवन प्रकृति से दूर-दूर चला जा रहा है। लेकिन इस बदलाव से आनेवाली पीढ़ी को महान विपत्ति का सामना करना पड़ेगा। आज की विकास योजना की अदूरदर्शिता एवं भूमंडलीकृत दुनिया की यंत्र संस्कृति का जो बोलबाला हो रहा है। इन सबके प्रतिरोध की सख्त जरूरत है। इसलिए आज के कवि कल के इस यथार्थ को चित्रनुमा पेश करते हुए उसका प्रतिरोध भी कर रहे हैं। उन प्रतिरोधी स्वरों में प्रकृति का स्वर है, संवेदना एवं सादगी का स्वर है। यह हमें परम्परा की सकारात्मकता की ओर ले जाता है। जो शब्द इस नयी संस्कृति में नयी अर्थछवियाँ प्रदान करते हैं, उन अर्थछवियों में पृथ्वीबोध यानी कि हरित भाषा के प्रति अपने अदम्य एवं अकूत आग्रह भी प्रकट हैं। मतलब कि पहले का अर्थ बदल गया, उसमें वे कुंठित-से नजर आते हैं। यह एक प्रति संस्कृति है उसको वे अपनी हरित भाषा के जरिए तय कर रहे हैं। यह समय की अनिवार्यता है। उसमें भविष्य की निर्मिति का आग्रह निहित है। नये कवि का दृढ़ विश्वास है कि उसमें मनुष्य वंश की आगे की स्थिति एवं वर्तमानता सम्भव होगी।

रह गयी दिशाएँ इसी पार : एक हरित भाषावैज्ञानिक विमर्श

बाहरी संसार द्वारा प्रदत्त अनुभवों से मनुष्य की सृजनात्मक प्रतिक्रिया है साहित्य रूप। प्रकृति का स्पंदन साहित्य पर प्रतिफलित है। प्रकृति कैसे इन रचनाओं में प्रवेश करती है, यह मनुष्य और प्रकृति के सम्बन्ध को कैसे मजबूत करता है, जैसी बातें आज की रचनाओं में पारिस्थितिकी के सन्दर्भ में परखी जा सकती हैं। इस पृथ्वी में मनुष्य, अन्य जीवजंतु, मिट्टी, पानी, वायु आदि से मिली-जुली एक सत्ता है। इसे ही सृजनात्मकता में आविष्कृत करना है। उसके लिए रचना की संरचना एवं भाषा के प्रति गम्भीर दृष्टि रखने की अनिवार्यता है। एक कृति के सम्बन्ध में यह सबसे बड़ी बात है कि वह कृति किसका सम्बोधन करती है। समकालीन रचना पद्धति और अध्ययन-संस्कृति से परिचित पाठक ही यह पहचान कर सकते हैं।

एक भाषा और उसके पर्यावरण के बीच के सम्बन्ध का अध्ययन है हरित भाषाविज्ञान। बदलती दुनिया की गतिविधियों को अंकित करने में भाषा की जो शक्ति है, इसे हरित भाषावैज्ञानिक ढूँढ़ निकालते हैं। औद्योगीकरण के युग में भाषा वस्तु बन गयी है। संरचनावाद ने भाषा को अन्य परिस्थितियों से अलग कर दिया। लेकिन इस बदलते परिवेश में भाषा में और प्रयोग में अंकित पर्यावरण बोध को ढूँढ निकालना हरित भाषाविज्ञान अपना कर्तव्य समझता है। इसी सन्दर्भ में हिन्दी के प्रसिद्ध उपन्यासकार संजीव का उपन्यास 'रह गयीं दिशाएँ इसी पार' विचारणीय है। क्योंकि यह जैविकी पर रचा गया एक उपन्यास है। इसलिए इसकी भाषा जैविकी का बोध देने और उसे बनाये रखने में कहाँ तक समर्थ है, इसकी चर्चा करना अनिवार्य है। साथ ही साथ जैविकी के नष्ट होने का बोंध इसमें है तो वह कैसे है? मनुष्य और अन्य जीवजंतु की अवस्थिति की अनिवार्यता और इसकी पहचान इस उपन्यास की भाषा में दर्ज है। इसका विवेचन विश्लेषण करने की कोशिश है इसमें। मनुष्य की प्रकृति के ऊपर जो-जो निर्मितियाँ हो रही हैं, उन्हें संस्कार, प्रगति आदि नामों से हम पुकारते हैं तो हमें यह समझना चाहिए कि ये सब प्रकृति से मनुष्य की दूरी के सोपान हैं। वे निर्मितियाँ मनुष्य को आधुनिक मनुष्य बनाती हैं और उनकी शक्तियों एवं सिद्धियों को सीमातीत बना देती हैं। इस प्रकार मनुष्य

सबका संचालक बनकर अपने स्वार्थ के लिए प्रकृति का सीमातीत प्रयोग करता है तो वह प्रकृति की सहजता और सन्तुलन के लिए हानिकारक भी बन जाता है। इस द्वन्द्वात्मक स्थिति की अभिव्यक्ति और इसकी पहचान संजीव के उपन्यास की भाषा द्वारा अनावृत होती है।

'रह गयीं दिशाएँ इसी पार' में मनुष्य अपनी सीमातीत लिप्सा की पूर्ति के लिए पूरी दुनिया का इस्तेमाल करता है, फिर भी लिप्सा का अन्त नहीं होता और अकाल में मृत्यु का वरण कर लेता है। मनुष्य के सुख के लिए मनुष्य द्वारा आविष्कृत सारी की सारी वैज्ञानिक एवं प्रौद्योगिकी तकनीकों को अपनाया जा रहा है। लेकिन इन सबके सदुपयोग करने के बदले में दुरुपयोग करके मनुष्य सारे प्राकृतिक संसाधनों का नाश करता है। यह पूरी दुनिया को विनाश की कगार की और ले जाता है। मनुष्य को वस्तु में परिणत कर देता है। उपन्यास में दो भाई हैं—बिस्नू बिजारिया और किस्नू बिजारिया। बड़ा भाई अपनी सम्पत्ति के बल पर देश-विदेश में अपने व्यापार को फैला देता है। वह ययाति ग्रंथि से पीड़ित है। अजर बनने के लिए वैज्ञानिकों की मदद से कई प्रयोगशालायें खोलकर विभिन्न प्रकार के पशु-पक्षियों एवं मनुष्य तक का इस्तेमाल कर नये रास्ते खोज निकालता है। किस्नू बिजारिया संन्यासी बनकर गोरक्षक का रूप धारण कर धर्म के माध्यम से सीमातीत सुख लूटता है। अतुल बिजारिया उर्फ जिम बिस्नू बिजारिया का बेटा है, वह एक टेस्टट्यूब बेबी है। वह अपने को प्रतिक्षण एक निर्वासित प्राणी समझता है। जन्म से पहले ही उसका निर्वासन प्रारम्भ हो चुका था। यहाँ निर्वासन शब्द हरित भाषावैज्ञानिक दृष्टि से अत्यन्त विचारणीय है। वह सभी से कटा हुआ है। इसका तात्पर्य है कि अपने सहज प्रकृत रिश्ते से तथा दुनिया से एवं संस्कृति से कटा हुआ है। वह अत्यन्त वैज्ञानिक प्रकृति का है। इस विज्ञान की दुनिया में वह अन्य जीवों को तथा यहाँ तक डिंबों को भी अपने सुख की वस्तु समझता है। इसलिए संजीव उपन्यास में कहते हैं "और इस आदमी की लिप्सा का कोई अन्त नहीं। वह लड़ाइयाँ मोल लेता है, पैंतरे चलता है, छल करता है। उसे जीत चाहिए। पूरे ब्रह्मांड पर जीत। ब्रह्मांड का अन्त है, पर इस मनुष्य की लिप्सा का कोई अन्त नहीं। एक जीत के बाद उसे दूसरी जीत चाहिए। वह जितना ही सहज और सुखी होना चाहता है, उतना ही जटिल ओर दुःखी हो जाता है। कुछ गाँठ खुलती हैं, कुछ और गाँठें बन जाती हैं। जीत के लिए जनशक्ति चाहिए, अर्थ, मनोबल और कौशल चाहिए। राष्ट्र चाहिए, ताकि दूसरे सिर न उठा सकें, धर्म चाहिए, इस्केप चाहिए, पनाहगाह चाहिए। मन फिर भी छूँछा होने लगता है कि मनोरंजन चाहिए या फिर वैराग्य की शरणस्थली। ये सभी कुछ देर के बाद उबाने लगते हैं। पदार्थ से ऊर्जा और ऊर्जा से पदार्थ में संक्रमण चलता रहता है। कुछ देर बाद ही राख की परत चढ़ने लगती है— सुख यहाँ नहीं, कहीं दूर चिलक रहा हैं। कहाँ.....? पता नहीं।" (रह गयीं दिशाएँ इसी पार पृ. 115)

उपर्युक्त उद्धरण में 'जीत', 'सुख', 'लिप्सा' जैसे शब्दों को देखना जरूरी है। सबसे ऊपर जीत चाहिए मनुष्य को। यह 'जीत' अपनी 'लिप्सा' की पूर्ति कर 'सुख' हासिल करने के लिए है। हर जीत सबसे पहले हमारे द्वारा प्रत्याशित सुख देती है। बाद में वह जीत हमें कई अप्रत्याशित फल भी प्रदान करती है। इसकी वजह यह है कि मनुष्य प्रकृति से अलग होना शुरू करेगा। मनुष्य के द्वारा निर्मित प्रत्येक चीज़ उसके नियंत्रण के परे बन जाती है और वह उसकी उम्मीदों को नष्ट करने लगेगी। वह एक पदार्थ शक्ति के रूप में सुदृढ़ बन जाता है। मार्क्स के अनुसार निजी सम्पत्ति की यह आविर्भाव प्रकृति और मनुष्य के सन्तुलन को नष्ट कर देता है। तब उत्पादन शक्तियाँ नशीकरण शक्ति में बदल जाती हैं। यंत्र सामग्री और पूँजी बढ़ जाती है। इन गुणों से वंचित एक वर्ग होगा, ये प्रकृति से मिलकर जीनेवाले हैं, लेकिन पहले वर्ग के कारण अभिशप्त जीवन उनको बिताना पड़ेगा। इसलिए आज सुख की इच्छा में जो भी किया जाता है, उसकी परिणति दुःख में होगी। पूरे उपन्यास में ये तीनों शब्द गुँजायमान हैं।

उपन्यास में बिस्नू बिजारिया अपने सुख के लिए सारी भौतिक सुविधाओं को इकट्ठा करता है। देश-विदेश में व्यापार फैलाया है। उसका मत्स्य-मांस व्यापार देश-विदेश में फैला हुआ है। व्यावसायिक आवश्यकताओं की पूर्ति हेतु पशु-पक्षियों को मार देता है। मत्स्य व्यवसाय की अनन्त सम्भावनाओं की ओर बिस्नू बिजारिया का ध्यान आकृष्ट हो जाता है। समुद्र तो जमीन से तीन गुणा विस्तृत है। तब उसके उपभोग करने की सुविधा भी अनन्त है। इसलिए वह सात हजार किलोमीटर फैले भारतीय समुद्र तट पर मछली पकड़ने का एकाधिकार प्राप्त करना चाहता है। भारत में गुजरात, महाराष्ट्र, गोवा, केरल, तमिलनाडु, आंध्रा, ओडिसा से लेकर बंगाल के समुद्र तटों तक उसके ट्रोलर चलते रहते हैं। इन ट्रोलरों के कारण मछुआरों की जिन्दगी तबाह हो रही है। मछलियों के प्रजनन काल में ट्रोलिंग करना कानूनन निषिद्ध है। लेकिन इन सबकी परवाह किये बिना मछलियाँ पकड़ी जाती हैं। ट्रोलरवाले मछुआरों के हक़ को लूट लेते हैं। प्राकृतिक सम्पदाओं को छीनकर दूसरों के जीने के अधिकार को भी नष्ट कर देता है। समुद्र तट को मछुआरों से छीनकर बेचने के प्रयास के विरुद्ध बेला मछुआरों को सचेत करती है—वह कहती है—"जिस तरह पूरे देश के जंगल, पहाड़, नदी और जमीन और सम्पदा को छीनकर बेचा जा रहा है, उसी तरह हमारे आठ हजार किलोमीटर सागर तट के अधिकारियों को हमसे छीनकर बड़ी कम्पनियों को बेच दिया जाएगा। अब भी वक्त है आप चेत जाइए।" (वही पृ.196)

कुछ उद्योगपतियों के लिए समुद्र शोषण की अनन्त सम्भावनाओं से युक्त स्थान है तो और कुछों के लिए सारा कचरा फेंकने का स्थान। इन प्रदूषणों से सारी संख्या में प्रतिदिन मछलियाँ मर रही हैं, जो मछुआरों के लिए एक गम्भीर समस्या है। गोवा में पर्यटन व्यवसाय के कारण मछुआरों के कई अंचल उजड़ गये हैं। उपन्यास में

समुद्र एवं समुद्रतट के शोषण सम्बन्धी एक गम्भीर मुद्दे को उठाया गया है। इससे उत्पन्न होनेवाली आगामी समस्याओं और उसके प्रतिरोध का स्वर भी उपन्यास में बेला के नेतृत्व में बुलन्द है। कोई भी धरती का दावेदार नहीं है, सिर्फ हथियाता है और भोगता है। हम जो भोगते हैं, इसे और परिष्कृत कर दूसरों को देना है। लेकिन यहाँ कभी भी लिप्सा पूरी नहीं होती, इसलिए बरबादी हो रही है, परिष्कृत करने की बात उठती ही नहीं।

बिस्नू बिजारिया ने अपने को अजर बनाने के लिए या अपने को बुढ़ापे से बचाने के लिए इलाज शुरू किया। इलाज मधु और बाघ के लिंग के अचार और आसव से है, जिनमें सबसे ज्यादा यौवनोद्दीपन है। कोलकाता का सुन्दरवन बाघों का स्थान है। वहाँ मनुष्य बाघ के शिकार के लिए आकर बस गये। काम-शक्ति बढ़ाने में रॉ मधु वयाग्रा से भी ज्यादा प्रभावी है। अरब देशों में भी मधु की हेवी डिमांड है। यह डिमांड ही वन-दोहन का मुख्य कारण है। यहाँ बिस्नू बिजारिया अपने स्वार्थ के लिए इस सुन्दरवन का जिस प्रकार दुरुपयोग करता है, वैसे अनेकों लोग इसके संसाधनों की लूट करते हैं। बाघों की हत्या विविध जरूरतों के लिए की जाती है, वैसे ही सुन्दरवन में मधु-संग्रह और लकड़ी-कटाई भी बड़े पैमाने पर चल रहे हैं।

वैसे ही विदेशों में सूअर का मांस व्यापार, गाय का, यहाँ तक कि मनुष्यों के मांस के प्रति भी विशेष आकर्षण है, बड़ी डिमांड भी है। इंग्लैंड के कुछ व्यवसायों में गायों को गायों की ही हड्डियाँ पीसकर खिला दी जाती हैं, जिससे गायें और तगड़ी हो जाती हैं और भी ज्यादा दूध देने लगती हैं। जो अधिक पौष्टिक भी है। बाद में इसी कारण से गायों में 'काउ मैड' की बीमारी फैल जाती है। जिस प्रकार 'बर्ड-फ्लू' के समय बीमारी के फैलाव रोकने के लिए लाखों की संख्या में मुर्गियों को मार डाला जाता है, उसी तरह गायों को भी। इस प्रकार 'शोननिग पिगरी' में सूअर के मांस की प्रोसेसिंग चल रही है। वहाँ सूअर का पालन-पोषण चल रहा है। वहाँ की सारी गन्दगी नदी में फेंकी जाती है। नदी प्रदूषित हो रही है। यही नहीं, इस गन्दे माहौल में काम करनेवाले मजदूरों में स्वाइन फ्लू की बीमारी फैल जाती है और बहुतों की मृत्यु हो जाती है। मछली की प्रोसेसिंग कम्पनियों में काम करनेवाली मजदूरिनों की हालत भी इससे कुछ बेहतर नहीं है।

'अस्तित्व' और 'रेनबो' जैसी वैज्ञानिक संस्थाओं में विभिन्न प्रयोगों के लिए भारी संख्या में जानवरों का इस्तेमाल हो रहा है। इन जानवरों में चूहा, मूस, खरगोश, गिनिपिग और चिंपाजी तक शामिल हैं। यह जानवरों तक ही सीमित नहीं है, मनुष्य भी प्रयोग की वस्तु मात्र है। यहाँ 'अस्तित्व' और 'रेनबो' दो वैज्ञानिक संस्थाओं का नाम है, वहाँ से अस्तित्वहीन बनकर वस्तुओं में बदल जाते हैं। 'रेनबो' की छटा एवं सौन्दर्य क्षण भर के लिए। इसका एक भौतिक आकर्षण मात्र है। जल्दी ही वह मिट जाता है। किसी एक व्यक्ति के 'अस्तित्व' के लिए कितनों के अस्तित्व को मिटा

देता है। वैज्ञानिकों का दावा यह है कि कई लोगों को बचाने के लिए मनुष्यों एवं जानवरों पर इसका प्रयोग करते हैं। लेकिन यहाँ बच जाते हैं बिस्नू बिजारिया जैसे पूँजीपति लोग। वह भी कितने समय तक।

बिस्नू बिजारिया यौवन के ढलने से पहले हमेशा फ्रेशमाल के लिए किस्म-किस्म की लड़कियों की खोज में है। "यौन उद्योग में कड़ी प्रतियोगिता है। रोज़ नये स्वाद के लिए नयी-नयी लड़कियाँ चाहिए। किस्म-कस्म की लड़कियाँ, गोरी, काली, मोटी, पीली, नीली और बिल्लौरी और सपनीली आँखोंवाली, और शर्मीली....जवानियाँ वैसे भी दो-पाँच साल में ढल जाती है, सो हमेशा फ्रेश माल चाहिए। दुनिया भर में करोड़ों लड़कियाँ जवान हो रही हैं। बनी रहे तीसरी दुनिया की गरीबी, बनी रहें पश्चिम-पूरब की स्वेच्छाचारी वृत्तियाँ, लड़कियों की कोई कमी नहीं। फैशन शोज़, मॉडलिंग, रीमिक्सिग...कितना कपड़ा? कैसे ढँके.. कि देह और एक्स्पोज़्ड हो जाय। मछलियों की तरह ही धंधा है जवान लड़कियों का। खेप-दर-खेप लाकर उलीचते रहते हैं, फिर छांटी जाती हैं, प्रोसेसिंग में उनके ब्रेन को निकाल देते है, सप्लाई होती है, एक्सपोर्ट-इम्पोर्ट होता है। कुछ दिनों में मर जाती हैं या मार दी जाती हैं, मछलियाँ भी, लड़कियाँ भी.....।" (पृ. 226-227)

उपर्युक्त उद्धरण में वस्तु में परिणत होनेवाली लड़कियाँ हैं। वे मछलियों के समान हैं। किस्म-किस्म की मछलियों का स्वाद लेना हम चाहते हैं। वैसे ही यौन-उद्योग चलता है। वहाँ भी विविध प्रकार की लड़कियाँ उपभोक्ता को चाहिए। 'माल' शब्द का प्रयोग हुआ है, वह सचमुच सबसे ज्यादा उल्लेखनीय है। 'माल' है लड़की। उसको उपभोक्ता अपनी इच्छानुसार प्रयुक्त करता है। उपभोक्ता पूँजीपति लोग, पूँजीवादी देश, समाज सब हैं। तीसरी दुनिया की गरीबी के कारण लड़कियों की कोई कमी नहीं है। मॉडलिंग, रीमिक्सिग, फैशन शो में पूँजीवादी देश लड़कियों का प्रयोग करते हैं। मछलियों के प्रोसेसिंग में उसका मांस मात्र चाहिए। उसके ब्रेन आदि को निकालकर फेंक दिया जाता है। बुद्धिविहीन केवल मांसवाली लड़कियों का निर्माण प्रोसेसिंग के द्वारा किया जाता है। पूँजीपतियों के उपयोग के लिए निर्मित अनामी, अस्तित्वरहित लड़कियाँ कुछ दिनों के उपयोग के बाद मारी जाती हैं। वे केवल वस्तुएँ मात्र हैं, या जानवर से बदतर जिन्दगी है उनकी।

मर जानेवाली और मार दी जानेवाली उन लड़कियों का मांस भी नहीं छोड़ा जाता। इसका तात्पर्य यह है कि जिस प्रकार मुर्गियों, मछलियों आदि को मांस के लिए पाला जाता है, वैसे ही लड़कियों को भी इससे ज्यादा कोई स्थान नहीं है, उसके मांस को मात्र मान्यता देना है। उसकी प्रतिभा तथा उसकी अस्मिता को कोई मानता नहीं है। इस प्रकार की कितनी अनामिकायें जन्म लेकर मर जाती हैं। आज मनुष्य का मांस गाय, भेड़, बकरे, सूअर के मांस से भी लज़ीज़ होता है। शराफत की नकाब के चलते सीधे-सीधे आदमी के मांस को खाया नहीं जा सकता। इसलिए गर्भ से

निकले मरे शिशुओं का इस्तेमाल किया जाता है। यौन-उद्योग की उन्हीं लड़कियों से ये गर्भपतित शिशु आते हैं। ऐसे खून के छींटों को धोने के लिए चेरिटेबल संस्थाएँ हैं, देवी-देवता हैं, दान-पुण्य है, अनाथालय हैं, मन्दिर हैं। सब कुछ बिकाऊ चीज़ बन गये हैं। सेक्स, आँख, दिल, खून, किडनी, स्टेमसेल्स, कोख सब।

समकालीन सन्दर्भ में पैसों की ताकत पर कुछ भी खरीदा जा सकता है। वैज्ञानिकों की प्रतिभा को पूँजीपति या सरकार खरीदकर अपने स्वार्थ की पूर्ति के लिए इस्तेमाल करते हैं। ये उन्हें खिलाते-पिलाते हैं। इसलिए वैज्ञानिक स्वामिभक्त बनकर आजीवन स्वयं की आहुति देते हैं। उपन्यास में बिस्नू बिजारिया अपने को अजर बनाने के लक्ष्य में अपनी प्रयोगशालाओं में कई वैज्ञानिकों को पालता है। असल में ऐसे स्वार्थ में सीमित होनेवाले वैज्ञानिक सामाजिक कल्याण के लिए कुछ भी नहीं करते है। विज्ञान का लक्ष्य जनता का कल्याण होना चाहिए। लेकिन प्रयोक्ता के अनुसार वह कल्याणकारी या विनाशकारी बनता है। डॉ. विशाल लन्दन की गैलेक्सी इंस्टिट्यूट का साइंटिस्ट है। जेनेटिक्स पर उसका शोध हो रहा है। दूसरे इंस्टिट्यूट 'रेनबो' का एजेंट गिलबर्ट विशाल की प्रतिभा को खरीदना चाहता है। वह विशाल के सामने पचास हजार डॉलर का प्रस्ताव रखता है। अगर प्रोजेक्ट सफल हुआ तो नोबल प्राइज की रकम से भी ज्यादा देने को वह तैयार है और चाहे तो नोबेल प्राइज दिला सकता है। बिस्नू बिजारिया तो विशाल के सामने ब्लैंक चेक ही रख देता है और उसकी एक ही शर्त यही है कि "सिर्फ हमारे लिए ही काम करना"। 'अस्तित्व' प्रयोगशाला के अरबों के उपकरण देखकर वह डर जाता है। उसके मन में यह सवाल उठता है कि क्या विज्ञान एक बूढ़े हो रहे कुबेर को चिर यौवन प्रदान करने का साधन मात्र है या कुछ और?

उपन्यास में अधिकांश पात्र निर्वासन के दुःख में हैं। बिस्नू बिजारिया हमेशा बिजिनेस के सिलसिले में बाहर है। उसकी पत्नी एलिस सास कैथरीन यानी एलिस की माँ, बिजारिया की माँ करनी देवी, बेटा अतुल बिजारिया उर्फ जिम घर पर हैं। लेकिन वे निर्वासित की जिन्दगी गुजार रहे हैं। विदेश में एलिस के साथ बिस्नू की शादी हुई। एलिस जब कभी गर्भधारण करती है, तब उसका एबॉर्शन हो जाता है। जाँचने पर पता चलता है कि एलिस के गर्भाशय को एलर्जी है। लेकिन बिस्नू अपने वंश को आगे की ओर ले जाने के लिए टेस्टट्यूब शिशु का सहारा लेता है। पिता के शुक्राणु और माँ के डिंब को मिलाकर एलीस की माँ कैथरीन के गर्भाशय में प्रत्यारोपित कर जिम को जन्म दिया गया। बाद में वे भारत पहुँच गये। भारत में प्रवासी बन गयीं कैथरीन और एलिस। घर पर बिस्नू की माँ पूजापाठ में है। उसका पिता गुजर चुका था। भाई किस्नू अलग रास्ते पर निकल चुका है। यहाँ व्यापार का विस्तार करता बिस्नू अपनी गुड़ियों के समान निर्वासित अस्तित्वविहीन माताओं, पत्नी और बेटे के नाम पर कई कम्पनियाँ, संस्थाएँ खोलता है।

कैथरीन और एलिस के बीच में जिम के मातृत्व और बिस्नू के पत्नीत्व को लेकर हमेशा झगड़ा भी चलता है। लेकिन ये सब बिस्नू की लिप्सा की पूर्ति एवं सुख की जीत के लिए प्रयुक्त होनेवाला उपकरण मात्र हैं, नाम हैं, लेकिन उनके लिए कोई स्थान नहीं है बिस्नू की जिन्दगी में। उनके घर को एक भूत बंगला भी कहा जा सकता है। जिम अपने अस्तित्व पर चिन्तित है। अपनी 'माँ' कौन है? किसे माँ कहे? किसे नानी कहे? जैसे सवालों से घिरा हुआ है। अब अठारह साल का यह लड़का बिलकुल परेशान है। उपन्यास में कहा गया—"अमेरिका निर्वासितों की जगह है। कलकत्ता भी... प्रायः हम सभी ही... लेकिन जिम का निर्वासन तो और भी गहरा है, जन्म से पहले ही शुरू हो जाता है। वैसे विज्ञान की भाषा में कहीं कुछ असामान्य नहीं, मगर यह ईडियट समाज...। मलेरिया और कई संक्रामक बीमारियों के पुनरागमन की तरह फिर से सिर उठाने लगे हैं मध्ययुगीन अन्धविश्वास।" (पृ. 42) सब अजनबी एवं अपरिचितों के समान हैं। कोई रिश्ता नहीं है। विज्ञान द्वारा निर्मित टेस्टट्यूब शिशुओं को समाज की स्वीकृति प्राप्त नहीं होती। विज्ञान के द्वारा लिंग परिवर्तन सम्भव हो जाता है। क्लोनिंग का बच्चा पैदा कर सकते हैं। लेकिन वहाँ समाज नैतिकता की बात उठाता है। 'माँ' शब्द को लेकर कई सवाल उठते हैं जिम के मन में। 'माँ' शब्द में एक गहरा अर्थ भरता है। इसलिए उसको लग रहा है कि उसकी कोई माँ नहीं है। उसको लेकर वह चिन्तित है। इसलिए वह अपनी विचित्र प्रयोगशाला में विचित्र खेल में लगा हुआ रहता है। वह दिनोंदिन आत्मकेंद्रित होता जा रहा है।

जिम का गाइड और दोस्त राजस्थान का बोटानिस्ट एवं लेखक अजय जब इस निर्वासित दुनिया में आ जाता तो वह भी अपने को निर्वासित समझने लगता है। वह बिलकुल प्रकृति के साथ रमकर पारस्परिकता की शान्ति अनुभव करनेवाला था, लेकिन यहाँ जिम के जिमखाने का विचित्र माहौल और जिम का अस्वाभाविक आचरण उसे हमेशा परेशान कर डालते हैं। जिम कभी चौपायों की तरह कमरे में टहलता है। वह अपने म्यूजियम के चित्रों में कभी मछली का सिर हटाकर हाथी का मस्तक रखता है, मच्छर को जिराफ की गर्दन देता है। उसके म्यूजियम में क्लोनिंग से जन्मी डॉली का चित्र और विवरण है। मकड़ियों के यौन-सम्बन्ध देखने के लिए वह घंटों मकड़ी के जालों की शूटिंग करता है। उसे जॉन नर्सिंग होम में होनेवाली अबॉर्शन पर फिल्म बनाने की इच्छा है, और इस अबॉर्शन के मांसपिंड को वह अपने म्यूजियम में रखवाता भी है।

उपन्यास का और एक मुख्य पात्र है किस्नू बिजारिया, जो बिस्नू बिजारिया का छोटा भाई है। वह संन्यास के मार्ग पर है। उसके सुख का रास्ता वह है। वह देश भर में गो रक्षा समितियाँ स्थापित करना चाहता है। वह भी सम्पत्ति को एकत्र कर सारी लिप्सा की पूर्ति करने के लिए तैयार होकर निकल पड़ा है। सम्पत्ति के नाम

पर दोनों भाइयों के बीच झगड़ा भी हुआ। बाद में भगवान कृष्णानंद नाम स्वीकार करते हुए बड़ा संत बन गया और कृष्णधाम का अधीश बना। उसके आश्रम में भक्तों द्वारा दी गयी बड़ी सम्पत्ति इकट्ठी हो गयी। वह धर्म के नाम पर लोागें के धन लूटने के साथ इसके बलबूते पर अन्य सारे के सारे सुख लूट रहा था। बड़ा भाई 'सुख' और 'जीत' के लिए भौतिक मार्गों से अपार सम्पत्ति को एकत्र कर असीमित लिप्सा के साथ अजर बनने के प्रयत्न में रहा तो छोटा भाई धर्म के नाम पर अमर बनने के प्रयत्न में है। दोनों अपने अपने मार्ग में अत्याचार, लूट, धोखेबाजी आदि से अपने स्वार्थ की पूर्ति करते वक्त अपने प्रिय जनों, को समाज के निम्न तबके के लोगों को बिलकुल भूल जाते हैं। वे अपनी निर्वासित दुनिया में थे।

इस प्रकार उस परिवार के सारे के सारे पात्र निर्वासित हैं। वे सब ट्रांसलेटेड हैं, इसलिए जिम के मन में यह सवाल उठा–"लाश की तरह सोई मम्मी, बिल्ली की तरह चलती नानी, मूर्ति की तरह बैठी दादी, जीवन और मृत्यु के बीच झूलते देबू ठाकुर, प्रेत की तरह भटकते चाचा और पिता–यह अतुल मेंशन है या कोई श्मशान भूमि?" (पृ.22) 'श्मशान भूमि' साधारणतया मुर्दों के ठिकाने की जगह है, जहाँ ज़िन्दा रहनेवाले कुछ मुर्दे लोग और प्रेत रह रहे हैं। समकालीन उपभोग संस्कृति में लोग वैसी लाशों में बदल जाते हैं, सब कुछ के होते हुए भी। किसी को शान्ति नहीं, सुख नहीं, जीत हासिल करते हैं, अकूत सम्पत्ति इकट्ठी करते हैं, फिर भी कहीं और भटकते हैं प्रेत बनकर। 'प्रेत' शब्द बेमक़सद होकर भटकनेवाले आज के विकासवादियों की ओर इशारा है। वह भूमि से दूर है। यहाँ के किसी मनुष्य से, जीव से उसका कोई आर्द्र सम्बन्ध नहीं, प्रत्येक का उपभोग अपने सुख के लिए करता है। वे मनुष्य नहीं, उसकी छाया मात्र हैं।

उपन्यास में अतिशय भोगविलास के पीछे भागते दोनों भाई किस्नू बिजारिया और बिस्नू बिजारिया का अन्त हो जाता है। एक को अमर होना तो दूसरे को अजर होना था। इंसान अपने ही बुने मायाजाल में हास्यास्पद या करुण भाव से तड़फड़ाते फँस जाते हैं। अतिशय भोगविलास में किस्नू बिजारिया को तरह-तरह की बीमारियाँ हो गयीं, वह उससे उबर नहीं पाया और भगवान गोलोकवासी हो गया। यही हाल उसके बड़े भाई बिस्नू बिजारिया का हुआ। उनके द्वारा जमा की गयी अकूत सम्पत्ति उन्हें बचा नहीं पायी। दोनों की लाशों से बदबू ही आती है। उसे छिपाने के लिए एक ने पारम्परिक खुशबू चन्दन का सहारा लिया तो दूसरे ने डीप फ्रीज या अन्य वैज्ञानिक तरीकों का।

कृष्णानन्द को क्या हुआ? शाखा-प्रशाखा फैलता ही गया था कृष्णधाम टेम्पल कॉम्पलेक्स, गोशाला और गोलोक आदि। हर शाखा में भक्तों की उमड़ती एक-सी भीड़। कृष्णानन्द का सबके प्रति स्नेह है सिवाय अपने परिवार के। संन्यासी बनकर उसने अपना श्राद्ध कर लिया था और भगवान बनकर परिवार का। जब भी अपना

भाई संकट में पड़ जाता तो वह रास-महारास, पूजा-नीरांजना और गायों के लिए समय लेता था, भाई के लिए नहीं था। अरसे से भक्त उनसे चीरहरण-लीला के दुहराये जाने का अनुरोध कर रहे थे। आश्रम के तरणताल को यमुना का रूप दिया जा रहा था। एक नकली कदम्बवृक्ष भी लगाया जा रहा था, जिस पर गोपियों का चीर चुराकर कृष्णानन्द को बैठना था। कोई ब्रांड कम्पनी इसे स्पॉन्सर कर रही थी। गोपी बनने की इच्छुक हर स्त्री से पचास हजार शुल्क वसूला जा रहा था। इसके लिए राज्य सरकार की पक्की व्यवस्था थी। लेकिन जल्दी कृष्णानन्द समाधि में चले गये।

सभ्यता का रथ कितने बेगुनाहों को पीसता हुआ रक्त रंजित पथ से आज पूँजीवाद प्रतियोगिता मूलक असामाजिक प्रवृत्ति तक आ पहुँचा। जिसमें अब समाज नहीं होगा। एक दूसरे को कुचलकर लोग आगे बढ़ेंगे। समाज नहीं होगा तो व्यक्ति दिनोंदिन अकेला और असहाय होता जाएगा। हर सचेत आदमी को समाज को टूटने से बचाना चाहिए। नहीं तो उसका अन्त बिजारिया भाइयों के समान होगा। एक ने अपने स्वार्थ के लिए पारंपरिक मार्ग को चुन लिया तो दूसरे ने वैज्ञानिक मार्ग को। लेकिन दोनों समाज से दूर थे। दोनों का अन्त एक समान हुआ, किसी को मालूम नहीं है कैसे हुआ? एक की लाश पड़ी है 'अस्तित्व' में दूसरे की कृष्णधाम में।

उपन्यास में जो मुख्य स्त्रीपात्र हैं, वे माताएँ हैं। इन माताओं को अजर-अमर बनने के प्रयत्न में इन बिजारिया भाइयों ने और बिस्नू बिजारिया के बेटे—अपने वंश को बनाये रखने के लिए निर्मित बेटे—अतुल ने क्या दिया। उन तीनों ने मिलकर तीनों माताओं को जिन्दगी से निर्वासित कर दिया। अपनी माताएँ कठपुतलियाँ, इस अकूत सम्पत्ति की मालकिनें जिन्दा लाशें मात्र थीं। दोनों बेटों के कल्याण के लिए पूजापाठ में जिन्दगी बिता रही थी विधवा करणी देवी। उसका कौन-सा अस्तित्व था, उसको कौन-सा सुख मिला। अन्त में उसकी उम्मीदें अपने पोते से बाँधने की कोशिश की गयी, लेकिन पूर्ण रूप से निराश होकर वह कहती है—"अतुल ही ठीक होता तो यह परिवार इस कदर टूटता क्यों! अतुल ने परिवार का धरम निभाया ही होता तो न किस्नू संन्यास लेते, न बँटवारा हुआ होता, न वह सब हुआ होता, जो हुआ। कैसी अभागिन हूँ मैं, मेरे दोनों ही बेटे.....।" (पृ. 288) एलिस अन्त में इस निर्वासित दुनिया में फँसकर इतने उल्टे कटु अनुभवों को झेलते हुए भूतनी की तरह बन जाती है। जिम के सामने वह बिलकुल अन्त में भूतनी सी खड़ी हो गयी। उसने अपने बेटे से कहा—"ईश्वर के लिए औरत को देवी न बनाओ। उसके भी हाड़-मांस हैं, दूसरे अंग हैं, ब्रेन है, प्राकृतिक तकाजे हैं तुम्हारी तरह।" (पृ. 299) माँ को सबसे पवित्र बनाने के प्रयत्न में जिम ने अपनी माँ को उस लायक नहीं देखा। माँ को हमेशा दोषी ठहराया। उसने माँ को नहीं समझा, उसकी संवेदनाओं को नहीं समझा। वह अपने पिता के समान स्त्रियों को स्वार्थ पूर्ति का साधन समझता है। 'माँ' को सबसे पवित्र मानकर, देवी का दर्जा देकर उसका शोषण अनादिकाल से करता आ

रहा है। उसके दर्द को और कष्ट-पीड़ाओं को कोई समझता नहीं।

जिम और उसके पिता में कोई अन्तर नहीं है। माँ ने और भी सवाल उसके सामने उठाया—"तुम्हें फिकर है मेरी? सुनो, मैं मर्दों के प्यार-पुचकार के ढकोसलों से ऊब चुकी हूँ पूरी तरह। मैंने तुम्हारे फलसफे सुने। सारी महानता का बोझ हम पर फेंक कर ये मर्द हर दाय—दायित्व से मुक्त हो जाते हैं—संसार ब्लैकमेल। मैं नहीं मानती, नहीं मानती मैं। तुम्हारे उस झूठ का सबसे बड़ा साक्ष्य बनकर खड़ी है यह औरत तुम्हारे सामने। पता है कुत्तों से नुचवा कर आ रही हूँ। इसी नस्ल को तुम सभी बचाना चाहते हो—थू है तुम पर! अपने बाप के पाप, सुनो! आइदर दिस वे ऑर दैट वे, बट इनफैक्ट ऑल वेयर क्लोन्स ऑफ बिस्नू।" (पृ. 299-300) एलिस पूरे पुरुष वर्ग के प्रति अपनी वितृष्णा जाहिर करती है। पूरी शक्ति सँजोकर अभी तक दबाकर रखी सारी पीड़ाओं एवं विद्वेषों का, उसके जीवन के निचोड़ का विसर्जन अपने बेटे के सामने करने के बाद सदा के लिए इस संसार को छोड़ देती है।

इन सभी घटनाओं का गवाह बनकर निष्प्राण खड़ी है नानी कैथरीन। जिम अपनी माँ के बारे में सोचने लगा—"माँ ने ही हमेशा सबमिट किया, इस वैष्णव परिवार में। मांस छोड़ा, मछली छोड़ी, धर्म छोड़ा, भाषा छोड़ी, सती-साध्वी बन गयी, इसके ठीक उल्टे डैड ने उनकी परित्यक्त चीज़ों को ग्रहण किया, कौन-कौन-सा छल-प्रपंच नहीं, जो उन्होंने नहीं किये। भोग के भटकाव में जाने किस धुन्ध में भटक गये डैड! करे कोई, भरे कोई। ... कितनी शर्मनाक बात है, है न? कोई एक व्यक्ति नहीं, यह सारा का सारा ही अपराधिकी का प्रदूषित पंक है, मेरे पिता और पिता जैसों का फैलाया हुआ, व्यक्ति तो बुदबुदे मात्र हैं इस सड़ते पंक के।"(पृ. 301) यहाँ जिम पूर्ण रूप से निर्वासित माँ और लोभवश सबको भोगने और वश में करने के लिए अपने जीवन को व्यतीत करने वाला पिता और पिता के लोग भी निर्वासित ही हुए। क्षण भर में समाप्त होनेवाली जिन्दगी में व्यक्ति क्यों इतना अपराधी बन जाता है।

उपन्यासकार के अनुसार 'रह गयीं दिशाएँ इसी पार', लेकिन जाना है बहुत दूर। यहाँ किसी का कोई अस्तित्व नहीं। सब बेचने के लिए हैं। यहाँ सबका मांस है। सब का एक ही रूप, एक ही भाव है। सब माल हैं। सब हथेलियों मे परखकर अपना माल दिखा रहे हैं—"ये देखो, ये डिंब, ये बीज, ये कोख, ये....।" उपन्यास में अजय पूरी वास्तविकताओं से अवगत है। अभी तक वह जिस दुनिया के साथ था, उस दुनिया से उसे पता है कि दिशाएँ इसी पार रह गयीं। "यहाँ न पूरब है, न पश्चिम, न उत्तर, न दक्षिण, न ऊपर, न नीचे, न कोई रिश्ता है, न कोई मूल्य, न कोई संस्कार।" (पृ. 303) इसी निराशा के बीच भी अपना जो लक्ष्य है, उसे लेकर आगे बढ़ना है। उसकी दुनिया यानी कि जिम द्वारा निर्मित विचित्र दुनिया के उस पार जाना है। अजय 'जलाकर्षिका' पौधों पर शोध करना चाहता है। यह पौधा न सिर्फ खुद को हरा-भरा रखता है, बल्कि अपने आस-पास को भी।

'जलाकर्षिका' शब्द जो प्रयुक्त है, उसका एक व्यापक अर्थ है—रेगिस्तान को हरा भरा करनेवाला पौधा। अब रेगिस्तान है सर्वत्र। ऐसे पौधों का शोध करनेवाला अजय ऐसे रेगिस्तान को हरा बनाने के प्रयत्न में है। इसलिए वह कहता है कि जाना है मुझको बहुत दूर। उपन्यासकार इस स्तब्ध भूमि में 'जलाकर्षिका' के माध्यम से परिवर्तन लाना चाहता है। जिम अपने सपने में यहाँ का एक बाजार मात्र देखता है। 'बाजार' शब्द विचारणीय है। मनुष्य के लिए आवश्यक चीज़ों की बिक्री जहाँ होती है, उस स्थान को बाजार कहा जाता है। लेकिन आज पूरी दुनिया बाजार है, सब जीवजन्तु, मनुष्य बाजार का साधन या मांस में परिणत हो गये।

अतुल बिजारिया अन्त में आकर समझ लेता है कि इस संसार के प्रत्येक व्यक्ति एवं जीव का वह ऋणी है। अन्यों के साथ मनुष्य की अवस्थिति से धरती का सन्तुलन सम्भव हो जाता है। जिम हमेशा 'माँ' के अनुसन्धान में था। दो माताओं से उसका जन्म हुआ। इस सूचना प्राप्ति से लेकर माता के अन्वेषण से उसको पता चलता है कि जीवन और मातृत्व सीमाविहीन है। उसके अनुसार जीने के लिए उसने जिन-जिनका भोग किया, उपयेाग किया, और उपयोग कर रहा है, वे सब माताएँ हैं—"मैं जितना ही माँ को अणु-परमाणु से संश्लेषित करता हूँ, उतनी ही असीम, उतनी ही अगाध, उतनी ही अनन्त होती जाती है माँ....यौवन से मदमाती, खुशबू से महमहाती, झरनों-सी झरती, नदियों-सी बहती, सागर-सी लहराती....बूँद-बूँद इस रेगिस्तान में जज़्ब होती, सरसब्ज करती...। मैं उसके पुष्ट स्तनों की धार को मर्म-मर्म से महसूस करता हूँ।" (पृ. 307) तब इस धरती की बूँद-बूँद में 'माँ' को देखनेवाला जिम संसार में प्रत्येक के अस्तित्व की अनिवार्यता पर जोर देता है। इस प्रकार वह पॉजिटिव बनकर समस्त भौतिकताओं और अधिभौतिकताओं को अपने में समा लेता है। यहाँ भौतिक जीवन को सुखी बनाने का जो प्रयत्न हो रहा है, उसकी भर्त्सना करते हुए जीवन में आध्यात्मिकता को भी समन्वित करके जीवन को सुख की ओर ले जाने का समर्थक बनकर उपन्यासकार प्रकट होता है। जिम ने अपने पिता और चाचा की जिन्दगी से बहुत कुछ सीख लिया। दोनों को वह 'नाकआउट चूहे' मानता है। इसलिए दोनों दुनियाओं का परकायाप्रवेश उसके बच जाने के लिए जरूरी है। माता, पिता और चाचा के शरीर जब जल रहे थे, तब जिम कई दिनों से सुरक्षित रखी गयी एबोर्शन की फिल्म देख रहा था। उस फिल्म के जरिए दुनिया के सारे हत्यारे चेहरों की क्रूरताएँ उसके सामने लपलपाने लगीं। सार्क की तरह काटनेवाली मशीन का मृत्युग्रासी जबड़ा बच्ची की ओर बढ़ता और भाग-भागकर छुपती बेहद डरी हुई वह बच्ची ठिठक जाती है, मुँह खोलकर सिर को पीछे तानती हुई चीखती है—एक खामोश नंगी चीख। उसके बाद उसे गाजर-मूली की तरह काट-काटकर कचरे में फेंका जाता है। इस प्रकार मनुष्य बेरहम कसाई की कार्रवाई करता आता है।

अपने पिता और चाचा द्वारा अभी तक होती आयी हत्याएँ इसी फिल्म के द्वारा

खुलकर सामने आयीं। एक प्रकार से जिम भी उसी पैशाचिकता से हाँ में हाँ मिलाता सा दिखाई देता है। इसकी वजह यह है कि वह अपने को पूर्णतः निर्वासित मानकर अपनी माताओं से भी एक प्रकार का प्रतिशोध ले रहा था। जब उसने गर्भाशय में जिस बच्ची का एबॉर्शन होनेवाला था, उसकी चीख सुनी, तब पिता, चाचा तथा खुद अपने द्वारा की गयी क्रूर करतूतें एक-एक करके अनावृत होकर उसके सामने आने लगीं। वह मानता है कि उसके पिता और चाचा अपनी नियति को प्राप्त हुए। उससे अलग होकर वह एक नयी विरासत के निर्माण में कटिबद्ध है। उसको यह जाहिर हुआ कि वह अपने पिता और चाचा की विरासत नहीं, प्रायश्चित्त है। "अब तक मैंने बाहर की चीखें ही सुनी थीं, आज पहली बार अंदर की चीखें सुनी थीं, आज पहली बार सायलेंट चीखें सुनी हैं। (पृ. 311) अभी तक जिम बाहर के शोरगुल के आकर्षण में था, जिस प्रकार उसके पिता और चाचा थे। आत्माओं की शान्त आवाज नहीं सुनी। जब यह शान्त आवाज कोई सुनता है, तभी तो, असल में शान्ति और सुख प्राप्त होते हैं। सायलेंट आवाज को सुनने का मतलब है विवेक का उदय होना। बच्ची की चीख से जीवन की सच्चाई की ओर वापस आना और बोध का उदय होना। जिम के पुनर्जन्म के बराबर है। नई उद्‌भावनाओं, नये विचारों एवं नयी उमंगों के साथ जिम जीवन में प्रवेश करता है, अभी तक उसके पूर्वजों द्वारा जो कलंक सर्वत्र लगाया गया, उसे धोकर पवित्र करते हुए।

अपरिमित सम्भावनाओं से भरा है हमारा यह जीवन। हममें से कुछ लोग नहीं चाहते कि हम इन सम्भावनाओं की बात करें। उन्होंने देश बनाये, धर्म बनाये, जाति बनाई और मनुष्य को बाँटा। वे नहीं चाहते कि हमारा दिमाग मनुष्य की बेहतरी के लिए कार्य करे। वे ललकार रहे हैं—कभी जाति के नाम पर, कभी देशभक्ति के नाम पर, कभी मनुष्यता के नाम पर, पर फिर भी वे खतरे में हैं। यहाँ एक चीख ने जिम में चेतना को जन्म दिया। अतुल बिजारिया को अतुल बनाकर अपने कर्मपथ की ओर ले आयी। सभी जैविक सत्ता में उसने मातृसत्ता को देखा। अभी तक 'माँ' की खोज मे था वह। माँ को न पहचाननेवाला आदमी दूसरे जीवों को भी पहचान नहीं सकता। माँ से निर्वासित अतुल सभी जीवों से निर्वासित था। अपने भौतिक सुख के लिए समस्त जीवों का इस्तेमाल कर रहा था। मातृतत्व की पहचान से उसमें बोध का भी उदय हुआ।

उपन्यास में 'जीत', 'सुख', 'लिप्सा', 'निर्वासन', 'माँ', 'चीख', 'माल', 'बाजार', 'जलाकर्षिका' जैसे शब्दों को हरितभाषा विमर्श की दृष्टि से विश्लेषित करने की कोशिश सार्थक हुई है। मनुष्य प्रकृति द्वारा प्रदत्त शक्तियों से सभ्य बना है। उन शक्तियों से प्रकृति को और विकास की ओर ले जाने की शक्ति मनुष्य में है। अपनी निर्मितियाँ तात्कालिक स्वार्थलाभ के लिए जब वह प्रयुक्त करने लगता है तो वह नाशकारक या खतरनाक बनता है, पर्यावरण के नाश का हेतु भी बनता है। इसलिए

पूँजीवादी साम्राज्यवादी दुनिया में प्रकृति का शोषण सीमातीत होता जा रहा है।

संक्षेपतः मनुष्य और प्रकृति प्रपंचसत्ता के अभिन्न अंग हैं। प्रकृति से भिन्न कोई अस्तित्व मनुष्य का नहीं। मनुष्य अपने श्रम से प्रकृति को अपने से अलग करता है या अन्य बना देता है। इससे मनुष्य अपने शरीर से, बाह्य प्रकृति से, उसकी आत्मा से और उसकी मानवीयता से भी अलग हो जाता है। यह अलगाव प्रकृति तथा अन्य मनुष्यों के साथ के उसके व्यवहारों एवं रिश्तों में भी प्रकट होता है। मनुष्य और मिट्टी, कृषि और उद्योग, उत्पादन एवं उपभोग, देश और देश आदि के बीच उत्पन्न होनेवाले जैवसम्बन्ध को सुदृढ़ बनाने में पारिस्थितिक चिन्तन सक्रिय है। वहाँ रोजमर्रा की जिन्दगी की राजनीतिक एवं सामाजिक गतिविधियों के साथ भौतिक विज्ञान एवं आध्यात्मिकता को भी समन्वित करना है। मनुष्य और प्रकृति तथा मनुष्य और मनुष्य के बीच का एक नवीन सुदृढ़ सन्तुलित संस्कार पूरी दुनिया में रूपायित होना है। सभी जीवजंतुओं और भौतिक संसाधनों का संयोग है मनुष्य जीवन। इस व्यवस्था में प्रत्येक के अस्तित्व को स्वीकार करता एक संयोग अनिवार्य है। हिंसात्मक संस्कार की मुक्ति के लिए मनुष्य की आत्मा का विकास अनिवार्य है। इसलिए मनुष्य की आत्मा का विकास है सबसे बड़ा विकास।

भाषा, श्रम और विमोचन

भाषा की उत्पत्ति के सम्बन्ध में कई विचार प्रचलित हैं। वे मुख्यतः तीन हैं। उनमें एक है भाषा ईश्वर की सृष्टि है। दूसरा है भाषा मात्र परिस्थितियों से अर्जित है। तीसरा है मनुष्य के पास भाषार्जन के लिए जन्मसिद्ध क्षमता है। चार्ल्स डारविन के विकासवाद के साथ पहले मत की अस्वीकृति हुई। लेकिन उसके बाद ईश्वर के स्थान पर प्रकृति को भाषा का उद्भव-स्रोत-केन्द्र माना गया। 1861 में ब्रिटेन के रॉयल इंस्टिट्यूट के भाषावैज्ञानिक मैक्स म्युलर ने स्पष्ट कर दिया कि भाषा-क्षमता मनुष्य द्वारा निर्मित नहीं है। वह सहजवासना है, इसलिए वह प्रकृति का अभिन्न अंग है।

तब यह सवाल स्वाभाविक रूप से उठा कि भाषा की उत्पत्ति प्रकृति से है तो अन्य जीवजन्तु मनुष्य के समान क्यों बोलते नहीं। इस पर केंद्रित खोज आगे बढ़ी। इसमें अनेक विद्वानों के नाम उल्लेखनीय हैं। रूस के मनोवैज्ञानिक पेट्रोविक पावलोव द्वारा 1800 में किये गये निरीक्षण के फलस्वरूप 'क्लासिकल बिहेवियरिज़्म, के लिए बुनियाद डाली गयी। इसे रूपायित किया अमेरिका के रैडिकल बिहेवियरिस्ट डब्ल्यू. एफ. स्किन्नर ने। उनके निरीक्षण से यह साबित हुआ कि मनुष्य को भाषार्जन के लिए कोई विशेष क्षमता नहीं है। भौतिक परिवेशों में द्वितीय कंडीशनिंग से भाषा अर्जित की जाती है। स्किन्नर ने इस भाषावाद को 1957 में 'वेरबल बिहेवियरिस्ट' शीर्षक पुस्तक में प्रस्तुत किया, लेकिन अमेरिका के ही भाषावैज्ञानिक नोम चोम्स्की ने इस भाषावाद का विरोध किया। उनके अनुसार मनुष्य को भाषा अर्जित करने की क्षमता देनेवाला एक जैव क्षेत्र जन्म से प्राप्त है। इसे उन्होंने 'लैंग्वेज अक्विज़िशन डिवाइस' कहा। इससे एक बात जाहिर होती है कि भाषा की उत्पत्ति का कारण प्रकृति है और भाषार्जन के लिए एक विशेष क्षमता मनुष्य में है।

प्रकृति की प्राकृत अवस्था से मनुष्य की सभ्यता की ओर के विकास में भाषा के योगदान पर विचार करना जरूरी है। मार्क्सवादी चिन्तक फ्रेडरिक एंगेल्स के "बन्दर से मनुष्य की ओर विकास में श्रम का योगदान" शीर्षक लेख में उन्होंने भाषा पर विचार किया है। उनके अनुसार भाषा के उद्भव और विकास में श्रम की भूमिका है। मनुष्य का हर श्रम केवल भौतिक उत्पादन ही नहीं, बल्कि श्रम के हर कदम पर मनुष्य के शारीरिक और सामूहिक जीवन की उपज मानसिक दुनिया में

गुणात्मक परिवर्तन ले आती है। इस परिवर्तन के बावजूद मनुष्य प्रकृति से भिन्न प्रकार से व्यवहार करता है। इसका तात्पर्य है कि श्रम से प्रकृति में आनेवाले परिवर्तन के साथ मनुष्य की प्रकृति में भी गुणात्मक बदलाव सम्भव हो जाता है। उस प्रकार अपनी प्रकृति में आनेवाले सामाजिक एवं भौतिक परिवर्तन से मनुष्य बोलनेवाला जीव बन गया और बोलनेवाले जीव होने के कारण मनुष्य सामूहिक जीव बन गया। इसलिए फ्रेंच संरचनावादी फेर्डिनान्ड डी सस्सूर ने भाषा को एक 'सामाजिक तथ्य' (social fact) कहा। भाषा मनुष्य के सामाजिक जीवन का उत्पादन और कारण है। सूक्ष्मता से विचार करने पर भाषा श्रम के द्वारा उत्पन्न सामाजिक जीवन की गुणात्मक प्रक्रिया है। इसलिए भाषा की रूपायिति में मनुष्य का अपना प्रयत्न और उस प्रयत्न की ही सामूहिकता से रूपायित सामूहिक जीवन अनिवार्य है। अपने को सभ्य बनाने के लिए श्रम ने प्रयत्न किया, वैसे ही श्रम द्वारा निर्मित सामूहिक जीवन के विमोचन के लिए भाषा कारण बनती है।

अनुमान कीजिए कि कुछ लोग एक स्थान में खेतीबाड़ी और शिकार करके जीवन काट रहे हैं। वे कोई भी भाषा बोलते नहीं। वहाँ कैसे भाषा रूपायित होती है। वह अकेले में रूपायित होनेवाली मनुष्यशक्ति नहीं है। उस समूह के श्रम की उपकरण विद्या से सम्बद्ध होकर भाषा रूपायित होती है। अर्थात् सहजीवी स्नेह, भौतिकोपकरण और सामूहिक मान्यताओं के अनस्यूत विकास से मनुष्य शरीर भाषा शरीर में परिणत हो गया। मनुष्य के इतिहास में सहजीवी के प्रति जो स्नेह है, वह उसकी राजनीति, भौतिकोपकरण, प्रौद्योगिकी विद्या, सामाजिक मान्यता और सामाजिक व्यवस्था में रूपायित हुआ। अर्थात् उपर्युक्त तीनों की आवश्यकता को मजबूत और तीखा बनाने वाली मनुष्य की सामाजिक प्रक्रिया से भाषा के आदि रूपों का आविर्भाव हुआ।

इस प्रकार चिन्हों की संख्या बढ़ती आ रही थी। तब उन सबको याद रखना मुश्किल सा हो गया। जब मनुष्य खेतीबाड़ी करके एक स्थान पर रहने लगा, तब अनेक चिह्नों के सामूहिक विनिमय की जरूरत पड़ी। खेतीबाड़ी के विकास के साथ मनुष्य की गतिमयता की दूरी एक छोटे प्रदेश पर सीमित होने लगी और दृश्यबिम्बों के स्थान पर छोटे प्रदेश की सीमा में विनिमय करने लायक शब्द आशय विनिमय का माध्यम बनने लगा। भाषा की रूपायिति के पूर्व प्रयुक्त चित्र लिपि से शब्द लिपि की ओर परिवर्तन भाषा के स्वरूपीकरण को सूचित करता है। अर्थात् भाषा पहले दूरी और दृश्य थी। बाद में भाषा सामीप्य और शब्द में परिणत हो गयी।

संक्षेप में भाषा प्रकटीकरण और व्यवस्थीकरण है। प्रकृति में मनुष्य के निरन्तर हस्तक्षेप के फलस्वरूप उपयोगी प्रकृति की सम्पदाओं का परिचय मनुष्य को प्राप्त हुआ। उन्हें भाषा प्रतिनिधित्व करती है। मनुष्य ने पहचान लिया कि श्रम से जो जो उपयोगी चीज़ें उत्पन्न हुई हैं, उनके उपयोग के मूल्य को कालों और देशों से होकर

भाषा विनिमय करती आती है। श्रम का स्वरूप, रूपायिति एवं परिवर्तित सामूहिक सम्बन्धों की व्यवस्था तथा बोध भाषा के जरिए प्रकट होता है।

प्रकृति में निरन्तर श्रम करते आते मनुष्य शरीर में कालान्तर में गुणात्मक परिवर्तन आते हैं। इन गुणात्मक परिवर्तनों में एक है भाषार्जन की क्षमता। यह भाषिक गुण मनुष्य शरीर की अन्य गुणात्मकता एवं उनको बनानेवाले भौतिक कारणों से निरन्तर सम्पर्क में रहता है। इसलिए भाषा में तार्किकता, बुद्धि, अनुभव, कल्पना एवं इच्छाएँ समन्वित होती हैं। ये सम्मिलन भी मनुष्य की सभ्यता के इतिहास के कई इत्तफ़ाक़ों में एक मात्र है। इसमें एक का निरन्तर प्रयोग या प्रयोगहीनता अप्रत्याशित और भिन्न सम्मेलन की वजह बनते हैं। जैसे दृश्य से श्रव्य की ओर परिवर्तित भाषा लेखन के साथ हाथ से पुनः जुड़ती है।

श्रम, विनिमय, भाषा

लियनाडो ब्लूमफील्ड (1935) नामक अमरीकी भाषावैज्ञानिक की प्रसिद्ध पुस्तक है 'भाषा' (language)। ब्लूमफील्ड को आधुनिक भाषाविज्ञान का जनक माना जाता है। इस पुस्तक को आधुनिक भाषाविज्ञान का प्रथम प्रामाणिक ग्रन्थ माना जाता है। वे श्रम और विनिमय की प्रक्रियाओं के जरिए भाषा की चर्चा करते हैं। उनके अनुसार भाषा दो शरीरों के बीच के शारीरिक नैरन्तर्य के अभाव से उत्पन्न खाई या नब्जपरक खाई को शब्दतरंगों से भर देती है। (भाषा, पृ॰ 26)

भाषा बुनियादी तौर पर जैवसंवेगों के विनिमय के रूप में काम करती है तो भी जैव शरीरों को जब सामूहिक शरीरों में परिवर्तित करती है, तब भाषा मनुष्य की विशेषता बनती है। विनिमय सभी जीव-जंतुओं में दिखाई पड़नेवाली एक सामान्य प्रवृत्ति है। पौधों का फलना, मोर का नृत्य, मधुमक्खी का अपने मित्रों को जिन स्थानों पर मधु है, उसकी सूचना देना आदि विनिमय है। लेकिन भाषा तो एक जैवपरक विनिमय मात्र नहीं। जीवों में सामान्यतः दिखाई पड़नेवाली जो विनिमय क्षमता है, वह जैविक संवेगों से रूपायित एवं पूर्णतः जैविक संवेगों के आधार पर कार्यरत भी है। लेकिन मनुष्य की विशेष भाषा प्रयत्न और समूह से रूप लेती है। अन्य जीवों के भाषा विनिमय से मनुष्य के भाषा विनिमय को जो विशेषताएँ अलग करती हैं, उन पर चार्ल्स होकर (होकर - 89-96) नामक भाषावैज्ञानिक प्रकाश डालते हैं। उन्होंने मनुष्य की भाषाओं की जिन विशेषताओं को सामने रखा, उनमें मुख्य दस विशेषताओं को नीचे दिया जा रहा है–

1. **वाचिक श्रव्य माध्यमों का उपयोग** (use of the vocalauditory channel)– मनुष्य जब बोलते हैं और सुनते हैं, तब वाचिक श्रव्य अवयव शरीर के अन्य अवयवों के काम पर प्रभाव डालते हैं।

2. **कृत्रिमता** (Arbitrariness)–मनुष्य की भाषा चिह्नों के रूप में विनिमय

में प्रयुक्त होती है। ये चिन्ह जिनको प्रतिनिधित्व करते हैं, उनके साथ का सम्बन्ध केवल धारणा है। 'पेड़' शब्द का पेड़ के साथ जो सम्बन्ध है, वह केवल सामूहिक धारणा है।

3. अर्थपरकता (Semanticity)–दूसरे जीवों के विनिमय में विनिमय के रास्ते और सार एक ही हैं। लेकिन मनुष्य की भाषा में विनिमय का मार्ग शब्दों से भिन्न, लेकिन शब्दों के साथ अर्थ लेकर चलता है।

4. सांस्कृतिक विनिमय (cultural transmission)– दूसरे जीवों को विनिमय की क्षमता दूसरी पीढ़ियों को जैविक रूप से हस्तान्तरित करती है। लेकिन मनुष्य का भाषार्जन सामाजिक एवं सांस्कृतिक है।

5. तुरन्त प्रयोग (Spontaneous usage)–दूसरे जीवों का विनिमय जैव संवेगों पर आधारित है। लेकिन मनुष्य जैव संवेगों के बिना जब कभी चाहता है, तब बोल सकता है।

6. ध्यान को अलग करना (turn taking) - मनुष्य भाषा के माध्यम से अपने सहजीवियों का ध्यान किसी विशेष स्थान, वस्तु और आशयों की ओर आकृष्ट कर सकता है।

7. द्वंद्व (duality)– भाषा के दो पहलू हैं–एक शब्द ाटकों का और दूसरा शब्द घटकों के मिलन से उत्पन्न एक अर्थपूर्णता का।

8. स्थान परिवर्तन (displacement)– काल-देश और दूर या विदूर के अर्थात् आसन्न भौतिक उपस्थिति से रहित कार्यों के सम्बन्ध में भी मनुष्य की भाषा से विनिमय सम्भव है।

9. संरचना सम्बन्धी (structure-dependence)– संरचना की समग्रता में ही भाषा के विनिमय से अर्थ उत्पन्न होता है।

10. सृजनात्मकता (creativity)– भाषा में नयी वाक्य संरचना बनाने की सृजनात्मकता निहित है।

अर्थात् एक भाषा-भाषी अभी तक अनसुनी वाक्य संरचना के उच्चारण करने में समर्थ है।

मनुष्य के विनिमय मात्र से कैसे ये विशेषताएँ रूपायित हुई? इसकी वजह मनुष्य की ही 'कोई' विशेषता है। इस 'कोई' के सम्बन्ध में कई अन्वेषण भाषावैज्ञानिकों के जरिए सम्पन्न हो रहे हैं। उनमें सबसे उल्लेखनीय है अमरीकी भाषावैज्ञानिक नोम चोम्स्की की खोज। चोम्स्की के निरीक्षण में यह प्रमाणित हुआ कि मनुष्य में एक 'भाषा अर्जन क्षमता' (LanguageAcquisition device) है। चोम्स्की सोचते हैं कि यह आँख या कान जैसा एक अवयव है। अर्थात् किसी प्रकार की मानसिक कमजोरी के बिना जन्म लेनेवाले प्रत्येक मनुष्य में भाषा की यह अर्जन क्षमता है। जैविक रूप से हस्तान्तरित एक जैविक क्षमता है यह। यह एक सशक्त भाषा सम्बन्धी

परिकल्पना है। लेकिन उपर्युक्त सारी विशेषताओं को विश्लेषित करने की क्षमता चोम्स्की के सिद्धान्तों में नहीं है। इसका कारण यह है कि चोम्स्की के अनुसार भाषा का संरचनाशास्त्र भाषा के स्थायी भाव की खोज करता है। विकासशील भाषा कभी भी संरचनाभाषाशास्त्र का विषय नहीं है। यहाँ आकर मनुष्य के विकास से मिलाकर मनुष्य की भाषा पर विचार करना पड़ता है। अभी तक के समस्त चराचरों के विकास से तुलना करने पर सबसे ज्यादा गुणात्मक विकास मनुष्य का रहा था। मनुष्य के पहले ही भूमि में कई जीव जिन्दा रहे थे। वे सब विकास के अधीन भी थे। अर्थात् सब में परिवर्तन आता रहता है। लेकिन मनुष्य के विकास में इतनी गुणवत्ता क्यों दिखाई पड़ी। कारण मनुष्य श्रम करता है। श्रम के द्वारा वह अपने चारों ओर की प्रकृति तथा अपने में भी परिवर्तन लाता है। उन परिवर्तनों में एक गुणात्मक परिवर्तन है भाषा। चोम्स्की का भाषाशास्त्र परिवर्तित मनुष्य पर विचार करता है। लेकिन असल में परिवर्तित या विकास प्राप्त मनुष्य प्रकृति का यथार्थ नहीं है। सच्चाई विकासशील मनुष्य की है। मनुष्य में एक सुबह जल्दी उत्पन्न हो गयी शक्ति नहीं है भाषार्जन की। इसलिए वह स्थाई और असामाजिक नहीं बल्कि उसे एक जैविक शक्ति के रूप में कम करके देखना भी सही नहीं है। चोम्स्की के भाषाशास्त्र में वैसी एक प्रक्रिया प्रकट है तो भी सृजनात्मकता (creativity)–जो मनुष्य मात्र की विशेषता है–का विश्लेषण करता है, वह उम्मीद की बात है।

आधुनिक भाषाविज्ञान-रचनाकार भाषा-भाषी की सामूहिक इच्छा को मानता नहीं है। आधुनिक भाषाविज्ञान में सामाजिक भाषाविज्ञान (socio-linguistics) पर जो खोजें हुईं, उनको छोड़कर बाकी सभी खोजें आदर्श अथवा होमोजनस भाषाओं पर हुईं। भाषा की साहित्य शैली से सम्बन्धित एक सवाल के लिए 1997 में सम्पन्न एक साक्षात्कार में डेलूस ने जो विचार व्यक्त किया, वह आधुनिक भाषाविज्ञान के इस सवाल को ज्यादा प्रकट करता है–''शैली को समझने के लिए भाषाविज्ञान को जानने की जरूरत नहीं है। भाषाविज्ञान और साहित्य बिलकुल भिन्न हैं। वे एक साथ नहीं चलेंगे। भाषाविज्ञान की सन्तुलित व्यवस्था है। वैसी एक सन्तुलित संकल्पना में ही वैज्ञानिकता का निर्माण हो सकता है। लेकिन भाषा में भेद ही शेष रह जाते हैं। भाषा का सच्चा स्वभाव स्थायी असन्तुलित स्थिति है। असन्तुलित स्थिति में कई विविधताओं से भरी पूरी है भाषा।'' (Jean Jacques Learcle 2006 : 15-16)

आधुनिक भाषाविज्ञान को एक वैज्ञानिक विषय बनाने के प्रयत्न में वैज्ञानिक विश्लेषण से परे जो हैं, उन सबका इनकार किया गया। इसलिए श्रम, श्रम से उत्पन्न मनुष्य की बहुमुखी सृजनात्मकता और श्रम की सृष्टि-भाषा आदि को आधुनिक भाषाविज्ञान ने स्वीकार नहीं किया। इसलिए श्रम से सम्बद्ध करके भाषा की चर्चा एंगेल्स ने की थी। उनके अनुसार सभी जीव जन्तुओं में जो स्वाभाविक विनिमय

क्षमता है, उसे मनुष्य ने अपने श्रम से भाषा में परिवर्तित कर दिया। जैव संवेगों का सामाजीकरण भाषा के द्वारा सम्भव हो जाता है। इसलिए 'रूप तेरा मस्ताना, प्यार तेरा दीवाना' जैसे प्रेमगीत की पंक्तियाँ हम एक साथ गा सकते हैं।

मनुष्य के सारे कर्मों का कारण केवल जैव संवेग है तो मनुष्य संस्कृति का इतना विकास सम्भव नहीं होगा। जानवर का कार्य केवल जैव संवेगों से है। वे तो कारणों से नियंत्रित हैं, मनुष्य उद्देश्यों से है। मनुष्य निर्माण करता है। श्रम से प्रकृति में परिवर्तन ले आता है। इस प्रकार वह अपने एक भौतिक क्षेत्र की सृष्टि करता है। इसके अलावा विनिमय को अपने जैव संवेगों से मुक्त कर एक अर्थ मंडल (Semantic Universe) को रूप देता है, जो सामाजिक जीवन को सम्भव कर देता है। हेबोरण ास ने इसे सामाजिक कार्य (social action) कहा। (Habornas 1984 : 279) केवल मनुष्य पर केंद्रित इन सामाजिक कार्यों को तीन भागों में विभक्त किया जा सकता है– (1) उपकरण कार्य (Instrumentalaction) (2) रणनीतिपरक कार्य (strategicaction) (3) संप्रेषण कार्य (communicativeaction)। इन तीनों के सम्मिलन से मनुष्य की भाषा विमोचन के शब्द और मन बनते हैं। उपकरण कार्य से तात्पर्य प्रकृति में मनुष्य जो कार्य करता है वह है। मनुष्य और मनुष्य के बीच का कार्य है रणनीतिपरक कार्य। तीसरा मनुष्य और मनुष्य के बीच का अर्थपूर्ण भाषा विनिमय कार्य है।

भाषा और समाज

भाषा को समाज से अलग नहीं किया जा सकता है, जैसे पानी और ठंड जितना अभिन्न हैं। आधुनिक भाषाविज्ञान में भाषा और समाज को मिलाकर दो प्रकार के अध्ययन की शाखाएँ चल रही हैं। वे हैं सामजिक भाषाविज्ञान (socio linguistics) और भाषा का समाजशास्त्र (sociology of language) सामजिक भाषाविज्ञान में भाषा और समाज के बीच का अध्ययन तीन प्रकार से चल रहा है। उनमें प्रथम है समाज का अन्तर विशेषकर वर्ग, जाति, लिंग आदि के आधार पर जो भेद हैं, वे भाषा में कैसे प्रकट हैं। दूसरा समाज में उपर्युक्त जो अन्तर हैं, उनका भाषा कैसे पुनर्निर्माण करती है। तीसरा यह कि समय के साथ भाषा के निरन्तर प्रवाह में उपर्युक्त दोनों प्रक्रियाएँ कैसे काम करती हैं।

लिंग जाति और वर्गगत जो भेद हैं, उसे छिपाने और उसे स्पष्ट कर उन लोगों के विमोचन में भी भाषा की बड़ी भूमिका है। एक भाषा-भाषी के वर्ग, जाति, लिंग, पद, प्रदेश आदि के आधार पर भाषा आन्तरिक रूप से कई प्रकार की भिन्नताओं से युक्त है। भाषा विभिन्नताओं को भाषा भेद (linguistic variable) कहते हैं। यदि समाज का भेद भाषा में प्रकट है तो उसे सामाजिक भाषा भेद (socio-linguistic variable) कहा जाता है। अर्थात् भाषा के सभी पहलुओं में भाषा का सामाजिक

भेद प्रकट है। अर्थात् हम जिस हिन्दी में बात कर रहे हैं, वह अनेक हिन्दियों का समग्र रूप है। एक आदर्श हिन्दी केवल वैज्ञानिक निर्मिति है। व्यक्तिपरक भाषा भेद को व्यक्ति भाषा भेद (idiolect) कहते हैं। एक ही भाषा बोलने वाले जन समूह को साधारणतया भाषा समूह कहते हैं। एक भाषा समूह के भीतर के भाषा सामाजिक भेद का वैज्ञानिक अन्वेषण सबसे ज्यादा किया विलियम लाबोब नामक अमरीकी भाषावैज्ञानिक ने। वर्ग और लिंग पर आधारित भाषा भेदों पर उन्होंने विचार किया। एक भाषा में ही गरीब और अमीर की भाषा का निर्माण होता है। भाषा के भीतर की भिन्न भाषाएँ शोषण पर केंद्रित एक सामाजिक संरचना का भाग बनती हैं, तब इनके बीच के अन्तर वैविध्यपूर्ण और असन्तुलित होंगे। वर्ग पर केंद्रित भाषान्तर की बेरनस्टीन नामक एक सामाजिक भाषावैज्ञानिक ने चर्चा की थी। जब उन्होंने इस पर परीक्षण-निरीक्षण किया, तब उन्होंने समझ लिया कि मजदूरों के बच्चे और उच्च वर्ग के बच्चों के भाषा कोड में अन्तर है। मजदूरों के बच्चे बहुत कम कोड का इस्तेमाल करते हैं, जब कि उच्च वर्ग के बच्चे बड़ी संख्या में कोड का उपयोग करते हैं। अर्थात् दोनों की भौतिक परिस्थितियों में जो अन्तर हैं, वे इसके कारण बनते हैं।

विनिमय कार्य में एक व्यक्ति को सक्रिय होने के लिए उसमें विनिमय की क्षमता होनी चाहिए। लेकिन सामान्य क्षेत्र की भाषा समाज के उच्च वर्ग के लिए मात्र प्राप्य भाषा होगी। ऐसी एक भाषिक असमानता एक भाषा समाज में विद्यमान है तो वहाँ एक विनिमय असमानता जन्म लेती है। यह समाज के उप विभाग के विमोचन के लिए रुकावट बन जाता है। मजदूर, दलित, स्त्री तथा अन्य हाशियेकृत लोग इस प्रकार की विनिमय असमानता अनुभव करते हैं। भाषा समूह की असमानता के समान स्थानीय भाषाओं में असमानता मौजूद है। पहले छोटे-छोटे भाषाई समाज में यह स्थिति नहीं थी। वहाँ अर्थ एवं संसाधन की केन्द्रीयता बिलकुल नहीं थी। इसलिए अपने लक्ष्य के लिए दूसरों के इस्तेमाल करने की प्रवृत्ति उस समय हमारे बीच में बिलकुल नहीं थी। बाद में निजीकरण के फलस्वरूप अपनी पूँजी के विकास हेतु सामाजिक कर्म, सत्ता, कानून आदि विभिन्न रूपों में समाज में व्याप्त हो गये, इसे हेबोनास ने जीवन-संसार का औपनिवेशीकरण कहा। समाज बहुत जटिल हो गया, मनुष्य-मनुष्य के बीच के रिश्तों का मशीनीकरण हुआ, जरूरतों के लिए प्रयुक्त विनिमय की भाषा की जगह धन, कानून आदि समाज के सदस्यों को नियंत्रित करने लगा।

प्रारम्भ में हमारे यहाँ प्रत्यक्ष प्रजातंत्र था, लेकिन इसके बदले में आज प्रजातंत्र में जनता के प्रतिनिधि का रोल है। फलस्वरूप जनता की आवश्यकता एवं कानून के बीच की खाई बढ़ गयी। शैक्षिक व्यवस्था, सत्ता, उत्पादन मार्ग आदि से समाज के अधिसंख्यक हाशिए पर धकेले गये। शैक्षिक क्षेत्र और प्रजातंत्रीय संस्थाओं में सफल एवं अर्थपूर्ण विनिमय-कार्य सम्भव नहीं हुआ तो भाषा समाज के विमोचन

में भी सार्थक नहीं हो पाएगी। व्यक्ति की प्रवृत्तियों को नियंत्रित करनेवाली एक सामाजिक व्यवस्था में भाषा का सामाजिक विनिमय सम्भव नहीं है। इसलिए विनिमय को बढ़ावा देने के लिए भाषा तकनीकी विद्या का इस्तेमाल किया गया, जैसे लेखन, मुद्रण, डिजिटल भाषा तकनीकी विद्या आदि का आविष्कार।

भाषा और आर्थिक विकास

भाषाएँ विकास प्राप्त करती हैं, शिथिल होती जाती हैं और अधिकांश भाषाएँ मर जाती हैं। इन प्रक्रियाओं को हमारे आर्थिक विकास के साथ मिलाकर देखने की जरूरत पड़ती है। दुनिया भर में यह प्रक्रिया दिखाई देती है कि आर्थिक विकास जहाँ नहीं हुआ है, वहाँ भाषा की विविधता ज्यादा है। आर्थिक विकास जहाँ सम्पन्न हो रहा है, वहाँ भाषाओं की संख्या कम होती जा रही है। आर्थिक दृष्टि से सबसे सम्पन्न यूरोप में संसार भर की भाषाओं का 3% ही बोला जाता था। लेकिन आर्थिक एवं सामाजिक तौर पर सबसे कमजोर देश अफ्रीका में भाषा विविधता ज्यादा है और दुनिया भर की भाषाओं का 30% बोला जाता है। संसार में सबसे ज्यादा भाषा विविधता पसफिक के पुप्पुन्यगेनिया नामक छोटे से देश में दिखाई देती है। इस छोटे से देश में 862 भाषाएँ बोली जा रही हैं। 1969 में दुनिया के मुख्य देशों की भाषाओं के आधार पर फिशमेन ने अध्ययन किया तो उन्होंने यह दिखाया कि भाषाविविधता आर्थिक विकास के लिए बाधा बनने की सम्भावना है। 1972 में पॉल नामक भाषावैज्ञानिक ने फिशमेन के अध्ययन पर विचार किया। उन्होंने यह मत प्रकट किया कि भाषा की एकता (unity) आर्थिक विकास के लिए एक अनिवार्यता नहीं है। आर्थिक दृष्टि से विकसित देशों में भाषा की एकता जरूरी नहीं है। फिर भी भाषा विविधता जिन देशों में ज्यादा है, वे देश अविकसित दिखाई देते हैं। 1974 में लिबेरसन और हानसन ने मिलकर भाषा विविधता को उन देशों के कुल राष्ट्रीय उत्पादन (gross national product) से मिलाकर परीक्षण-निरीक्षण किया। अध्ययन से वे इस निष्कर्ष पर पहुँचे कि जिन देशों में भाषा विविधता कम है, वहाँ शहरीकरण और साक्षरता की मात्रा ज्यादा है। इन अध्ययनों से एक बात स्पष्ट हो जाती है कि आर्थिक विकास एवं भाषा विकास के साथ रिश्ता अवश्य है।

आज की परिस्थितियों में यह दिखाई देता आ रहा है कि भाषाओं की संख्या कम होती जा रही है। भाषा की इस वैश्विक स्थिति को पहचानने के लिए भाषा के इतिहास को चार आर्थिक कालों में विभक्त किया जा सकता है—(1) प्राचीन शिलायुग (2) नवीन शिलायुग (कृषि से उत्पन्न आर्थिक व्यवस्था) (3) औद्योगीकरण से उत्पन्न आर्थिक व्यवस्था (4) वैश्वीकरण का काल।

प्राचीन शिलायुग—मानव जीवन के इतिहास में सबसे ज्यादा भाषा वैविध्य उस युग में प्रकट हुआ। शिकार करके, फल खाकर मनुष्य छोटे-छोटे समूहों में कई स्थानों

पर जिन्दगी काट रहे थे। उसे छोटे-छोटे समूह के लिए उनकी अपनी भाषाएँ थीं। उन भाषाओं में बड़े पैमाने पर वैविध्य दिखाई पड़ा। इन समूहों के बीच में सम्पर्क भी प्रायः कम था।

कृषि से उत्पन्न आर्थिक व्यवस्था (नवीन शिलायुग)—इस युग में जनता एक स्थान पर स्थिर रूप से रहने लगी। ज्यादा परिष्कृत उपकरणों का उपयोग, किसानी और गाय पालन का आरम्भ हुआ। एक स्थान पर स्थायी रूप से जीवन बिताने लगा तो प्राचीन शिलायुग की कई भाषाएँ और भाषा भेद विकास प्राप्त कर सुस्थिर रूप प्राप्त करने लगे। जो भाषा स्थायी न बन पायी वह मिट गयी। उस समय की भाषाएँ आशय विनिमय के लिए प्रयुक्त होने के साथ-साथ सामान्य ज्ञान के संचय का साधन भी रही थीं। निम्नलिखित कारणों से भाषा भेदों का नुकसान या मर मिटना सम्भव हो जाता है -

1. एक आवासीय क्षेत्र से दूसरे आवासीय क्षेत्र की ओर भाषा समूह का एक साथ पलायन और एक भाषा समूह का ही विविध प्रदेशों की ओर अलग हो जाना।

2. व्यापारार्थ अन्य भाषा समूहों के साथ निरन्तर सम्पर्क।

3. अन्य भाषा समूहों का आक्रमण और निरन्तर राजनीतिक गुलामी।

उपर्युक्त कारणों से भाषा की विविधता में कमी आ गयी। इस जमाने में आज संसार में प्राप्त अधिकांश भाषाएँ भाषा भेदों से स्वतंत्र भाषाओं में परिणत हो गयी हैं। इस काल में व्यापार और सत्ता की प्रगति ने लेखन-कार्य को बढ़ावा दिया। सामाजिक शिक्षा का अभाव कई भाषाओं के अन्त होने की वजह बन गया।

औद्योगिक अर्थव्यवस्था

बढ़ता आर्थिक उत्पादन, प्रौद्योगिक विद्याओं का विकास, श्रम-कार्य का विभाजन, उत्पादन के मार्गों पर सामाजिक एवं प्रान्तीय असमानता आदि औद्योगिक अर्थ व्यवस्था की विशेषताएँ मुख्यतः तीन कारणों से सम्पन्न हो जाती हैं—

1. विकसित एक या एक से अधिक भाषाओं और अन्य भाषाओं के बीच की आर्थिक असमानता।

2. आर्थिक दृष्टि से विकसित भाषा स्वाभाविक परिस्थितियों से अर्जित करने और पढ़ने में मदद देनेवाली सुविधाएँ।

3. आर्थिक दृष्टि से सम्पन्न भाषा के सम्बन्ध में औद्योगिक समाजों की शैक्षिक संस्थाओं आदि के द्वारा रूपायित भाषा की सामाजिक स्थिति (socio-linguistic attitude)।

औद्योगिक आर्थिक व्यवस्था में भाषा व्यक्तियों को औद्योगिक उत्पादन व्यवस्था में आजीविका के लिए प्रयत्न करने में सक्षम बनानेवाली व्यक्तिपरक क्षमता है। इसे बोर्दियो (Bourdieu, 1984) भाषा पूँजी (Linguistic capital) कहते हैं।

Language attitude और language shift बिलकुल व्यक्तिपरक हैं। औद्योगिक नगरियों के कारखानों की ओर गाँव के कृषक लोग धंधे के लिए अकेले और झुण्ड के झुण्ड होकर आने लगे। लेकिन इनकी मातृभाषा से भिन्न भाषा थी औद्योगिक नगरियों की। ये अपनी मातृभाषा के साथ इन औद्योगिक नगरों की भाषा को भी बातचीत के लिए प्रयुक्त करने लगे। इन औद्योगिक नगरियों की भाषा बोलनेवाले प्रथम द्विभाषी समूह बन गये। इन लोगों के लिए अपने घर और निजी व्यवहारों की भाषा मातृभाषा है तो आर्थिक उत्पादन और सामान्य व्यावहारिक क्षेत्रों की भाषा आर्थिक दृष्टि से सम्पन्न भाषा में अपने बड़प्पन की मनोभावना बढ़ गयी। इसलिए उनके काम के क्षेत्र की भाषा बाद की पीढ़ी की मुख्य भाषा और मातृभाषा बन गयी तो अपने पूर्वजों की मातृभाषा नष्ट हो गयी। औद्योगिक नगरियों के बढ़ने के साथ शहर की ओर आनेवाले ग्रामीण लोगों की संख्या बढ़ गयी। यह कई भाषाओं के मिट जाने की वजह बन गया। इस प्रकार औद्योगिक आर्थिक व्यवस्था ने दुनिया भर की भाषाओं की विविधता को कम कर दिया। मुद्रण यंत्रों का आविष्कार तथा औद्योगिक नगरों में रूपायित शिक्षित जन समूह आर्थिक दृष्टि से आगे स्थित कई भाषाओं की समग्र प्रगति के लिए सहायक बन गये।

वैश्वीकरण

सूचना प्रौद्योगिकी की दुनिया भर की व्याप्ति और 1980 के बाद उत्पन्न वैश्विक आर्थिक नीतियों ने आर्थिक स्थिति को वैश्विक स्वभाव का बना दिया। उपर्युक्त सारा परिवर्तन सबसे पहले पाश्चात्य देशों पर केन्द्रित रहा था। इस उत्पादन व्यवस्था की भाषा अंग्रेजी रही है। इसलिए संसार भर की भाषाओं में सूचना प्रौद्योगिकी एवं अन्य ज्ञान की दृष्टि से सबसे ज्यादा विकसित भाषा अंग्रेजी रही और अन्य भाषाओं की तुलना में बड़े पैमाने पर अंग्रेजी सिरमौर हुई। इस सन्दर्भ में जब सभी देशों में आर्थिक मंदी हुई और अधिकतर क्षेत्रों में मजदूरी की सम्भावनाएँ कम होती गयीं; तब नब्बे के दशक के अन्त तक आते-आते संसार के सभी देशों ने विशेषकर विकसित देशों ने ज्ञान के उत्पादन के क्षेत्र में विदेशों की पूँजी के लिए पूर्ण अनुमति दी। भारत जैसे औपनिवेशिक देशों में उच्च शिक्षा का माध्यम अंग्रेजी है। इसलिए अंग्रेजी भाषा के बहुमत के जानकार लोगों की मजदूरी की शक्ति इन देशों के उच्च वर्गों में रूपायित हुई थी। अमेरिका जैसे देशों में बड़ा वेतन देकर जो ज्ञानाधारित काम करवाया जाता है, वह कम वेतन में एशियाई देशों में करवाया जा सकता है। ऐसी एक गुणात्मक आर्थिक परिस्थिति भी रूपायित हुई। इसके बावजूद दक्षिण एशिया के देशों में यह स्थिति उत्पन्न हुई कि यदि अंग्रेजी ज्ञान है तो काम मिल जाएगा। इस प्रकार अंग्रेजी का महत्त्व इधर बढ़ गया और यहाँ की देशीय एवं प्रान्तीय भाषाओं का स्थान घट गया।

भाषा, प्रजातन्त्र, विमोचन

श्रम अपरिष्कृत प्राकृत जीवन से मनुष्य को विमोचित कर सभ्यता की ओर ले आया। सामाजिक रूपायिति की अनिवार्यता की ओर प्रवेश भाषा के माध्यम से सम्भव हुआ। भाषा ने ही मनुष्य के ज्ञान क्षेत्र को विविध रूप प्रदान किया। प्रत्येक समाज की भौतिक परिस्थिति मनुष्य की भिन्न-भिन्न प्रकार की सांसारिक दृष्टियों का निर्माण करती है। भाषा तो इस दृष्टि का संवाहक है। मनुष्य की समस्त प्रक्रियाओं में भाषा भौतिक रूप से काम करती है। भाषा के सामाजिक अध्ययन से यह जाहिर होता है कि सामाजिक असमानता के निर्माण में भाषा की बड़ी हिस्सेदारी है। लेकिन सामाजिक असमानता से मुक्त करने में भी भाषा अपनी महत्त्वपूर्ण भूमिका निभाती है। भाषावैज्ञानिक हेबरमास की खोज इस दृष्टि से सराहनीय है। वे भाषा के सामाजिक विनिमय पर विशेषतः बल देते हैं। एक मानसिक रोगी हमेशा अपने रोग को छिपाकर रखने की कोशिश करता है। लेकिन एक मनोविश्लेषक रोगी के साथ हुए संवाद से रोग के यथार्थ कारणों से रोगी के स्वस्थ मन को सचेत कराकर उसे रोग से विमोचित करता है। वैसे ही समाज में व्यक्ति की पराधीनता और असमानता को बनाये रखनेवाली इकाइयों को समाज में आधिपत्य स्थापित करनेवाली विचारधारा छिपाकर रखती है। समाज के विविध वर्गों, तबकों, जातियों, धर्मों के बीच के स्वस्थ आशय विनिमय से सच्ची समस्याओं पर हम पहुँच सकते हैं। इसलिए आज समाज की प्रत्येक हाशियेकृत जनता अपने अधिकार एवं अस्मिता के लिए अपनी-अपनी भाषा का इस्तेमाल करती है। स्त्री, दलित, आदिवासी तथा अन्य उपेक्षित जनता आज अपनी भाषा में अधिकार एवं शक्ति, प्रतिरोध की भाषा के द्वारा जाहिर करती है। समकालीन भाषा प्रतिरोध की भाषा है।।

आज की जटिल सामाजिक व्यवस्था में साधारण विनिमय की अपर्याप्तता को समझकर भाषा प्रौद्योगिकी की चर्चा भी हम आज करने लगे। मनुष्य को बातचीत करने की इच्छा के साथ, देश काल के साथ भाषा और देश-राष्ट्र के अतिक्रमण करने की भी इच्छा है। यह मनुष्य का लोभ है।

प्रजातन्त्र भाषा का राजनीतिक प्रयोग है। अर्थात् 'मैं आपसे वादा करता हूँ।' यह वाक्य एक व्यक्ति तुमसे कहता है तो वह एक speech act (बातचीत) है। ऐसी अनेक बातचीतों से सामाजिक व्यवस्था कायम होती है। भाषा के समाज में दो प्रकार के कर्म-रूप हैं। एक सूचनाओं को संप्रेषित करना और दूसरा उस भाषा-समाज के व्यक्तियों को परस्पर मिलाना। समाज के साथ इस प्रकार भाषा के जरिए मनुष्य सम्बन्ध बनाता है। समाज के व्यक्तियों, संस्थाओं, व्यवस्थाओं और उनकी प्रस्तावनाओं की सम्भावनाओं पर जब विचार किया जाता है; तब भाषा सचमुच संप्रेषण का मार्ग बनती है। कृषकों के ऋणों से मुक्त करने का निर्णय जब बजट सम्मेलन में प्रधानमंत्री उद्घोषित करते हैं तथा तदुपरान्त उस पर होनेवाली

चर्चाओं के द्वारा जिस निर्णय को लिया जाता है, ये सब भारतीय प्रजातंत्र में आदर्श संप्रेषण प्रणाली है। अर्थात् हमारी प्रस्तावनाओं, निर्देशों और वृत्तियों को कार्यान्वित करने का दायित्व भाषा हमको प्रदान करती है।

केरल में प्लाच्चिमडा की कोकाकोला कम्पनी को बन्द करने का प्रस्ताव सत्ता के सामने रखने का अधिकार स्थानीय जनसमूह को है। तब 'क्यों' बन्द करना है, यह कहने का अधिकार स्थानीय जनसमूह को है; तो 'क्यों नहीं' बन्द करेगा–कहने का दायित्व कम्पनी को है। मतलब है कि समाज से सक्रिय रूप से सम्बन्ध जोड़ने का स्वातन्त्र्य व्यक्तियों को और सामाजिक संस्थाओं को है। यह अपनी मातृभाषा में सम्भव हो जाता है। यह काम साहित्य जगत में भी चल रहा है। आजकल साहित्यिक भाषा में यह सामाजिक हस्तक्षेप प्रकट है। परस्पर जो बातचीत हो रही है, वही है प्रतिरोध। पहले अधिपतियों की भाषा मात्र सक्रिय थी। आज अधीनस्थों की भाषा गूँजने लगी।

लेकिन आज शैक्षिक क्षेत्र में अच्छे नागरिकों के निर्माण करने के बदले मजदूरों के निर्माण करने का उपकरण भाषा बन गयी। अर्थात् आज मातृभाषा में संप्रेषण करने की क्षमता न रखनेवाले अंग्रेजी में केवल भाषा क्षमता रखनेवालों की सृष्टि भारत की केन्द्रीय शिक्षा संचालित करती है। एक भाषा के मानवीकृत एवं कुलीन प्रतिमान या इससे ज्यादा व्याकरणिक दृष्टि से सही भाषा प्रतिमानों का निर्णय उस भाषा समूह के उच्च वर्ग की रुचि के अनुसार है। चोम्स्की का यह निर्णय यहाँ तर्क संगत दिखाई देता है कि जो वाक्य व्याकरणिक दृष्टि से सही है, वह अर्थ की दृष्टि से सही होना अनिवार्य नहीं है।

एक प्रजातंत्रीय समाज की भाषा के जरिए विमोचन के प्रयत्न के चार स्तर हैं–

1. समाज में कायम होनेवाले वर्ग भेद के कारण भाषा और भाषा से जुड़े भाषा समाज में प्रकट भाषावर्ग-समर।

2. वर्ग परक स्वभाव से युक्त भाषा का उपयोग करते हुए समाज में सम्पन्न होनेवाला आशय विनिमय।

3. विनिमय कार्यों से सप्राण बननेवाला शिक्षित सामान्य समाज।

4. सामान्य क्षेत्रों से गम्भीर और लगातार प्रतिक्रिया जतानेवाला प्रजातंत्रीय राजनीतिक समाज।

इन चारों की निरन्तर प्रवृत्तियों के परिणाम स्वरूप एक प्रजातंत्रीय समाज में भाषा विमोचन का मार्ग बनती है। एक समाज की सक्रियता का निर्णय सामान्य क्षेत्रों में सम्पन्न होनेवाली गतिमयता करती है। इसके लिए भाषा समाज के प्रत्येक सदस्य के संप्रेषण की शक्ति को बढ़ाने का दायित्व शिक्षा का है। इस प्रकार सक्रिय सामान्य क्षेत्र समाज की समस्याओं और उनके समाधानों को स्पष्ट करते समय

राजनीतिक समाज को उसके साथ स्वस्थ और सकारात्मक ढंग से प्रतिक्रिया जतानी चाहिए। संप्रेषण की प्रवृत्तियों के द्वारा सामान्य क्षेत्रों में पहचान होती है। वह पहचान और समाज की हर इकाई के प्रतिनिधियों के दायित्वों के मिलने पर सामाजिक प्रजातंत्र विमोचनात्मक बनता है। अर्थात् प्रत्येक भाषा-समूह के सामाजिक विमोचन की प्रक्रिया के अनुरूप होना चाहिए प्रत्येक भाषा की प्रगति।

सन्दर्भ

1. एंगेल्स–डायलेक्टिक ऑफ नेचर
2. नोम चोम्स्की–न्यू हाराइज़न्स इन द स्टडी ऑफ लैंग्वेज एंड माइंड
3. लियानार्ड ब्लूमफील्ड–लैंग्वेज
4. मैक्स म्युलर–लेक्चर्स ऑन द सेंस ऑफ लैंग्वेज
5. फेरडिनान्ड सस्सूर–कोर्स इन जनरल लिंग्विस्टिक ऑफ लैंग्वेज
6. हॉलिडे–लैग्वेज एंड सोसाइटी
7. हेबोनास–नोलड्ज़ एंड ह्यूमन इंटरेस्ट

खण्ड दो

हिन्दी की नयी समीक्षा में भारतीय काव्यशास्त्रीय चिन्तन

भारतीय साहित्य-चिन्तन की परम्परा पर यदि विचार किया जाए तो यह विदित है कि नये-नये विचारों को चाहे वह पाश्चात्य हों या भारतीय हों, अपनाकर वह अपने को संवर्द्धित करती आ रही है। लेकिन पाश्चात्य को स्वीकारते वक्त भी अपनी बुनियादी मिट्टी के संस्पर्श से अलग होती नहीं है। भारतीय-विचारक जब कभी कोई भी साहित्यिक वाद एवं सिद्धान्त को अपनाता है, तब वह उसके औचित्य पर संजीदगी से विचार-मंथन करता है और योग्य है तो स्वीकार करता है। यह बात रस, अलंकार, वक्रोक्ति, ध्वनि, रीति, औचित्य आदि सिद्धान्तों के सन्दर्भ में भी हमने देखी। हमारी परम्परा किसी भी विचार को जस का तस स्वीकारने की नहीं। हम सभी पर कालानुसार शंकाएँ उठाते हैं और प्रश्नाकुलता से सबका सामना करते हैं। प्रत्येक की सार्थकता, प्रासंगिकता, शक्ति एवं सीमा पर गहराई से विचार करते हैं। इसलिए आज रस एवं ध्वनि को जो स्थान प्राप्त है, वह अन्यों के सन्दर्भ में नहीं है।

हिन्दी की नयी समीक्षा के वक्त तक आते-आते हमारे यहाँ के कई विद्वानों को रस, वक्रोक्ति, रीति, अलंकार जैसे प्रत्ययों का नाम सुनते ही घृणा और हँसी आती थी। 'नयी समीक्षा' के सभी लेखकों ने कहा कि हमारा 'रस' के साथ कोई सम्बन्ध नहीं है। इस सन्दर्भ में आचार्य रामचन्द्र शुक्ल का यह विचार उल्लेखनीय है—"आज कल इस प्रकार के लड़के कहते हैं कि 'रस-अलंकार' तो पुरानी चीज़ें हैं, उनका ज़माना गया; इधर-उधर से नोचकर ही दुहराए जाते हैं। वे कहाँ से आये हैं, उनका पूरा मतलब क्या है। यह सब जानने या समझने की कोई जरूरत नहीं मानते हैं कि रस-अलंकार आदि हमारे साहित्य में बहुत काल से व्यवहृत शब्द हैं, अँग्रेजी शब्दों के अनुवाद नहीं। इससे इनका नाम लेना फैशन के खिलाफ है। दिनो में सैकड़ों बार 'हृदय की अनुभूति', हृदय की अनुभूति' चिल्लाएँगे, पर रस का नाम सुनकर ऐसा मुँह बनाएँगे, मानो उसे न जाने कितना पीछे छोड़ आये हैं। भलेमानुस इतना भी नहीं जानते कि हृदय की अनुभूति ही साहित्य में रस और भाव कहलाती है।" नयी समीक्षा के प्रतिमानों में 'हृदय की अनुभूति' की जगह 'अनुभूति की प्रामाणिकता', 'अनुभूति की ईमानदारी' आदि शब्दों का प्रयोग चल रहा है। तब शुक्ल जी ने 'सभ्यता समीक्षा' का जो प्रयोग किया, वह इन शब्दों के सन्दर्भ में सत्य सिद्ध होता है। अर्थात् समय की गति के अनुसार समीक्षकों का काम भी जटिल बनता जा रहा

है। नये शब्दों के आवरणों को हटाकर मूल तक पहुँचने की जरूरत पड़ती है।

हिन्दी की नयी समीक्षा दृष्टियों पर भारतीय एवं पाश्चात्य काव्यशास्त्र का प्रभाव है। हिन्दी के आलोचकों ने पाश्चात्य समीक्षा सिद्धान्तों का यथायोग्य प्रयोग हिन्दी की 'नयी समीक्षा' के निर्माण में किया। लेकिन नयी समीक्षा-दृष्टि पश्चिमी समीक्षा-शास्त्र या उसका उपनिवेश नहीं है, उसकी अपनी संस्कृति एवं परम्परा है। इस नजरिए से हिन्दी की 'नयी समीक्षा' के कुछ मुख्य हस्ताक्षरों के विचारों एवं प्रतिमानों पर यहाँ विचार किया जाएगा।

पश्चिम में बीसवीं शताब्दी की बहुचर्चित आलोचनात्मक दृष्टि है—नयी समीक्षा। परम्परागत स्वच्छन्दतावादी, मार्क्सवादी, मनोविश्लेषणात्मक, आलोचनात्मक पद्धतियों का विरोध करना है इसका लक्ष्य। अर्थात् साहित्य के भाववादी एवं अमूर्त चिन्तन का विरोध है इसमें। साहित्य को वस्तु के रूप में देखना इस प्रवृत्ति का उद्देश्य है। यह काव्यभाषा की सशक्त क्रान्ति है। इस क्रान्ति का गहरा प्रभाव है हिन्दी की नयी समीक्षा में। नये समीक्षकों ने 'काव्य भाषा' को कविता माना है। तार सप्तक के कवि-वक्तव्य में अज्ञेय ने कहा—''काव्य सबसे पहले शब्द है। और सबसे अन्त में भी यही बात बच जाती है कि काव्य शब्द है। सारे कवि-धर्म इसी परिभाषा से निःसृत होते हैं। शब्द का ज्ञान, शब्द की अर्थवत्ता की सही पकड़ ही कृतिकार को कृति बनाती है। ध्वनि, लय, छन्द आदि सभी प्रश्न इसी में से निकलते हैं और इसी में विलय होते हैं। इतना ही नहीं, सारे सामाजिक सन्दर्भ भी यहीं से निकलते हैं...।'' (तार सप्तक, दूसरा सं., पुनश्च-भाग)

यह अजीब संयोग है कि एक ओर तो अज्ञेय जी इलियट की तमाम मान्यताओं से प्रभावित हैं, दूसरी ओर वे भारतीय काव्य-चिन्तन परम्परा की भी अपेक्षा नहीं करते हैं। काव्य की निर्वैयक्तिक परिभाषा में टी.एस. इलियट की ध्वनि फूट रही है— ''कविता भावों का उन्मोचन नहीं है, बल्कि भावों से मुक्ति है; वह व्यक्तित्व की अभिव्यंजना नहीं, बल्कि व्यक्तित्व से मोक्ष है।'' परम्परा तथा मौलिकता सम्बन्धी अज्ञेय जी के विचारों पर टी.एस. इलियट का निबन्ध— 'ट्रेडीशन एण्ड इंडिविजुअल टेलेंट' का गहरा प्रभाव है। अज्ञेय ने प्रायः सम्पूर्ण सैद्धान्तिक दृष्टि वहीं से ग्रहण की है। अज्ञेय जी मानते हैं कि आधुनिक आलोचना तथा साहित्य में यह प्रवृत्ति बल पकड़ रही है 'रूढ़ि' का तिरस्कार किया जाए। रूढ़ि और परम्परा, परम्परा के प्रति जागरूकता कैसे प्राप्त हो सकती है और किस प्रकार वह साहित्यकार के मानस को, उसके कार्य के मूल्य को प्रभावित करती है आदि पर अज्ञेय ने अपने विचारों को यों प्रकट किया- ''इस जागरूकता का मुख्य उपकरण है—एक ऐतिहासिक चेतना—अर्थात् जो कालानुक्रम में बीत गया है, उसके बीतेपन की नहीं, उसकी वर्तमानता की भी तीखी और चिरजाग्रत अनुभूति। साहित्य के लिए आवश्यक है साहित्य में और जीवन में 'असीत' का और 'अस्ति' का, जो 'अचिर' हो गया है, उसका और जो 'चिर'

है, उसका और इन दोनों की परस्परता, अन्योन्याक्रयता का ज्ञान उसमें बना रहे।'' (त्रिशंकु, पृ॰ 31) अज्ञेय जी को परम्परा की ऐतिहासिक चेतना का विचार सचमुच इलियट से मिला। पुराण और संस्कृति के महत्त्व को अज्ञेय ने पाश्चात्य सम्पर्क से प्राप्त किया। अज्ञेय जी ने देखा कि ग्रीक दार्शनिकों ने ग्रीक पुराणों का नया मूल्यांकन किया, वे धार्मिक रूढ़ियों की भौतिक एवं ऐतिहासिक व्याख्या करते रहे हैं। उन्होंने पाया कि पुराणों के चरित्र प्रायः प्राकृतिक क्रियाओं के काव्यमय मानवीकृत प्रतिचित्र थे। इसलिए ग्रीक पुराण की देन को यूरोप की प्रत्येक साहित्यिक कृतज्ञता के साथ आज भी स्वीकार करता है। अज्ञेय की धारणा है कि आज के भारतीयों को यूरोप के इस दृष्टिकोण को औचित्य के साथ स्वीकार करना चाहिए। इसके माध्यम से हम पुरातत्व, नृतत्व, समाजशास्त्र और मनोविश्लेषण के नये आविष्कारों से भी लाभ उठा सकते हैं। युग के सामूहिक अवचेतन सिद्धान्त से प्रभावित अज्ञेय जी ने कहा—''किसी भी देश के जीवन के गहनतम रहस्य तक पहुँचने के लिए उसका पुराण साहित्य ही उसकी अच्छी कुंजी है, कि उसमें समष्टिगत आदर्शों और जातिगत आकांक्षाओं में वे स्वप्नचित्र मिल सकते हैं, जिनका कि विभिन्न व्यक्ति अपनी-अपनी रुचि, दीक्षा-योग्यता और संस्कारों के आधार पर परिष्कार करते हैं। पुराण ही वह सांस्कृतिक इकाई है, जिसमें जीवन की बहुरूपता प्रस्फुटित हुई है। (त्रिशंकु, पृ॰ 45) मिथ पाश्चात्य देश में काव्य सिद्धान्त का एक अनिवार्य अंग रहा है। इसी दृष्टि को अज्ञेय ने ग्रहण कर प्रवृत्त किया है।

अज्ञेय साहित्य को एक 'सांस्कृतिक विभूति' मानते हैं। डी. एच. लोरेंस से प्रभावित होकर अज्ञेय ने भी समझा कि जीवन से लोक-नृत्य, लोकगीत, पूस के छप्पर आदि निकले जा रहे हैं। आज जीवन केवल देहाती से शहरी ही नहीं हुआ, जीवन का ढंग ही नहीं बदला, जीवन ही बदला है। अब समाज न देहाती रहा है न शहरी, अब उसका संगठन भी नष्ट हो गया है। (त्रिशंकु, पृ॰ 14) अज्ञेय जी मानते हैं कि प्राचीन व्यवस्था के टूटने का कारण मशीन है। उनके अनुसार संस्कृति का मूल आधार भाषा है, और भाषा का चरम उत्कर्ष साहित्य में प्रकट होता है। अतः साहित्य का पतन संस्कृति का और अन्ततः जीवन का पतन है। मशीनी युग हमारे जीवन को सस्ता, घटिया और अर्थविहीन बना रहा है। स्वस्थ संस्कृति से ही हम स्वस्थ साहित्य की आशा कर सकते हैं। अज्ञेय जी के उपरोक्त विचारों पर डेनिस टॉमस और एफ.आर. लीविस का गहरा प्रभाव है।

'त्रिशंकु' में अज्ञेय एडलर के प्रभुत्व कामना अर्थात् क्षतिपूर्ति के सिद्धान्त को अपनाते दृष्टिगत होते हैं। उन्होंने लिखा— ''कला सामाजिक अनुपयोगिता के विरुद्ध अपने को प्रमाणित करने का प्रयत्न अपर्याप्तता के विरुद्ध विद्रोह है। (त्रिशंकु, पृ॰ 23) इसलिए उनके अनुसार कला सम्पूर्णता की ओर जाने का प्रयास है, व्यक्ति की अपने को प्रमाणित करने की चेष्टा है। इस दृष्टि से कला एक आत्मदान है, यह

आत्मदान अहं को पुष्ट करने के लिए है, क्योंकि अहं को छोटा करके व्यक्ति सम्पूर्ण नहीं रह सकता। यहाँ कला को आत्मदान मानने का पक्ष टी॰एस॰ इलियट का है। फ्रायड एवं एडलर से प्रभावित होकर उन्होंने माना कि आधुनिक युग का साधारण व्यक्ति यौन वर्जनाओं का पुंज है।

ऊपर अज्ञेय पर पड़े पाश्चात्य सिद्धान्तों के प्रभाव पर प्रकाश डालने की कोशिश की गयी है तो उनके भारतीय विचारों को भी अनदेखा नहीं किया जा सकता। पहले हम देख चुके हैं कि अज्ञेय कविता को शब्द ही मानते हैं। हमारी भारतीय परम्परा में शब्द के इस महत्त्व को पहचानकर शुक्ल जी ने कहा था– ''हृदय की इसी मुक्ति की साधना के लिए मनुष्य की वाणी, जो शब्द विधान करती आयी है, उसे कविता कहते हैं।''('चिन्तामणी' प्रथम भाग : कविता क्या है?) अज्ञेय जी भारतीय चमत्कारवाद के सिद्धहस्त थे। वे इसी दृष्टि से शब्द और अर्थ के सम्बन्ध पर ध्यान देते हैं। वे 'गुलाबी' शब्द के उदाहरण से कहते हैं कि कभी इसमें 'चमत्कार' रहा होगा, किन्तु निरन्तर प्रयुक्त होने से वह चमत्कार मर गया है। काव्य-भाषा में इसी प्रक्रिया से चमत्कार मरता जाता है और चमत्कारिक अर्थ अभिनव बनता रहता है। यों कहें कि कविता की भाषा निरन्तर गद्य भाषा होती रहती है। इस प्रकार कवि के सामने हमेशा चमत्कार की सृष्टि की समस्या बनी रहती है–वह शब्दों को निरन्तर नया संस्कार देता चलता है और वो संस्कार क्रमशः सार्वजनिक मानस में पैठकर फिर ऐसे हो जाते हैं कि उस रूप में कवि के कर्म के नहीं रहते। इसलिए अज्ञेय कहते हैं कि 'बासन अधिक घिसने से मुलम्मा छूट जाता है।' इसी बात को समझने के लिए अज्ञेय कालिदास के रघुवंश के आरम्भ के–

''वागर्थाविवसम्पृक्तौ वागर्थप्रगतिपत्यो,
जगतः पितरौ वन्दे पार्वतीपरमेश्वरौ।''

को लेते हैं। तब इस बात को उन्होंने समझा था कि इसलिए वाक् में अर्थ की प्रतिपत्ति की प्रार्थना की गयी थी। जो अभिधेय है, जो अर्थ वाक् में है ही, उसकी प्रतिपत्ति की प्रार्थना कवि नहीं करता। अभिधेयार्थ युक्त शब्द तो वह मिट्टी, वह कच्चा माल है, जिससे वह रचना करता है। ऐसी रचना जिसके द्वारा वह अपना नया अर्थ उसमें भर सके, उसमें जीवन डाल सके। यही वह अर्थ प्रतिपत्ति है, जिसके लिए कवि वागर्थाविवसम्पृक्त' पार्वती-परमेश्वर से वन्दना करता है। जब चमत्कारिक अर्थ मर जाता है और अभिधेय बन जाता है, तब उस शब्द की रागोत्तेजक शक्ति भी क्षीण हो जाती है। कवि तब उस अर्थ की प्रतिपत्ति करता है, जिससे पुनः रागात्मक सम्बन्ध स्थापित हो। अज्ञेय मानते हैं कि साधारणीकरण का अर्थ यही है। नहीं तो अगर भाव भी वही जाने-पुराने हैं, रस भी और संचारी-व्यभिचारी सबकी तालिकाएँ बन चुकी हैं, तो कवि के लिए नया करने को क्या रह गया है। कवि नये तथ्यों को उनके साथ नये रागात्मक सम्बन्ध जोड़कर जो नये सत्य का रूप है, उन नये सत्यों

को प्रेष्य बनाकर उनका साधारणीकरण करे, यही नयी रचना है।

अज्ञेय के अनुसार नयी कविता के कवियों का साधारणीकरण का आग्रह भी कम नहीं है, बल्कि यह देखकर कि आज साधारणीकरण अधिक कठिन है और उसकी पूर्ति के लिए अधिक जोखिम उठाने को तैयार है। यह किसी हद तक ठीक है कि जहाँ कवि की संवेदनाएँ अधिक उलझी हुई हैं, वहाँ ग्राहक या सहृदय में भी उन्हीं परिस्थितियों के कारण वैसा ही परिवर्तन हुआ है और इसलिए कवि को प्रेषण की कुछ सुविधाएँ भी मिलती हैं। आधुनिक ज्ञान-विज्ञान की समूची प्रगति और प्रवृत्ति विशेषीकरण की है, इस बात को पूरी तरह समझकर ही यह अनुभव किया जा सकता है कि साधारणीकरण काम कितना कठिनतर हो गया है—समूचे ज्ञान-विज्ञान की विशेषीकरण की प्रवृत्ति को उलाँघकर, उससे ऊपर उठकर कवि को उसके विभाजित सत्य को समूचा देखना और दिखाना है। इसलिए शुक्ल जी ने कहा कि सभ्यता के विकास के अनुसार कवि कर्म जटिल होता जा रहा है। क्योंकि सभ्यता के हर आचरण को निकालकर मूल वासना या अनुभूति तक पहुँचने की गुंजाइश कविता में होनी चाहिए। इसलिए आजकल की जटिल स्थिति को सामने रखकर अज्ञेय कहना चाहते हैं कि साधारणीकरण को उसने छोड़ नहीं दिया है, पर जितनों तक पहुँच सके उन तक पहुँचता रहकर और आगे जाना चाहता है, उनको छोड़कर नहीं।

रसनिष्पत्ति रस और ध्वनि सिद्धान्त की परम्परा से गहराई से परिचित अज्ञेय जी कहते हैं—"बड़ा कवि वाक्-सिद्ध होता था और भी बड़ा कवि रस-सिद्ध होता था।" (तीसरा सप्तक, भूमिका, पृ॰ 11) इस कथन से स्पष्ट है कि रसवादी आलोचकों से आगे बढ़कर अज्ञेय जी काव्य पर नये ढंग से सोचते हैं। अज्ञेय साधारणीकरण और सम्प्रेषण को समस्या के रूप में मानते हैं जिस प्रकार पश्चिम में रिचर्ड्स, ह्यूम, टी. एस. इलियट, एजरा पाउण्ड तथा एफ॰ आर॰ लीविस बड़े चिन्तिक रहे हैं। हमारे यहाँ रस निष्पत्ति एवं साधारणीकरण जैसे एकात्मवाद को आधार बनाया गया है वैसे ही सम्प्रेषण सम्बन्धी मान्यताओं में रिचर्ड्स भी मन के धरातल पर एकात्मकता को स्वीकृति देते हैं।

रामविलास शर्मा, नामवर सिंह, मुक्तिबोध जैसे आलोचकों ने यद्यपि मार्क्सवाद को अपनी आलोचना दृष्टि माना तो भी उन्होंने अपने विचारों को भारतीय धरातल पर प्रस्तुत किया। रामविलास जी ने यह माना कि प्रगतिशील साहित्य जनता की तरफदारी करने वाला साहित्य है, इसलिए वह उसकी जातीय विरासत; उसकी साहित्यिक परम्पराओं की रक्षा करने के लिए भी लड़ता है। साम्राज्यवादी शक्तियाँ जनता की स्वाधीनता का ही आचरण नहीं करतीं, उससे जातीय-राष्ट्रीय अभियान, संस्कृति, अर्जित ज्ञान को भी कुचलने के साथ गुमराह करती हैं। इसलिए जनता और जातीय संस्कृति की रक्षा के लिए संघर्ष उसकी स्वाधीनता तथा जनवादी अधिकारों के लिए संघर्ष का दुर्निवार अंग है। भारतीय जनता के पास साहित्य की एक समृद्ध

परम्परा है। यह सांस्कृतिक निधि धन्ना सेठों तथा महन्तों की न होकर जनता की अपनी कमाई है और इसमें उसी के कमाये मूल्यों का भण्डार है। इसलिए युग बोध के साथ सम्पूर्ण परम्परा को नये ढंग से खोजने-थाहने-पाने की आवश्यकता पर डॉ॰ शर्मा बल देते हैं। डॉ॰ शर्मा का विचार है कि सामाजिक विकास में कोई भी नवीन व्यवस्था पुरानी सामाजिक व्यवस्था से एकदम अलग नहीं हो सकती, वैसे ही साहित्य में विकास-क्रम को भंग करके शून्य में एक नयी प्रगति नहीं आरम्भ हो सकती। परम्परा के उसी अंश को नया साहित्यकार ग्रहण करता है, जो उसके लिए प्रासंगिक है। (स्वाधीनता और राष्ट्रीय साहित्य में रामविलास शर्मा, पृ॰ 82) इस दृष्टि से डॉ॰ शर्मा जिस प्रकार हजारी प्रसाद द्विवेदी ने इतिहास-बोध एवं संस्कृति-बोध को अपनी समीक्षा में ग्रहण किया, वैसा ही प्रगतिवादी समीक्षा में अनिवार्य रूप से ग्रहण करते हैं। इसे रेल्फ फॉक्स, लेविस, लुकाच आदि से जोड़ने की जरूरत नहीं है। डॉ॰ शर्मा ने रस सिद्धान्त की वस्तुवादी व्याख्या की है। उन्होंने अपने 'स्वाधीनता और राष्ट्रीय साहित्य' में लिखा है कि रस-सिद्धान्त एक बहुत ही भरा-पूरा और विस्तार पाया हुआ सिद्धान्त है। उसके आध्यात्मिक रूप को हटाने के बाद उसमें बहुत-सा सारतत्व बचा रहता है, जो आधुनिक आलोचना के लिए महत्त्वपूर्ण होगा। किन्तु वे रस को नायिका भेद तथा मनोविज्ञान में ले जाने का विरोध करते हैं क्योंकि मनोविज्ञान की वैज्ञानिकता सन्देहास्पद है।

रस को वे नौ रसों तक सीमित नहीं मानते। उन्होंने कहा है कि साहित्य की विषय वस्तु नौ रसों के साँचे में ढलने से इनकार करती है। साथ ही वे काव्यानन्द को काव्य का अन्तिम साध्य मानने को तैयार नहीं हैं, "साहित्य से आनन्द मिलता है, यह अनुभव सिद्ध बात है। लेकिन साहित्य-शास्त्र यहाँ समाप्त नहीं होता बल्कि यहीं से इसका श्रीगणेश होता है।... इससे आपके कर्ममय जीवन पर किस तरह का प्रभाव पड़ता है, किस तरह के संस्कार आपके मन में बनते-बिगड़ते हैं, ये तमाम समस्याएँ साहित्यशास्त्र की समस्याएँ हैं।" (लोकजीवन और साहित्य, रामविलास शर्मा, पृ॰ 7) फिर भी वे रस को सौन्दर्य-सापेक्ष्य मानते हुए उसे कलाकृति का उत्कर्ष मानते हैं। अर्थात् सौन्दर्य की वस्तुगत सत्ता की आनन्दमूलक परिणति ही रस है। क्योंकि वे मानते हैं "ललित कलाओं के आनन्ददायक गुण का नाम सौन्दर्य है।" (आस्था और सौन्दर्य, पृ॰20) सौन्दर्य के व्यक्तिगत आधार पर खण्डन करते हुए वे उसके वस्तुगत आधार को स्वीकृति देते हैं और इन्द्रियबोध से उसे सम्बद्ध करते हैं, क्योंकि इन्द्रियबोध भाव तथा विचार की तुलना में जल्दी परिवर्तित न होने वाला आधार है। मानव का भाव-बोध समाज-बोध के साथ ही विकसित तथा परिवर्तित होता है। इस प्रकार डॉ॰ शर्मा ने प्रगतिवादी चिन्तन में सौन्दर्य-बोध, भाव-बोध, इन्द्रिय-बोध के पारस्परिक सम्बन्ध को दिखाते हुए रस-सिद्धान्त का नया रूप प्रस्तुत किया है।

डॉ॰ शर्मा ने विषय-वस्तु को रूप से अधिक महत्त्व देते हुए दोनों के अन्तःसम्बन्ध

को सदैव ध्यान में रखा है। कविता में काव्य-भाषा अन्य रूपों की भाँति सामाजिक वस्तु है। भाषा एक सांस्कृतिक उपकरण है—उसे बनाने-बढ़ाने—विकसित-परिष्कृत करने में युगीन विचारधारा भावबोध आदि का गहरा हाथ होता है। प्रतिभाशाली कवि की शक्ति काव्य में सही शब्दों के चुनाव में उजागर होने लगती है।

आस्थावादी आलोचक मुक्तिबोध को छायावादी तथा प्रगतिवादी आलोचकों से शिकायत रही है कि वो नयी कविता को सही परिप्रेक्ष्य में समझने में असमर्थ रहे हैं। नयी कविता से पूरी तरह सम्बन्ध मुक्तिबोध ने अपना सैद्धान्तिक चिन्तन 'नयी कविता का आत्मसंघर्ष तथा अन्य निबन्ध', 'एक साहित्यिक की डायरी', 'नये साहित्य के सौन्दर्यशास्त्र' 'तार सप्तक के कवि-वक्तव्य' में व्यक्त किया है। उनकी साहित्यिक दृष्टि विश्वदृष्टि है, वह उन्होंने मार्क्सवाद में देखा। उन्होंने नयी आलोचना में अस्तित्ववाद से प्रेरित लक्ष्मीकान्त वर्मा के लघुमानव सिद्धान्त का घोर विरोध किया। मुक्तिबोध का विचार अधिकांशतः आचार्य रामचन्द्र शुक्ल से मिलता है। शुक्ल जी की सभ्यता समीक्षा सम्बन्धी विचार, सम्प्रेषण सम्बन्धी विचार, काव्य की सृजन-प्रक्रिया में भाव-विभाव व्याख्या आदि में भारतीय काव्यशास्त्र की नवीन दृष्टि का उद्घाटन वे करते हैं। यद्यपि मुक्तिबोध, काडवेल, जार्ज लूकाच जैसे पश्चिमी विचारकों से बखूबी प्रभावित हैं तो भी भारतीय काव्य शास्त्र को उन्होंने यथावत् नवीन प्रगतिशील दृष्टि से व्याख्यायित भी किया है। वे जानते हैं कि आज के काव्य पर पुराने काव्य-लक्षण अपर्याप्त सिद्ध होते हैं, क्योंकि कविता पुराने काव्य युगों से कहीं अधिक बहुत अधिक, अपने परिवेश के साथ द्वन्द्व-स्थिति में प्रस्तुत है। इसलिए उसके भीतर तनाव का वातावरण है। कवि-हृदय द्वन्द्वों का समूह है—वास्तविकता को हार्दिकता से नयी बौद्धिक-दृष्टि की सूक्ष्मता से समझने की ज़रूरत है। तभी जीवन-जगत् की व्यवस्था के साथ अन्तर्जीवन के भीतर के आन्दोलन आरपार फैली हुई वास्तविकता के सन्दर्भ में व्याख्यायित, विश्लेषित और मूल्यांकित हो सकते हैं। मानव वास्तविकता के मार्मिक पक्ष बौद्धिक प्रतिभा के फलस्वरूप संवेदनात्मक ज्ञान और ज्ञानात्मक संवेदना अधिक पुष्ट होंगे। अनुभूति ज्ञान प्रेरित सम्भावना से जुड़ सकेगी और युग की वास्तविकता का यथार्थ-दर्शन कविता में व्यक्त हो सकेगा। कविता में वैविध्य युक्त, स्पन्दनमय, वेदनामय चित्रण के लिए तत्त्व के साथ, रूप-शक्ति भी चाहिए-ऐसी स्थिति में तीव्र मानसिक संवेदना घातों की प्रतिक्रिया को व्यक्त करने वाली काव्य-शैली को अधिक सक्षम बनाना होगा। कवि-हृदय सूक्ष्म संवेदनाओं को मूर्तिमान करने के साथ वास्तविक जगत् की लहर को वाणी दे सके। यानी ''पुरानी शास्त्रीय शब्दावली में कहा जाए तो उसे भाव-पक्ष के साथ विभाव-पक्ष का चित्रण करना होगा।'' (नयी कविता का आत्मसंघर्ष तथा अन्य निबन्ध, पृ. 2) यह विचार बिल्कुल आचार्य रामचन्द्र शुक्ल के काफी निकट हैं। मुक्तिबोध 'नये साहित्य का सौन्दर्यशास्त्र' में स्पष्ट करते हैं कि कलाकार को

'स्व' के घेरे से ऊपर उठकर अन्य के मर्म में प्रवेश करने की ताकत चाहिए। यही ताकत अनुभूत विशिष्टों का सामान्यीकरण करती है—इसे ही भारतीय आचार्य साधारणीकरण तथा पश्चिमी आचार्य निर्वैयक्तिकता-सम्बन्धी सिद्धान्त मानते हैं। इस प्रकार—निजबद्धता से छूटकर कलाकार आत्म-विस्तार करता है। मुक्तिबोध ने काव्य-रूप-फैंटेसी का मार्क्सवादी आलोचक, काडवेल की प्रख्यात पुस्तक 'इंट्यूशन एंड रियलिटी' के 'दि साइक एंड फैंटसी' से ग्रहण किया। इसलिए कला-सृजन के तीन क्षणों को हिन्दी साहित्य को प्रदान करने में मुक्तिबोध काडवेल के ऋणी हैं। वैसे ही लक्ष्मीकान्त वर्मा के अस्तित्ववाद से प्रभावित आधुनिकता सम्बन्धी विचारों में लघुमानव के विरोध करने की शक्ति एवं उपजीव्य मुक्तिबोध ने जार्ज लूकाच से ग्रहण किया। मुक्तिबोध मानते हैं कि "साहित्य का उद्देश्य सांस्कृतिक परिष्कार है, मानसिक परिष्कार है। किन्तु यह परिष्कार साहित्य के माध्यम द्वारा भी सम्भव है, जब सुनने वाले पढ़ने वाले की अवस्था पर आश्रित हैं। 'जनता का साहित्य' का अर्थ 'जनता के लिए साहित्य' से है और वह जनता कुछ ऐसी ही शिक्षा तथा संस्कृति के द्वारा कुछ स्टैंडर्ड प्राप्त कर चुकी है।'' (नये साहित्य का सौन्दर्यशास्त्र, पृ॰ 78) शुक्ल जी ने अपने 'साहित्य का इतिहास' में भी साहित्य को शिक्षित जनता के साथ जोड़कर देखने का कदम उठाया है।

मुक्तिबोध के मत के अनुसार कवि वस्तु-तत्व के प्रति पूर्ण सचेत हो तथा भीतरी-बाहरी आग्रहों तथा अनुरागों के रूप में ही भाषा-शैली का चयन करे। भाषा एक सामाजिक क्रिया है और सांस्कृतिक-प्रक्रिया का अंग है। भाषा ही काव्यानुभवों की सम्प्रेषणीयता का माध्यम है। कवि अर्थ-अनुबन्धों के नये सौन्दर्य-बोध तथा कलात्मक रूपान्तरण के लिए शब्द-साधना करता है। यह शब्द-साधना भाषा-साधना में भाव-साधना से भिन्न नहीं है। कवि शब्दों को नये ढंग से नये अर्थ देता है—नये बिम्बों-प्रतीकों-विचारों की योजना करता है। इस प्रकार काव्य माध्यमों में भाषा, छन्द, बिम्ब, प्रतीक, ध्वनि-योजना, पद विन्यास आदि का महत्त्व है। यद्यपि मुक्तिबोध काडवेल से खूब प्रभावित हैं तो भी भाषा सम्बन्धी विचारों में अज्ञेय के निकट ही हैं। संक्षेप में यह कहा जा सकता है कि मुक्तिबोध ने मार्क्सवादी-समाजवादी आधार के बावजूद आचार्य रामचन्द्र शुक्ल के विचारों का समर्थन किया है। उन्होंने रस की शब्दावली को नये ढंग से इस्तेमाल किया और आचार्य शुक्ल की भाँति ही काव्यानुभूति तथा जीवनानुभूति में पार्थक्य नहीं किया।

डॉ॰ नामवर सिंह का 'कविता के नये प्रतिमान' हिन्दी की नयी समीक्षा का मेरुदण्ड माना जाता है। सचमुच नामवरजी ने इस पुस्तक में देश-विदेश के सिद्धान्तों से नया काव्य-शास्त्र निर्मित किया है। मार्क्सवादी-रूपवादी दृष्टि के प्रभाव से भारतीय सिद्धान्तों की यह नवीन निर्मिति काफी सुखद है। पश्चिम के मार्क्सवादी सौन्दर्यशास्त्र का उसके ऊपर गहरा प्रभाव है तथा आलोचना के वर्गीय आधार को

वे केन्द्र में रखते हैं। ''ऐसी स्थिति में मुक्तिबोध को केन्द्र में रखते ही डॉ॰ सिंह पर वे सभी पश्चिमी प्रभाव जाने-अनजाने ही आ जाते हैं, जो मुक्तिबोध ने लिए हैं। इसके अतिरिक्त रूपवादी समीक्षा या नयी समीक्षा के समीक्षक जान क्रो रेन्सम, विमसार, एफ॰आर॰ लीविस, आडेन आदि के विचारों की धमक भी इन पर कम नहीं है।'' (हिन्दी आलोचना के नये वैचारिक सरोकार, कृष्णदत्त पालीवाल, पृ॰ 216) भारतीय काव्य-सिद्धान्त-परम्परा में वे आचार्य अभिनवगुप्त, आचार्य रामचन्द्र शुक्ल तथा हजारी प्रसाद द्विवेदी परम्परा के समर्थक विचारक हैं।

'काव्य प्रतिमानों में काव्य-भाषा तथा सृजनशीलता' में पश्चिमी रूपवादी आलोचना का जादू चढ़ता है। 'काव्य बिम्ब और सपाट बयानी' एक प्रतिमान के रूप में प्रतिष्ठित करते समय आचार्य रामचन्द्र शुक्ल, पन्त आदि की बिम्ब सम्बन्धी धारणाओं की ओर संकेत करते हुए एफ॰आर॰ लीविस और टी॰एस॰ इलियट तक आते हैं। बिम्बवाद के व्यक्तिवादी स्वरूप पर प्रहार करते हुए वे मार्क्सवादी भी बनते हैं। 'विसंगति और विडम्बना' में अस्तित्ववादी रुख है। काव्य-संरचना : प्रगीतात्मकता और नाटकीय प्रतिमान स्वच्छन्दतावादी एवं मार्क्सवादी, दोनों द्वारा स्वीकार्य हैं। 'अनुभूति की जटिलता और तनाव' मुक्तिबोधीय प्रतिमान हैं। वैसे ही 'ईमानदारी और प्रामाणिक अनुभूति' में आचार्य रामचन्द्र शुक्ल एवं मुक्तिबोध का असर स्पष्टतः प्रतिफलित है। अनुभूति की प्रामाणिकता का सम्बन्ध अवश्य रस सिद्धान्त से है। प्रामाणिक अनुभूति है तो उससे साधारणीकरण जल्दी सम्भव हो जाता है। इसलिए मार्क्सवादी समीक्षा का विकास भारतीय शास्त्र-चिन्तन की वस्तुनिष्ठ परम्परा से कटकर नहीं हुआ है। वास्तव में आचार्य शुक्ल की परम्परा का सच्चा विकास रामविलास शर्मा तथा कवि-आलोचक- मुक्तिबोध के सैद्धान्तिक चिन्तन में ही हुआ। गहरे अर्थ में यह चिन्तन संस्कृत काव्यशास्त्र के पुनर्विकास तथा पुनर्विचार की ओर भी अग्रसर है। यहाँ रस, ध्वनि, औचित्य, रीति-अलंकार, वक्रोक्ति आदि प्रतिमान पर भी बहस है।

धर्मवीर भारती साहित्य में परम्परा के ऐतिहासिक मूल्यांकन पर बल देते हैं। काव्यकृति के मूल्यांकन में तीन तत्त्वों पर उन्होंने विचार किया है कि ये तीनों तत्त्व अलग नहीं हैं, न इन पर एक-दूसरे से पृथक रूप में विचार हो सकता है। एक कलाकृति पहले रूप में एक संचित शास्त्रीय परम्परा, जातीय सौन्दर्य-बोध और परम्परागत काव्य-शृंखला की विशिष्ट कड़ी होती है। दूसरे रूप में वह एक विशिष्ट समाज-व्यवस्था की सांस्कृतिक निधि होती है और उसका एक विशिष्ट मूल्य होता है। तीसरे रूप में वह एक विशिष्ट व्यक्ति की एक विशिष्ट क्षण की अनुभूति की शब्दात्मक अभिव्यक्ति होती है और कुछ विशिष्ट तत्त्वों से समन्वित होकर वह कला-कृति का महत्त्व प्राप्त करती है। इससे यह स्पष्ट है कि एक कलाकृति हमारी सांस्कृतिक परम्परा से गहरी जुड़ी है। लेकिन भारती जी संस्कृत काव्यशास्त्रीय

परम्परा की सामन्ती प्रवृत्ति मानते हुए लोकतत्त्वों को समुचित प्रश्रय देते हुए भारतीय ऐतिहासिक परम्परा के पुनर्मूल्यांकन की जरूरत पर बल देते हैं। वह उन्होंने गाँधी, ठाकुर जैसे विद्वानों के प्रयत्न में देखा। वह इसे प्रयत्न के सिलसिले में आनेवाला छोटा-सा कार्य सममझते हैं। हजारी प्रसाद द्विवेदी की 'हिन्दी साहित्य की भूमिका' धर्मवीर भारती के अनुसार ''साहित्य की महत्ता और सामाजिक उपयोगिता इसी में है कि वह हमारी चेतना में बहुत गहरे उतरकर हमारी वृत्तियों को संस्कारित करता है। उन्हें एक उदात्त सामाजिकता प्रदान करता है।'' (समीक्षा के आयाम : धर्मवीर भारती) साहित्यकार अपने स्तर पर, अपने ढंग से संस्कृति की विराट प्रक्रिया में योग देता है। रसानुभूति और सौन्दर्यबोध उसके माध्यम हैं; और युग, काल एवं स्थितियों के अनुसार जैसी भी जटिलताएँ होती हैं, वैसी ही सूक्ष्म तथा अप्रत्यक्ष रीति से वह अपना कार्य करता है। इसका तात्पर्य यह है कि धर्मवीर भारती की साहित्य सम्बन्धी मान्यताएँ आचार्य शुक्ल जी से अलग नहीं हैं।

शिल्पगत, चमत्कारों को लेकर उठी बहस ने कविता में एक आन्दोलन का रूप धारण कर लिया है। इस बहस में विचारों से समाजवादी और संस्कार से व्यक्तिवादी नेमीचन्द्र जैन, डॉ॰ रघुवंश, विजयदेव नारायण साही से लेकर मलयज तक—सभी शामिल हैं। ये सभी न केवल सृजन-प्रक्रिया, सृजन के उत्पादन और सृजन माध्यम को ही व्यक्ति विशिष्ट मानते हैं, बल्कि नये काव्य-सौन्दर्य के भाव और आस्वाद के लिए सामाजिक के विशिष्ट साहित्यिक, सांस्कृतिक और बौद्धिक संस्कारों से युक्त व्यक्तित्व की कल्पना करते हैं। इनके द्वारा रस सिद्धान्त का विरोध हुआ, लेकिन वे साधारणीकरण सिद्धान्त को नये ढंग से व्याख्यायित विश्लेषण कर समर्थन करते हैं। सभी चिन्तक सम्प्रेषण सिद्धान्त को कला में प्रधान सिद्धान्त के रूप में प्रतिष्ठित करना चाहते हैं। उनकी नवीन मूल्य दृष्टि और विश्लेषणपरक प्रविधि-प्रक्रिया पर टी.ई. ह्यूम, एजरा पाउंड, इलियट, रिचर्ड्स, एफ॰ आर॰ लीविस, विलयंथ, ऐलन टेट, एम्सन, रेनेवोलोक आदि बोलते सुनाई-दिखाई देते हैं। इस नयी समीक्षा की शक्ति का रूप यही है कि यह समीक्षा-पद्धति परम्परागत सिद्धान्तों पर पुनर्विचार कर रही है और उसका नया मूल्यपरक चिन्तन हमारे साहित्य का रक्त-मांस बनकर उसके स्वास्थ्य की रक्षा कर रहा है। इस पीढ़ी के प्रतिनिधि चिन्तकों में अज्ञेय, गिरिजाकुमार माथुर, धर्मवीर भारती, लक्ष्मीकान्त वर्मा, रामस्वरूप चतुर्वेदी, डॉ॰ जगदीश गुप्त, विजय नारायण साही, नेमिचन्द्र जैन आदि में सांस्कृतिक मूल्यों के विघटन का गहरा बोध है। इसी के परिणामस्वरूप इस चिन्तन में निराशावादी जीवन दर्शन की प्रधानता है। पश्चिमी विचारधाराओं में अस्तित्ववाद, क्षणवाद, अतियथार्थवाद, निराशावादी वैज्ञानिक मानववाद आदि ने इधर के लेखकों-समीक्षकों को भीतर-बाहर से झकझोरा है। भारत में आजादी के बाद के सपनों की खिन्नता ने भी हिन्दी लेखक या भारतीय लेखक को पाश्चात्य चिन्तन की ओर प्रवृत्त किया है। राजनीतिक-आर्थिक-सामाजिक

परिस्थितियों की गड़बड़ी से आस्थावादी मूल्यों का स्थान अनास्थावादी मूल्य-दृष्टि ने ग्रहण किया।

जीवन-मूल्यों का यह संकट ही नयी-समीक्षा के मूल्यों का संकट बना है। रूपवादी, शैली वैज्ञानिक, भाषावादी या शिल्पपरक समीक्षा का साहित्य पर गहरा असर पड़ा। एक नवीन चमत्कारवाद, बिम्ब, प्रतीक, काव्य-भाषा, संरचना, मिथक, अलंकार, छन्द की सीधी परिणति–नयी समीक्षा में हुई है। भाषा से ही कृति को समझने-समझाने का संकल्पबद्ध यत्न किया जाने लगा। इस तमाम परिप्रेक्ष्य का हवाला देते हुए डॉ॰ रघुवंश ने 'मूल्यगत संक्रमण और समीक्षा का मानदण्ड' नामक निबन्ध में नयी समीक्षा की समस्याओं को वैचारिक ढंग से उठाते हुए लिखा– "इस प्रकार मूल्यगत संक्रमण के युग में द्वन्द्वात्मक भौतिकवाद जीवन के साथ साहित्य में मूल्यों की स्थापना में असफल रहा। इस प्रकार रूढ़िगत धर्म, रूढ़िगत भौतिकवाद तथा रूढ़िगत समाजवाद तीनों ही आज मानवीय जीवन की समस्या को सुलझाने में असमर्थ हैं। परिणामस्वरूप साहित्य के समीक्षात्मक मूल्यों के विषय में आज अनिश्चय की स्थिति है।" (पृ॰ 14) यह सचमुच आधुनिकता से समकालीनता की ओर कदम रखने की सूचना है।

निष्कर्षतः यद्यपि हिन्दी की नयी समीक्षा के मूल में पश्चिमी चिन्तन है तो भी उस चिन्तन को कोरी नकल मानना कठिन है। हिन्दी की नयी समीक्षा की अन्तर्धारा के रूप में भारतीय चेतना का स्वच्छ एवं गतिशील चिन्तन प्रवाहमान है।

समकालीन आदिवासी कवि अपना इतिहास बुनता है

वर्तमान इतिहास समाज की मुख्यधारा द्वारा लिखित है। अथवा आज का इतिहास क्लासिकल भाषा में सवर्ण मनोभाव से रचित है। यह अभिमत प्रायः सभी समझदार लोगों ने स्वीकार भी किया है। इतिहास द्वारा हाशियेकृत लोगों की उपेक्षा करना आज मुश्किल है। वे आज इतिहास में अपने खोए हुए स्थान को पुनः प्राप्त करने की कोशिश में हैं। यह समय नये-नये इतिहास-पाठों का है। मनुष्य से सम्बन्धित व्याख्या जो भी हो, वह आज इतिहास बनता है। इसलिए साहित्य भी इतिहास बनता है। रेमंड विलियम्स इतिहास और साहित्य के बीच की दीवारों को तोड़कर जो कहते हैं, वह यहाँ उल्लेखनीय है–"Actual stories are told by both winners and losers yet what history is a selection by the winners." वे यह दिखाना चाहते हैं कि अभी तक का इतिहास अधिकारियों या विजेताओं का था। इसलिए उन्होंने अपने साहित्य को "A history written very much from below" कहा। मुख्यधारा समाज से बौद्धिक, मानसिक, लौकिक तथा सभी ज्ञानक्षेत्रों से अलग कर ऐतिहासिक, राजनीतिक, सांस्कृतिक, आर्थिक, सामाजिक क्षेत्रों से बिलकुल दूर फेंक दिये गये हाशियेकृत जनता की आकांक्षाएँ एवं चिन्ताएँ आज साहित्य का विषय बन गयी हैं। मुख्यधारा के लेखक खुद इसके लिए तैयार हो रहे हैं। आदिवासियों के बीच में काम करनेवाली साहित्यकार महाश्वेता देवी ने आदिवासी को मुख्यधारा की ओर ले आने के सम्बन्ध में यों कहा कि 'समुद्र को एक नदी की ओर ले आने के सम्बन्ध में सब कह रहे हैं?' इतिहास ने अपने महाप्रवाह में जिस समुद्र को अनदेखा कर दिया था उसकी पहचान महाश्वेता देवी के सवाल में है। लेकिन आज खुद ये हाशियेकृत लोग अपने लेखन द्वारा नये इतिहास-लेखन में प्रवृत्त हो चुके हैं। Honble Bhabha ने सही कहा था कि हाशियेकृत लघुसंस्कृतियों के नजरिए में देश की संस्कृतियों का मूल्यांकन जब हो जाएगा, तभी यह जाहिर होगा कि खुद कितने हाशियेकृत हैं। आज की आदिवासी कविता इसका सही दस्तावेज है।

हिन्दी के समकालीन आदिवासी कवि खुद अपना परिचय देते हुए नये इतिहास-लेखन में प्रवृत्त होने लगे हैं। अभी तक हमारे द्वारा सुनाये गये उपदेश या आह्वान के अनुसार चलते-फिरते मात्र थे वे। लेकिन आज वे हमें यह अवश्य दिखा

रहे हैं कि अभिजात साहित्य के बाहर भी एक बड़ा संसार है। जंगलों में ठेले गये या वहाँ से भी खदेड़े जा रहे आदिवासी वंचित भटके विस्थापित, बंजारे या प्रकृत्ति के मित्र हैं, जिनको हम नजर अन्दाज करते आ रहे हैं। सदियों से लय-ताल से समृद्ध सुरों के धनी और पूर्ण मानवतावादी समाज होते हुए भी इन्हें अक्षर से दूर रखा गया है। इनके अनाम गीतकारों, कवियों, लोकगीतकारों में इनकी संस्कृति का इतिहास निहित है, पर वे सब श्रुति पर आधारित हैं। आदिवासी की गति में नृत्य है, वाणी में गीत है। जब वह चलता है तो थिरकता है और जब बोलता है तो गीत के स्वर फूटते हैं। वह अकेला नहीं, समूह में रहता है—समूह में सोचता है, समूह में जीता है। इतनी समृद्ध संस्कृति के धनी को सभ्यता की दौड़ में किसी षड्यंत्र या साजिश के तहत दंभी विजेताओं के समूह द्वारा अलग-थलग कर दिया गया। आज भी यह प्रक्रिया जारी है, बल्कि अब तो उसे खत्म करने की मुहिम चलाई जा रही है। कहीं उसका प्रदर्शन करके उसे भरमाया जा रहा है तो कहीं उत्सव लगाकर उसे दिग्भ्रमित किया जा रहा है। विकास के नाम पर विस्थापित कर जंगलों से बाहर खदेड़ा जा रहा है। दरअसल आदिवासी अपने श्रम के बल पर सदैव आत्मनिर्भर और स्वावलम्बी रहा है। अपने समूह और समाज से मुड़कर प्रकृति का साथी बनकर जीना उसकी शैली और स्वभाव है। वह प्रकृति से संवाद करता चलता है, उसका सहयात्री है। प्रकृति के प्रकोप को वह सहता है और रोकता भी है। वह उसे रिझाता है, मनाता है और केवल जीने भर, जरूरत भर उससे लेता है; पर उसे बदले में देता भी है—अपना प्यार, अपनी देख-रेख और अपनी संवेदना।

हिन्दी के आदिवासी कवि इन संवेदनाओं को अपनी कविता में दर्ज करते हुए अपने नये इतिहास-लेखन में जुड़े हुए हैं। उनमें अपना परिचय है, अपनी संस्कृति है, अपना भूगोल है, अपना जीवन संघर्ष है, अपनी भाषा है और अपनी अस्मिता की पहचान है। हिन्दी की आदिवासी कविता के इस शुरुआती कदम को आगे बढ़ाने में सशक्त योगदान देने में आगे हैं निर्मला पुतुल, अनुज लुगुन, हरिराम मीणा, ग्रेस कुजूर महादेव टोप्पो, सहदेव सोरी, शंकरलाल मीणा, भुजंग मेश्राम, सुरेन्द्रकुमार नायक, भीमसिंग पाड़वी, सरिता सिंह बड़ाईक, प्रभात आदि।

आदिवासी कौन?

कई आदिवासियों की कविताओं में आदिवासियों का परिचय कई प्रकार से दर्ज है, यद्यपि इनका निचोड़ एक ही हो। उनमें सामान्य आदिवासी का परिचय है, आदिवासी जातियों एवं गोत्रों का है, स्त्री का है, बच्चों का है, पुरुषों का है। यही नहीं, कुछ कवि आदिवासी एवं मैदानी लोगों के बीच के अन्तर को भी प्रकट कर रहे हैं। सबसे पहले कवि महादेव टोप्पो अपनी कविता 'मैं पूछता हूँ' में खुद सत्ता से, समाज से, पूरे देश से यह सवाल उठाता है कि आदिवासी कौन है? देखिए—

"संविधान की भाषा में हम
अनुसूचित जाति या
अनुसूचित जनजाति हैं
मनु की भाषा में शूद्र
कम्यूनिस्टों की भाषा में शोषित
भाजपाइयों की भाषा में
पिछड़े हिन्दू
मैं पूछता हूँ तुम सबसे
आखिर इस देश में, इस प्रजातंत्र में
हम क्या हैं, हम क्या हैं?

(आदिवासी स्वर और नयी शताब्दी–सं. रमणिका गुप्ता, पृ. 49)

इस कविता में यह जाहिर है कि कवि अपनी अस्मिता की तलाश सभी षड्यंत्रकारी शक्तियों के बीचोबीच खड़े होकर कर रहे हैं अर्थात् उन्होंने खुद अपने को पहचान लिया है। अभी तक की अज्ञता-अज्ञानता से वह मुक्त हो गया है। यह पहचान युवा कवि अनुज लुगुन की 'आदिवासी' कविता में यों जाहिर है–

"और वे जो नंगे पैर
चुपचाप चले जाते हैं जंगली पगडंडियों में
कभी नहीं कहते कि
हम आदिवासी हैं
वे जानते हैं जंगली जड़ी-बूटियों से
अपना इलाज करना
वे जानते हैं जन्तुओं की हरकतों से
मौसम का मिजाज समझना
सारे पेड़-पौधे, पर्वत-पहाड़
नदी झरने जानते हैं
कि वे कौन हैं।"

यहाँ प्रकृति और वे परस्पर पहचानते हैं। वे अपने को आदिवासी कहते नहीं हैं, स्वयंसिद्ध हैं। वे बिलकुल प्रकृतस्थ हैं। उनका अस्तित्व या अस्मिता प्रकृति से भिन्न नहीं हैं। लेकिन अपने को आदिवासी कहनेवाले कुछ सुविधाभोगी और मौकापरस्त लोग हैं। वे असल में इसी नाम का दुरुपयोग करके असली आदिवासियों पर परिहास कर रहे हैं–

"वे जो सुविधाभोगी हैं
या मौकापरस्त हैं
या जिन्हें आरक्षण चाहिए

कहते हैं हम आदिवासी हैं
वे जो वोट चाहते हैं
कहते हैं तुम आदिवासी हो
वे जो धर्म प्रचारक हैं
कहते हैं
तुम आदिवासी जंगली हो।"

कवि सहदेव सोरी आदिवासी का परिचय देते हुए कहते हैं कि आज भी प्रकृति की गोद में बसा वह काला मटमैला आदमी बीहड़ जंगलों में, पहाड़ की तराइयों में, सरिता की धाराओं में अपना जीवन तय कर रहा है। इस आधुनिक पाशविक सत्ता और समूह के छल-कपट से वह दूर है। भूखे और अर्द्धनग्न फिर भी जीवन-संघर्ष करनेवाले इन लोगों का शोषण कर आलीशान महल में आराम से जिन्दगी बितानेवाले लोगों की सच्चाई से कवि बिलकुल परिचित है—

"लगाये सिर्फ लँगोट
जूझता
धूप
वर्षा
ठंड से सना हुआ है
अशिक्षा
भूख
बेकारी की दलदल में
बनी हुए किंवदन्ती सा
आधुनिकता के दौर में भी
पिछड़ता गया
उन्नति के शिखर पर"

(आदिवासी स्वर और नयी शताब्दी—सं॰ रमणिका गुप्ता, पृ॰ 56)

आदिवासी लोगों का शोषण जो शहरी बाबू कर रहा है, इसका परिचय 'आदिवासी' शीर्षक कविता में रमाशंकर चंचल दे रहे हैं। बिलकुल प्रकृति की संगति में मौसम चाहे जो भी हो वह अर्द्धनग्न होकर खेत में पसीना बहाकर, खून सुखाकर काम करता है। वह हमेशा गूँगा बना रहता है अपनी झोंपड़ी में। शहरी अफसरों के छल-कपट से वे मासूम लोग अनभिज्ञ हैं, वे अशिक्षित हैं और शहरी अफसरों का बड़ा आदर-सम्मान करते हैं, इसलिए वे शोषक अधिकारी वर्ग बिना मुश्किल के उन्हें शोषण के शिकंजे में फँसा लेते हैं।

"कभी-कभी शहरी बाबू, पटवारी, ग्रामसेवक मोटर सायकिल दौड़ाते
घुस आते उसके गाँव

वह भयभीत सा हाथ जोड़ खड़ा हो जाता अपनी खटिया बिछा
उनके चरणों में बैठ जाता
और उनके आदेश पर दौड़ जाता मीलों दूर
पता नहीं शहरी बाबू ने उसका कितना शोषण किया
कितने झूठे आश्वासन दिये पर उसने कभी शिकायत नहीं की
हाँ! पीपल के नीचे खामोश बैठे पत्थर के भगवान के सामने जाकर
वह जरूर चीखता-चिल्लाता और कभी-कभी रोने बैठ जाता।"

(समकालीन आदिवासी कविता—सं. हरिराम मीणा, पृ. 61)

एक सामान्य आदिवासी के दुःखद एवं त्रासद जीवन यथार्थ से अवगत कराकर तब भी प्रकृति के ताल-लय में ही सुख महसूस करने वाले आदिवासी जीवन के बेहद गूँगेपन का अनावरण करते हुए आदिवासी कवि यह परिभाषित करते हैं कि वर्तमान सन्दर्भ में आदिवासी की अस्मिता क्या है? एक स्त्री होने की वजह से निर्मला पुतुल आदिवासी स्त्रियों की अस्मिता पर काफी चिन्तित हैं। उनका भीषण शोषण बाहर की दुनिया द्वारा चल रहा है। लेकिन अजीब बात तो यह है कि इसके लिए अपने पुरुष ही सारी मदद दे रहे हैं। दिल से भोली-भाली अनपढ़ काली आदिवासी स्त्री जब उन्मुक्त होकर हँसती है, तब उसकी हँसी आसमान तक पहुँचती है। देखिए—

"जूड़े से खोसकर पलाश के फूल जब नाचती कतारबद्ध माँदल की थाप पर
आ जाता तब असमय वसन्त
वे करती प्रेम जंगलों से, नदियों से, पहाड़ों से
मिट्टी से, गीतों से, फसलों से
उनके नाते-रिश्ते की परिधि में आते
गाय, बकरी, सूअर भी।"

(आदिवासी स्त्री अपने घर की तलाश में—निर्मला पुतुल, पृ. 6)

पहाड़ों सा दुःख झेलकर पहाड़ों सा धीरज भरकर जंगल की ये वीरांगनाएँ जीवन को हमेशा संगीतमय बना देती हैं। बीहड़ जंगलों में जाकर कंद-मूल-फल, लकड़ी-झूरी, दातून-पत्तियाँ ले आकर हाट-बाजारों जाकर बेचती हैं। कड़ी मेहनत करती हैं। घर के काम के साथ घर-परिवार को पोसने का दायित्व भी उनके ऊपर है। नशे में धुत होकर लड़खड़ाते मर्दों को सहारा देने के साथ-साथ उन्हें उनके जानवरीय व्यवहार की शिकार भी बनती हैं।

एक पहाड़ी स्त्री का चित्र यों खींचती हैं निर्मला पुतुल—

"चादर में बच्चे को
पीठ पर लटकाये
धान रोपती पहाड़ी स्त्री

रोप रही है अपना पहाड़-सा दुख
सुख की एक लहलहाती फसल के लिए''

(पहाड़ी स्त्री—अपने घर की तलाश में—निर्मला पुतुल, पृ. 29)

वैसे ही वे कहती हैं कि पहाड़ की गोद में पलते-बढ़ते एक पहाड़ी बच्चा पहाड़ी माहौल में पहाड़ की तरह पूरी ताकत से उग आयेगा—

''पहाड़ी बच्चों के भीतर होता है
पूरा का पूरा पहाड़
और पहाड़ों की गोद में होना है
दौड़ता-भागता पहाड़ी बच्चा।''

(पहाड़ी बच्चा, पृ. 29)

'पहाड़ी पुरुष' कविता में देह, छाती, रंग सभी दृष्टियों से एक असली पहाड़ी पुरुष को प्रस्तुत किया गया है। वह पहाड़ी भूगोल और इतिहास से परिचित है। पहाड़ का दुःख उनका दुःख है। पहाड़ से वह उतना मिलाजुला रहता है कि उसकी संस्कृति और इतिहास पहाड़ी हो जाते हैं—

''पहाड़ पर गुमसुम बैठे
पहाड़ी आदमी के चेहरे पर दिख रहा है
पहाड़ का भूगोल
उसके भीतर चुप्पी साधे बैठा है
पहाड़ का इतिहास
....
....
....
वह पहाड़ी भाषा में बोलता पहाड़ से
बतियाता है अपना सुख-दुख
गाता है पहाड़ पर बैठ पहाड़ों के गीत
पहाड़ी लिपि में, पहाड़ पर लिखता है
'प' से पहाड़।''

(वही, पृ. 30)

आदिवासी लोग बहुत कम वस्त्र पहनते हैं। बहुत से लोग नंगे हैं। आदिवासी लोगों के इस नंगेपन पर शहरी सुसभ्य वस्त्रवाले लोग परिहास करते हैं। आज के कवि इन कथित परिष्कृत लोगों के नंगेपन की असलियत और आदिवासियों के नंगेपन के भोलेपन पर कविता करते हुए इनकी मानसिकता के अन्तर को यों व्यक्त करते हैं। देखिए—

''शरीर तक सीमित है उसका नंगापन

शहर का नंगापन फैला है
अन्तर्मन की गहराई तक
उसके जंगल में बाकी है आँखों की शर्म
यहाँ नंगापन है शर्म करना
वह शहर नहीं आ पाएगा अब
पहले अपना ही नंगापन था
अब तो शहर का नंगापन भी है।''

(नंगेपन का अन्तर - आदिवासी स्वर और नयी शताब्दी,
हजारीलाल मीणा 'राही', पृ. 54)

आदिवासियों का नंगापन मजबूरन है, लेकिन शहरी नंगापन पाशवीय है। हरिचरण अहरवाल अपनी कविता 'तुम क्या समझते हो?' कविता में आदिवासियों के बहुत कम वस्त्रों में अपनी इज्जत को सुरक्षित रखते हुए, अपने सामूहिक बोध के साथ प्रेम, भाईचारा और इंसानियत पर आधारित जिन्दगी बितानेवाले आदिवासियों की खास संस्कृति की ओर इशारा है। लेकिन तथाकथित सुसभ्य अपने ऊपरी वस्त्र के भीतर दूषित जिन्दगी काट रहा है। इस प्रकार आदिवासी कवि अपनी ज्वलंत वास्तविकताओं को कविता में पेश कर खुद अपने को परिभाषित करके अपनी अस्मिता की लड़ाई कर रहे हैं।

आदिवासी संस्कृति

आदिवासी प्रकृति की गोद में जन्मा एवं पला हुआ है या यों कहिए कि वह प्रकृति की असली सन्तानों में है। उनकी संस्कृति कृषि संस्कृति का हिस्सा है। उसके लिए सबसे बड़ी प्यारी चीज उसकी अपनी मिट्टी है। उसे वह जकड़कर पकड़ लेता है। उसके सारे सपने मिट्टी से जुड़े हुए हैं। इसलिए अनुज लुगुन लिखते हैं–

''हमारे सपनों में रहा है
एक जोड़ी बैल से हल जोतते हुए
खेतों के सम्मान को बनाये रखना।''

(हमारी अर्थी शाही हो नहीं सकती–अनुज लुगुन)

फूल-फल और बीज दोनों उसके जीवन के अंग हैं। महुआ उसे ऊर्जा और आनन्द दोनों प्रदान करता है। वह जीने के लिए उसका भोजन, तेल का स्रोत और झूमने के लिए मदिरा भी है। 'महुवाई गन्ध' शीर्षक कविता में अनुज लुगुन यह साबित करते हैं कि सारे आदिवासी मजदूर एवं कामगारों के प्रेम-संदेश में प्रत्येक की पत्नी महुवाई पत्नी है। उनके प्रेम में महुवाई गन्ध है। वह गन्ध आदिवासी गाँव की गन्ध है। आदिवासी जीवन की गन्ध है। आदिवासी जीवन से यह गन्ध इतनी मिलीजुली है कि वे उससे अलग कभी नहीं हो सकते–

''तुम्हारे बालों की महुवाई गंध

मुझे ले आती है
अपने गाँव में, और
शहर की धूल-गर्दों के बीच
मेरे बदन से पसीने का टपटपाना
तुम्हें ले जाता है
महुए की छाँव में
ओ मेरी सुरमई पत्नी।"

पलाश आदिवासियों को रंग देता है तो फूल उसे तेल और पुटूस की झाड़ियाँ बारूद। आदिवासी का मानस सौन्दर्य पर रीझता है। रंगों को चुनकर घर की दीवारों के फलक पर उसकी अंगुलियाँ चित्रों को आँकती हैं। उसका मन धरती के कैनवास पर लकीरें खींचकर आकार बनाता है और भरता है उनमें मिट्टी के रंग—हरे, बैंगनी, पीले, नीले, काले, यानी सातों रंग। कला का व्यापार उसे आता नहीं। कला उसकी आदत है। गीतों को वह बेचता नहीं, तोड़-मरोड़कर बिगाड़ता भी नहीं। वह उनसे समृद्ध है। निर्मला पुतुल की यह कविता देखिए—

"इसमें, गीत है
गीतों में हम
हम सबका जीवन बँधा है
गीतों से
सुबह घर-बाहर खेतों में
काम करने से लेकर
रात सोने तक में हम
ओढ़ते-बिछाते हैं गीत
गीत झरता है हमारी बोली से
वाणी से फूटता है संगीत
छलकता है चाल से हमारा नृत्य
आओ मिलकर गायें गीत
बाँटें उन्मुक्त कंठ से इसे
खोप में खोंसकर पलाश के फूल
नाचें माँदल की थाप पर कतारबद्ध
एक-दूसरे का हाथ पकड़।"

(फिल्मी धुन पर तोड़-मरोड़कर अपने गीतों को गाते सुनकर—
अपने घर की तलाश में, पृ. 76)

नृत्य का वह प्रदर्शन नहीं करता है, उससे वह अनुशासित है। साथियों के संग वह सब बाँट देता है। वह व्यक्ति नहीं समूह है। उस समूह का अपना एक व्यक्तित्व है। उसकी माँदल और नगाड़ों में बादलों की गम्भीरता गूँजती है। उसकी

बाँसुरी से समस्त पक्षियों की पीड़ा और आनन्द का स्वर घनीभूत होकर निकलता है तो प्रकृति, मानव-मन और पशु-पक्षी बेचैन हो उठते हैं। लेकिन उनकी संस्कृति में जो हस्तक्षेप हुआ अथवा जो क्षीणता आयी उसे व्यक्त करते हुए उसकी संस्कृति को बनानेवाले चिह्नों और प्रतिमानों पर खूब विस्तार से प्रकाश डाला गया है ग्रेस कुजूर की कविता 'एक और जनी-शिकार' में–

''कहाँ है वह फुटकल का गाछ
जहाँ चढ़ती थी मैं
साग तोड़ने
और गाती थी तुम्हारे लिए
फगुआ के गीत
जाने किधर है
कोमल पत्तियोंवाला
कोयनार का गाछ
जिसके नीचे तुम
बजाया करते थे
माँदल और बांसुरी?''

(समकालीन आदिवासी कविता–सं॰ हरिराम मीणा, पृ. 18)

यहाँ कवयित्री अपने चिरपरिचित पेड़ों के साथ फागुआ गीत तथा मांदर बाँसुरी जैसे जो बाजे हैं, उनका भी जिक्र करके जिन्दगी आदिवासी जीवन की तरलता एवं सहजता की ओर हमें ले जाती हैं। प्रकृति के साथ उनकी आत्मीयता को कवयित्री आगे यों व्यक्त करती हैं–

''कहाँ, गयी वह सुगन्ध
महुआ और डोरी की
गूलर और केयोंद की
कहाँ खो गया बाँसों का संगीत
और जाने कहाँ उड़ गयी
संधना की सुगन्ध!''

आदिवासियों का नृत्य और उससे जुड़े वेशभूषा एवं गीत बाजे से यों रू-ब-रू कराती हैं कवयित्री–

''कितने चमकते थे
पटवा में खोसे हुए तुम्हारे
उजले पंख-बगुले के
और कितना लहराता था
अखरा में नाचते वक्त
तुम्हारी तोलोंग का फुँदना

कितना सुकून पैदा करती थी
रात के सन्नाटे में
माँदल की थाप
और हवा में घुलते
अंगनई और डमकच के गीत।''

वैसे ही कवयित्री सहूल के फूल, पियार और पिठोर जैसे फल, खुखड़ी और रुगड़ा जैसे मशरूम, हाँड़ी जैसा कुआँ, डोभा, खेतों में बिचरते बगुले, गीतू और बुदु मछलियाँ, ढोंढ जैसे साँप आदि आदिवासी जीवन एवं रहन-सहन से जुड़ी कई चीज़ों एवं जीव-जन्तुओं पर प्रकाश डालते हैं। लेकिन इन सबके खोने की पीड़ा भी वे अभिव्यक्त करती हैं। कवि हरिशंकर अग्रवाल ने झाबुआ के लोक-नृत्य 'बड़वा' पर भी प्रकाश डाला है।

इन सबसे परे आदिवासी जीवन मूल्यों में सबसे महत्त्वपूर्ण है प्यार और मैत्री। मीरा रामनिवास अपनी कविता 'जीवन का परम सत्य' में यह यों स्पष्ट करते हैं—

''प्यार और मैत्री जीवन के
चरम सत्य हैं
प्रकृति के हर सृजन से ये सत्य उद्घोषित होता है''

(आदिवासी स्वर और नयी शताब्दी)

आदिवासियों का अपना समृद्ध लोकसाहित्य है। लोककथा, लोकगीत, लोकोक्ति आदि से वह कूट-कूटकर भरा है। प्रत्येक आदिम जनजाति का अपना वैशिष्ट्य तथा परम्परागत लोकसाहित्य है। प्रत्येक आदिवासी की अपनी भाषा भी है। आदिमों की लोकभाषा, उसकी शब्द सम्पत्ति और अर्थ-वैभव आदिवासी साहित्य के शक्ति-स्रोत हैं। निर्मला पुतुल ने कई लोक चिह्नों को अपनी कविता में प्रयुक्त किए हैं जैसे—पिलचू बुढ़ी, माँझी-भान, संताल परगना में प्रसिद्ध जनजातीय हिजला मेले में घड़ा-उतार आदि।

शराब ने आदिवासी जीवन को दुष्कर बनाया। इस आदत ने आदिवासियों की आर्थिक स्थिति और स्वास्थ्य पर कल्पनातीत प्रतिकूल असर डाला है। पुरातन काल से ही शराब उनकी सामाजिक व्यवस्था और जीवन शैली में प्रवेश कर चुकी थी। वे लोग अपने देवताओं तथा पितरों को सन्तुष्ट करने के लिए भी हर त्योहार पर, जन्म तथा विवाह के अवसरों पर शराब का इस्तेमाल करते हैं। आयु और लिंग के भेदभाव बिना समाज के हर व्यक्ति ने स्वच्छंद होकर इसका उपयोग दैनिक दिनचर्या का भाग बना दिया है। इसके सीमातीत उपयोग ने उनके शरीर और मन दोनों को अपाहिज बना दिया है। इससे उनका मानसिक सन्तुलन नष्ट हो गया है। इसलिए वे अच्छे-बुरे की पहचान करने में असमर्थ हो जाते हैं। वे एक बोतल शराब पर अपनी पत्नी, बहिन बेटी को बेचने के लिए तैयार हो जाते हैं। इसका जिक्र निर्मला पुतुल अपनी कविताएँ, 'चुड़का सोरेन से' और 'कुछ मत कहो सजोनी किस्कू' में

करती हैं—

"तुम्हारे पिता ने कितनी शराब पी
यह तो मैं नहीं जानती
पर शराब उसे पी गयी
यह जानता है सारा गाँव
इससे बचो चुड़का सोरेन।"

(चुड़का सोरेन से—अपने घर की तलाश में, पृ॰ 13)

विस्थापित होते आदिवासियों की अस्मिता की तलाश

यह कहावत है कि "मनुष्य की कथा प्रकृति और जंगल के साथ मनुष्य के बदलते रिश्तों के आधार पर कही जा सकती है।" अंग्रेजी शासन के पूर्व मुगल सम्राटों के समय से ही आदिवासियों को अपनी भूमि से वंचित करने की प्रक्रिया शुरू हो चुकी थी। अंग्रेजों द्वारा जमींदारी प्रथा को थोपे जाने के बाद आदिवासियों एवं अन्य गरीब किसानों से लगातार जमीन छीने जाने का इतिहास रहा है। स्वतंत्रता प्राप्ति के बाद बाह्य उपनिवेशवादी अर्थतंत्र से प्रभावित होकर भारतीय शासकों ने औद्योगिक विकास नीति के तहत संपूर्ण देश में औद्योगिक विकास कार्यक्रम को व्यापक पैमाने पर लागू किया था। विकास के नाम पर बरती हुई नीतियों के कारण आदिवासी लोग केवल अपनी जमीनों, जंगलों, संसाधनों और गाँवों से ही बेदखल नहीं हुए; बल्कि अपने मूल्यों, नैतिक अवधारणाओं, जीवन-शैलियों, भाषाओं एवं संस्कृति से भी विस्थापित होने लगे। आज भूमंडलीकरण की प्रक्रिया से यह विस्थापन तेज रफ्तार से हो रहा है। इस विस्थापन में सरकारी हस्तक्षेपों के साथ मुख्यधारा के समाज द्वारा उनके संसाधनों पर कब्जा करके उन्हें बेदखल कर दिया जा रहा है। ऊर्जा 'खनिज' भारी उद्योग, सिंचाई जैसे क्षेत्रों में भी बड़ी मात्रा में विकास हुआ। इन तमाम परियोजनाओं से देश की प्रगति तो हुई, लेकिन झारखण्ड जैसे प्रदेशों से हजारों लोग विस्थापित हुए। विस्थापन का सिलसिला चल रहा है। इसकी पहचान आदिवासी कविता में है। उसे रोककर अपनी अस्मिता की लड़ाई वे कलम से एवं कर्म से करते आ रहे हैं।

अनुज लुगुन 'शहर के दोस्त के नाम पत्र' शीर्षक कविता में विस्थापित लोगों का दुःख प्रकट करते हैं। सबसे पहले विकास का रूप हमारे सामने यों पेश करते हैं—

"हमारे जंगल में लोहे के फूल खिले हैं
बॉक्साइट के गुलदस्ते सजे हैं
अभ्रक और कोयला तो
.....थोक और खुदरा दोनों भावों से मण्डियों में रोज सजाये जाते हैं
यहाँ बड़े-बड़े बाँध भी
फूल की तरह खिलते हैं

इन्हें बेचने के लिए
सैनिकों के स्कूल खुले हैं''

लेकिन कवि का दुःख यह है कि इन फूलों एवं स्कूलों से हमें कोई फायदा नहीं। हमारे प्रकृतिजन्य जीवन से उनका कोई रिश्ता नहीं। उसके गाँव के सब शहर जा रहे हैं। पूरा गाँव शहर में विस्थापित हो रहा है–

''बाजार भी बहुत बड़ा हो गया है
मगर कोई अपना सगा दिखाई नहीं देता
यहाँ से सबका रुख शहर की ओर कर दिया गया है
कल एक पहाड़ को ट्रक पर जाते हुए देखा
उससे पहले नदी गयी
अब खबर फैल रही है कि
मेरा गाँव भी यहाँ से जानेवाला है।''

पूरी तरह से विस्थापित होनेवाले गाँववासी शहर के रीति-रिवाजों से एकदम अपरिचित हैं। इस प्रकार संस्कृति एवं मूल्यों से विस्थापित आदिवासियों की आँखों की नमी को पहचाननेवाले कवि उन सबको बचाने की शपथ भी लेते हैं। आदिवासियों के बीच में ऐसा जागरण हुआ है कि अपनी संस्कृति को बनाये रखें।

'बुधन होसदा' कविता में निर्मला पुतुल विकास योजनाओं से विस्थापित एवं वंचित होते आदिवासियों को सजग होने का आह्वान दे रही हैं–

''आज जबकि दुनिया इतनी तेजी से
बदल रही है
तुम लकीर के फकीर क्यों बने हो
बुधन होसदा!''

(अपने घर की तलाश में, पृ. 17)

कवयित्री सचेत करती हैं कि उनके श्रमफल दूसरे लोग खा रहे हैं। प्रतिरोध का समय आ गया, नहीं तो भविष्य के लिए कुछ नहीं बचेगा। उनकी मदद के लिए जो भी दलाल आ जाते हैं, वे सब उनका शोषण ही कर रहे हैं। जो सड़कें-पुल सब बना जाते हैं, सब उनकी हानि ही करते हैं। उनका उपयोग कर ये सारी विकास योजनाएँ हो रही हैं–लेकिन कवयित्री सवाल करती हैं–

''सोचो। और बार बार सोचो।।
कि पहिया उल्टा कैसे घूम रहा है
मिल कर ढूँढो।
कौन कहाँ बैठा घुमा रहा है
उसे उल्टा?
कौन?''

गौरतलब बात यह है कि जितनी भी पंचवर्षीय योजनाएँ यहाँ के विकास के

लिए बनाई गयीं, उसके लिए यहाँ के लोगों की राय नहीं पूछी गयी, न ही विकास योजनाओं तथा इसकी प्रगति का कभी मूल्यांकन ही किया गया। 1961 में अन्तिम बार ढेबर कमीशन झारखंड के पिछड़े इलाकों के मूल्यांकन और उसकी बुनियादी समस्याओं पर जानकारी प्राप्त करने के लिए आया था। कमीशन की अपनी रिपोर्ट में जल, जंगल, जमीन और कृषि सम्बन्धी मामलों पर आदिवासियों के जनजीवन को आधार मानकर इसके अनुरूप विकास योजनाएँ बनाये जाने की बात पर जोर दिया था। उनके सुझावों के विपरीत विकास योजनाएँ सरकार ने लागू कीं। फलस्वरूप जंगल कटे और आदिवासियों को बड़े पैमाने पर उनकी जमीन से विस्थापित किया गया। वे पलायन करने लगे। जनजातीय परामर्शदात्री समिति रूपायित हुई। लेकिन समिति को झारखंड की राज्य सरकार नजरअंदाज करती रही। संविधान प्रदत्त आदिवासी विकास के सशक्त प्रावधानों के बावजूद संविधान का उल्लंघन होता है। झारखंड जैसा अलग राज्य आदिवासियों के लिए रूपायित हुआ। लेकिन अधिकार हमेशा आदिवासियों के खिलाफ प्रयुक्त होता जा रहा है—

"देखो शब्दों की ओट में छिपे
उनके सामन्ती चेहरे
और मिलकर तलाशो
कहाँ तक गयी हैं
उनके इरादे की जड़ें।"

सत्ता या लोकतन्त्र की भाषा चालाकी की है। वे भाषा में मिठास घोल देते हैं। हमारे साथ होने का भ्रम दिलाते हैं, आदिवासियों के अन्दर ही अन्दर विश्वास की जड़ें जमा लेते हैं। वे बने बनाये फ्रेम में बात करते हैं। वे सगे के समान, अभिभावक के समान बात करते हैं। लेकिन उनकी भाषा का संस्कार अलग है, नया है। दलालों, ठेकेदारों, राजनीतिज्ञों एवं सत्ताधारियों के हाथ में है आदिवासियों का रिमोट कंट्रोल।

कवयित्री चेतावनी देती हैं—
"पुरखों के सपने रौंदते उन
झक-झक सफेद
कुरतेवालों के पीछे
मत दौड़ो मेरे भाई। उन्हें पहचानो।
वे तुम्हारे सपनों को भुनानेवाले लोग हैं
उनके एजेंडे में दूर-दूर तक कहीं
शामिल नहीं
आन्दोलन को जन्म देनेवाली आँखों के सपने"

(एक खुला पत्र अपने झारखंडी भाइयों के नाम—
'अपने घर की तलाश में', पृ. 61)

महादेव टोप्पो 'बिन मुर्गे के झारखंड में सुबह' कविता में नष्ट होती झारखंडीय संस्कृति पर दुःख प्रकट करते हैं। डॉ॰ रामदयाल मुंडों 'विकास का दर्द' शीर्षक अपनी कविता में विकास का जो असह्य दर्द है उसमें मर मिटते आदिवासी का दुःख प्रकट करते हैं। दर्द के बहाने आदमी गाँव छोड़कर भाग गया था या उसे छोड़कर गाँव भाग गया है, यह सन्देह वे प्रकट करते हैं।

हरिराम मीणा भूमंडलीकृत दुनिया की गिरफ्त में पड़कर दम घुटनेवाले विस्थापित आदिवासियों को बचाने का मार्ग सोच रहे हैं—

"वीरान, घोटुल, उजड़े हाट, उमंगहीन पर्व
थके माँदल और सिसकती बाँसुरी को थामे
पथरायी आँखों के सहारे
अपने हरे-भरे आँगन में जीवन-अवलम्ब ढूँढ़ता कोई
कैसे बचे वैश्विक वात्याचक्र से
दिक्कू और देसी दलालों के षड्यंत्र से?"

(समकालीन आदिवासी कविता—आदिवासी यह दौर - पृ. 107)

अशोक सिंह अपनी कविता 'संताल परगना का दुःख' कविता में मिट जानेवाले वन एवं कई प्रकार से विस्थापित होते संताल परगना का विस्तृत ब्योरा दे रहे हैं—

"संताल परगना दुखी है
कि यहाँ के जंगल उजड़ते जा रहे हैं
गायब होते जा रहे हैं यहाँ के पहाड़
गायब होती जा रही हैं यहाँ की पहाड़ी लड़कियाँ
....
....
निरन्तर कम पड़ते जा रहे हैं उसके खेत
बिलाते जा रहे हैं नदी तालाब जारिया
धीरे-धीरे न जाने कहाँ?
यहाँ तक कि जंगल तो जंगल
गाय, बैल, बकरी, सूअर जैसे पालतू जानवर भी
घटते जा रहे हैं लगातार...."

(समकालीन आदिवासी कविता, पृ. 67)

आदिवासी जानते हैं कि सम्पूर्ण औद्योगीकरण बड़े बाँध, कृषि की आधुनिक तकनीक, रासायनिक खादों के प्रयोगों के दूरगामी परिणाम हितकर नहीं हो सकते। दरअसल आदिवासी दूरगामी परिणामों को समझते हैं। कुछ लोग उन्हें परम्परावादी कहकर हाशियेकृत करते हैं, यह ठीक नहीं। वे अपनी परम्पराओं, जीवन शैली और जीवन के लिए आर्थिक संसाधनों और उसके नियंत्रित उपभोग की महत्ता समझते हैं। वे नैतिक मूल्यों के सौन्दर्य को छोड़ना नहीं चाहते। वे मनुष्य और प्रकृति के

सन्तुलन को समझते हैं, इसीलिए ऐसा नहीं चाहते कि एकतरफा विकास की अवधारणा को स्वीकार कर प्रकृति का सन्तुलन बिगाड़ दें। इसलिए वे पृथ्वी, वृक्ष, नदी का दुःख सुनते हैं। निर्मला पुतुल कई सवाल आदिवासियों से करती हैं—

"कुल्हाड़ियों के वार सहते
किसी पेड़ की हिलती टहनियों में
दिखाई पड़े हैं तुम्हें
बचाव के लिए पुकारते हजारों-हजार हाथ?
....
....
सुना है कभी
रात के सन्नाटे में
अँधेरे में मुँह ढाँप
किस कदर रोती हैं नदियाँ
....
....
भाग-दौड़ की जिन्दगी से
थोड़ा-सा वक्त चुराकर
बतियाते हैं कभी
कभी शिकायत न करनेवाली
गुमसुम बूढ़ी पृथ्वी से उसका दुख?"

(जंगल, नदी, पहाड़ और गुमसुम बूढ़ी पृथ्वी का दुख, पृ. 41-42)

'सबसे बड़ा खतरा' शीर्षक कविता में महादेव टोप्पो खोए हुए हमारे अतीत के गौरव पर बहुत दुखी हैं। लेकिन इन सबको वापस लाने के कवि के प्रयत्न कविता में बुलन्द हैं—

"सिर्फ अपने खेत खलिहान मकान
ही नहीं खोये हैं हमने
खोयी है सैकड़ों वर्षों से आर्जित
पुरखों के गाढ़े पसीने की कमाई
अपनी भाषा, संस्कृति और इतिहास"

(आदिवासी स्वर और नयी शताब्दी, पृ. 50)

इसप्रकार कई प्रकार से शोषित पीड़ित, विस्थापित आदिवासी अपने अधिकार से सजग होकर अपनी अस्मिता के लिए संघर्षरत हैं। समकालीन सन्दर्भ में उन्हें बचाने के बहाने राजनैतिक दल अपने वोट बैंक की वृद्धि के लिए कई प्रकार के झूठे वादे करते आ रहे हैं। केरल में कस्तुरीरंगन रिपोर्ट को लेकर जो वाद-विवाद, हड़ताल एवं आन्दोलन चलाए जाते हैं, वे सब प्रकृति तथा आदिवासी जनता के

विकास के लिए नहीं हैं, बल्कि सब राजनीति का खेल ही हैं। आदिवासी इलाके में अन्धाधुन्ध दोहनों से होनेवाला पर्यावरणीय असंतुलन तो एक महत्त्वपूर्ण मसला ही है, जिसकी एक झलक हमने उत्तराखण्ड में देखी थी। क्या इससे सिर्फ आदिवासी ही प्रभावित हुए? वास्तव में आदिवासियों की जल-जंगल-जमीन की लड़ाई सिर्फ अपने आवास बचाने के लिए नहीं है, बल्कि यह एक बड़ी दार्शनिक राजनीतिक और आर्थिक लड़ाई है। इसीलिए यह लड़ाई पूरे देश की जनता की लड़ाई है, जिसमें हम सबको हिस्सेदार होना है।

नया इतिहास रचने का संघर्ष

सन् 1857 का प्रथम स्वतंत्रता संग्राम इतिहास में दर्ज है। उस समय भारत के राजा-रजवाड़ों, नवाबों और सामन्तों ने अंग्रेजों को देश से बाहर निकालने का बीड़ा उठाया था। देश के राज्यों के साथ देश की जनता भी उस संग्राम में शामिल थी। पर एक बड़ा सत्य जो इतिहासकारों ने दर्ज नहीं किया, वह है इस संग्राम में आदिवासियों की भागीदारी और योगदान का। दलअसल हकीकत यह है कि आदिवासियों ने ही अंग्रेजों को देश से भगाने हेतु उनके विरुद्ध सशस्त्र युद्ध की पहल की थी। पूर्वोत्तर से दक्षिण-पश्चिम तक के ये आदिवासी योद्धागण, जिन्होंने सत्तावन के संग्राम में हिस्सा लिया था। सत्तावन के संग्राम के बाद भी अंग्रेजों के खिलाफ अपने ढंग से संघर्ष चालू रखा। लड़ते-लड़ते मारे गये थे, फाँसी चढ़ा दिए गये थे, पर वे कभी झुके नहीं थे अंग्रेजों के समक्ष। ये वे लोग थे, जिन्होंने कभी भी लोभ में पड़कर अंग्रेजों से हाथ नहीं मिलाया। उनमें हूल-बहार जितकार, मुंडा विद्रोह, कोल विद्रोह, बिरसा मुंडा का 'उलगुलान' आदि उल्लेखनीय हैं।

आज इस नवउपनिवेश के दौर में वे अपनी अस्मिता के लिए पूरी शक्ति एवं समझ के साथ मृत्युपर्यंत युद्ध करने को तैयार हैं। नये इतिहास की रचना के लिए तैयार हो रहे हैं। अपनी संस्कृति, अपनी भाषा, अपना इतिहास, अपना भूगोल–सब जानने, सबकी पड़ताल करने और उसे उस बाह्य जगत से रू-ब-रू कराने की चेतना भी उनमें उभरी है–

"उनकी आकांक्षा को
महुए की बोतल में
डुबोने की है साजिश
इस जंगल का कवि
रहेगा भला कैसे चुप?
वह धनुष उठायेगा
प्रत्यंचा पर कलम चढ़ायेगा
साथ में बाँसुरी और माँदल भी
जरूर उठायेगा

जंगल के हरेपन को
बचाने की खातिर
जंगल का कवि
माँदल बजायेगा
बाँसुरी बजायेगा
चढ़ा कर प्रत्यंचा पर कलम।"

(जंगल का कवि–महादेव टोप्पो–आदिवासी स्वर और नयी शताब्दी, पृ. 47-48)

वे अपनी सामूहिक जीवन प्रणाली में जीते रहे हैं–समाज और समूह में रहते रहे हैं। सभ्य जनता द्वारा दी गयी कठिन जिन्दगी को अपने गीतों, नृत्यों से भुलाते रहे हैं। हमने उन्हें सभ्यता से दूर ठेला-विस्थापित किया–उन्होंने बाँसुरी और नगाड़े के माध्यम से अपना संवाद जारी रखा। अब यह संवाद नाद बनकर फूट पड़ा है। अब देश और कबीलों के दायरे लाँघकर वे अपने समूचे समाज को रोशन करने के लिए संकल्पबद्ध हो गये हैं। भाषाओं ने कलम थाम ली है–वे लिखने लगे हैं। उन्होंने अपनी अस्मिता पहचान ली है। वे प्रकृति के संग-संग पैदा हुए, उसके साथ पले-बढ़े आदिमनुष्य हैं। वे प्रकृति को बचाये रखने में, उसके साथ सहयोग एवं सहभागिता से जीने में विश्वास रखते हैं। सुनिये महादेव टोप्पो के शब्द–

"अब यदि छिड़ेगा कोई महायुद्ध
मैं धन-दौलत कुछ नहीं बचाऊँगा
बचाऊँगा अपना और पुरखों का
जंगलीपन
क्योंकि तब मनुष्य का
सम्पूर्ण अस्तित्व हो जाएगा खत्म
तो यही आदिवासीपन ही
जंगलीपन ही
बचाएगा
बचायेगा
सिरजेगा
चौथे महायुद्ध के बाद जन्मे मनुष्य को!"

वे प्रकृति पर कब्जा नहीं करना चाहते, उसपर अपना वर्चस्व नहीं स्थापित करना चाहते, वे साथ-साथ जीने में विश्वास करते हैं, विनाश में नहीं। वे प्रकृति से जरूरत भर लेते हैं और उसे उतना वापस भी देते हैं। अब वे लिख रहे हैं हमारे द्वारा थोपे गये विस्थापन के विरुद्ध। अब वे अपनी अस्मिता को मिटने नहीं देंगे। अब वे अपनी ही जीवन-शैली में जीते हुए बदलाव की सीढ़ियाँ चढ़के दिखाएँगे–

"अबूझ भाषा में

बुझाओ मत पहेलियाँ
मैं समझती हूँ भाषा की कपटता
इसलिए तुम्हारी मायावी दुनिया से बाहर
सीधे-सीधे अपनी भाषा में
बात करना चाहती हूँ।''

(प्रश्न–निर्मला पुतुल, अपने घर की तलाश में, पृ. 95)

कवयित्री अपनी भाषा में बात करना चाहती है, यह अपनी अस्मिता का परिचायक है। वे सबसे आह्वान करती हैं कि–

''अपनी बस्तियों को
नंगी होने से
शहर की आबोहवा से बचाएँ उसे
....
आओ, मिलकर बचाएँ
कि इस दौर में भी बचाने को
बहुत कुछ बचा है अब भी
हमारे पास।''

(आओ, मिलकर बचाएँ, निर्मला पुतुल, वही, पृ. 26)

वे अपनी छीनी गयी जमीनें-अपने जंगल वापस लेने के प्रयत्न में हैं। वे अपना इतिहास भी खोज निकालेंगे। हमने उनके बलिदान और विनाश पर ही तो विकास किया है। इस सत्य को वे उजागर करेंगे। वे मिथकों, प्रतीकों, साहित्य में हमारे द्वारा विकृत की गयी उनकी छवि को, हमारे षड्यंत्रों को वे उजागर करेंगे–

''हमारा न्याय सम्मान है
और हमारे लिए सम्मान
किसी नदी या पहाड़ के एवज में
दिया गया मुआवजा नहीं
उसके लिए दी गयी हमारी शहादत है
सम्मान और गरिमा का सवाल
हमारी रगों में दौड़ते खून में है
न कि उन पोथियों में
जिन्हें किसी राजा ने बनवाया है
हम गीत गाते हुए लड़ सकते हैं
हम जीवन की सम्भावनाएँ बचा कर रखते हैं
उन प्रतीक चिह्नों में
जिन्हें पुरखे बना गये हैं
नदी, पहाड़, पेड़ और

आकाशगंगाओं की
छोटी-छोटी टहनियों में।''

(अघोषित उलगुलान—अनुज लुगुन)

मुख्यधारा के इतिहास द्वारा निर्मित आदिवासियों का पूरा चित्र गलत है। वे उनके लोक-साहित्य की समृद्ध परम्परा और पाँच हजार वर्षों के अपने इतिहास को खुद नये इतिहास में दर्ज करना चाहते हैं। आदिवासी की लड़ाई का सही-सही अंकन होना ही चाहिए।

''इतिहास तुम्हारा
इतिहास के पन्नों पर
गढ़ा नहीं शब्दों ने
न ही हो सका है दर्ज ग्रन्थों में
तुम्हारी विजय-गाथाओं
और संघर्षों के गवाह
पेड़ हैं, नदियाँ हैं, चट्टानें हैं
पुरखों की आत्माएँ हैं
ससबदिरी हैं
जा होर-थाल है
तुम्हारे लोकगीत हैं
पर इन सबकी गवाही
उन्हें नहीं है स्वीकार
इसलिए तुम इतिहास के ग्रन्थों में
हाशिए पर डाल दिये गये हो
या कर दिये गये हो उससे बाहर।''

(रचने होंगे स्वयं ग्रन्थ—महादेव टोप्पो—
आदिवासी स्वर और नयी शताब्दी, पृ. 48)

आदिवासियों को राक्षस, भालू आदि नाम देकर उनकी सही अस्मिता को नजरअंदाज किया हमारे इतिहासकारों ने। इसलिए आदिवासियों की नयी परिभाषा देने और समाज की मुख्यधारा में उन्हें ले आने को कवि नया इतिहास रचते हैं—

''इससे पहले कि
वे पुनः तुम्हारा अपने ग्रन्थ में
बन्दर-भालू या
किसी अन्य जानवर
के रूप में करें वर्णन
तुम्हें अपने आदमी होने की
तलाशनी होगी परिभाषा

उनके सिद्धान्तों
स्थापनाओं के विरुद्ध
उनके बर्बर वैचारिक
हमलों के विरुद्ध
रचने होंगे
स्वयं ग्रन्थ।"

(महादेव टोप्पो—रचने होंगे स्वयं ग्रन्थ)

लोकगीतों-लोककथाओं-वीरगाथाओं-पर्वों-त्योहारों के गीतों और अनुष्ठानों की महान परम्परा है, जिसमें उनका ही नहीं, बल्कि पृथ्वी का इतिहास छिपा है। वे अब अपना इतिहास खोज रहे हैं। उनके मन्त्रों में ज्ञान का स्रोत व्याख्यायित हो रहा है। उनकी कथाओं में सृष्टि की सृजन-गाथाएँ भरी हैं। प्रेम की अनगिनत कहानियाँ हैं। प्रकृति के असीम विकास की कथा कहते हैं उनके गीत। आदिवासी लेखक अपने समकालीन जीवन के सत्य पर—इन सब समस्याओं पर प्रश्न कर रहा है, उत्तर पूछ रहा है, समाधान सुझा रहा है। इसलिए आदिवासी लेखन जीवन का लेखन है, कल्पना और मनोरंजन का किस्सा नहीं। उनकी कलम बिरसा के उलगुलान पर झारखंड के जंगलों में अंग्रेजों के खिलाफ हुए संथाल कोल विद्रोह पर, सिद्धकानू को दी गयी फाँसी पर सतत चल रही है।

आदिम जनजातियों में जैसी प्राकृतिक और सांस्कृतिक प्रेरणाएँ हैं, वैसे ही ऐतिहासिक प्रेरणाएँ भी हैं। आदिवासी वीरपुरुषों के ऐतिहासिक कार्यों का परिचय आदिवासी-साहित्य-लेखन के सन्दर्भ में मूल्यवान है। उनका लेखन एवं लड़ाई अतीत को सामने रखकर है, आदिम संघर्ष की प्रेरणा को तलाशते हुए है। निर्मला पुतुल की ये पंक्तियाँ देखिए—

"मैं चाहती हूँ
मेरे शब्दों की जमीन से
उगे कई-कई बिरसा मुण्डा"

भूजंग मेश्राम 'ओ मेरे बिरसा' कविता में आदिवासियों के समकालीन विद्रोह की प्रेरणा के रूप में बिरसा-मुंडा संस्कृति को स्वीकारते हैं। उनका महत्त्व वहाँ की मिट्टी की धूल-धूल में समाया हुआ है। वे दिशा-निर्देशक हैं—

"हमने नहीं देखा तुझे पहले
लेकिन केवल तुम ही
हमारे विद्रोह को
दिशा देते हो
तब तुमने ही तो किया था संघर्ष
गोरों को खदेड़ने की खातिर
सिंहभूम, मंडला, वसई

चंदपुर को करने को आजाद
बचाने के लिए हरे-भरे जंगल
आज ना गोरे हैं
न सपनों की आजादी
आज ना घने बीहड़ हैं
न तू है
है केवल बीहड़ों में फैलता असन्तोष
होठों पर तेरा नन्हा-सा गीत
उलगुलान! उलगुलान! उलगुलान!
जो बन गया है हमारी संस्कृति की लड़ाई।"

(ओ मेरे बिरसा—समकालीन आदिवासी कविता,
सं. हरिराम मीणा, पृ. 33-34)

इसलिए जल्दी से जल्दी रणक्षेत्र में प्रवेश कर आज की ओढ़ी हुई सभ्यता को खत्म करने का साहस सँजोते हैं मुंडा से।

युवा कवि अनुज लुगुन अपने को घायल शिकारी कहते हैं, उनके सामने भी उलगुलान है, उन्होंने रक्तरंजित नरहत्याओं एव नृशंस राजाओं की लकीरों से लिखित इतिहास देखा। उन क्रूर राजाओं के स्थान पर इन्सानियत का इतिहास वे लिखना चाहते हैं। वे जो लिखते हैं, धरती का इतिहास है, मानव की संवेदनाओं का इतिहास, वह अनायास लिखा जा सकता है, क्योंकि वह उनका अपना है। यह दृढ़संकल्प समकालीन सभी कवियों की कविताओं में बुलन्द है। वे अपने संघर्ष में अटल रहते हैं, मर मिटने को तैयार हैं। नया इतिहास रचने के लिए रक्तबीज राक्षस के समान अपने एक-एक बूँद रक्त से हजारों राक्षसों की सृष्टि करने को वे कटिबद्ध हैं। यह नया इतिहास आदिवासी जीवन का सौन्दर्यशास्त्र बनता है, वैसा ही आदिवासी साहित्य का भी। यह लघु संस्कृतियों और हाशियेकृत अस्मिताओं का प्रतिनिधित्व करनेवाली एक नयी राष्ट्रीयता को भी जन्म देगा। तब राष्ट्र एक संस्कार का प्रतिनिधित्व करने के बदले विविध संस्कारों की शान्तिपूर्ण सहस्थिति का प्रतिनिधित्व अवश्य करेगा।

समकालीन हिन्दी उपन्यास में मानवाधिकार

अधिकार अथवा स्वतंत्रता का अर्थ प्रत्येक युग में बदलता रहता है। मध्ययुग में स्वतंत्रता का अर्थ मुक्ति, मोक्ष आदि तक सीमित था। आर्यों की वर्णाश्रम प्रथा और व्यवस्था में मनुष्य जीवन का लगभग तीन-चौथाई हिस्सा समाजशास्त्रीय उसूलों से सामाजिक, आर्थिक और राजनीतिक नियमों से प्रत्यक्षतः संचालित और प्रभावित नहीं था। ब्रह्मचर्य, वानप्रस्थ और संन्यास के त्रिकोण में मनुष्य के जीवन का पचहत्तर प्रतिशत आ जाता है। इस तरह समाज की भौतिकता के स्थान पर आश्रम का महत्त्व बहुत बढ़ गया। भौतिक निरपेक्षता के कारण जीवन के आधारभूत तत्त्वों और सम्बन्धों से रागात्मक लगाव को कम करने तथा उसे झटके से तोड़ देने का संस्कार दिया गया है। इस तरह मनुष्य और संस्कृति के भौतिक विकास में दरार पैदा होने लगी। अतिरंजना प्रधान नायकत्व में हमेशा अद्‌भुत और रम्य अतिसाहसिकतावादी दृष्टिकोण को अपनाया गया है। वीरता और रासलीला में आसक्त समाज स्वतंत्रता के क्रियमाण यथार्थबोध की कल्पना नहीं कर सकता।

दुनिया की बदलते हुए हालात में पुरानी स्मृतियाँ अर्थहीन होकर मिथक बन गयी हैं। स्वयं को तथा समाज को क्रान्तिकारी भौतिकता के विचारों से परिचित कराया गया। स्वतंत्रता तो समाज की अनिवार्य शर्त है। शोषण और दमन मनुष्य की स्वतंत्रता को छीन लेते हैं। इसलिए स्वतंत्रता का मतलब अपने ऐतिहासिक सामाजिक अन्तर्विरोधों को समझने, उन्हें दूर करने में सक्रिय होने, जनता के नैतिक विकास में हिस्सेदार होने तथा क्रान्तिकारी परिवर्तन के लिए संगठित प्रयास करने से होता है। वर्तमान परिवेश में स्वतंत्रता से तात्पर्य जनता के ऐसे चरित्र विकास से है, जिससे उसका जागरूक विवेकशील गतिशील और न्यायपूर्ण जीवन सम्भव हो सके। आज मानव अपने अधिकारों से अवगत हो गया है। समाज के हाशियेकृत वर्ग, जातियाँ, जनजातियाँ, लिंग, नस्ल, लघु संस्कृतियाँ आदि अपने अधिकारों और स्वतंत्रता के लिए लड़ने लगे हैं। अतः समकालीन साहित्य उपज आये दरअसल उनके मुक्ति संघर्ष का दस्तावेज बन गया।

मनुष्य के प्रत्येक कर्मक्षेत्र में स्वतंत्रता उसको गुलाम बनानेवाली परिस्थितियों के प्रतिपक्ष में खड़ी कर देती है। साहित्य का मकसद ही स्वतंत्र भावोच्छलन है। लेकिन हमारा इतिहास गवाह है किं साहित्यकार या चिन्तकों की स्वतंत्र अभिव्यक्ति

पर अंकुश लगाकर उन्हें क्रास पर चढ़ाया जाता है। इसके लिए कभी सत्ता नहीं तो समाज तुला हुआ नजर आता है। सत्ता के अमानवीय मुखड़े के अनावरण से प्रायः कलाकार सत्ता की आँखों की किरकरी बन जाता है। सुकरात महान चिन्तक थे, उन्हें जहर पिलाया गया था। गाँधीजी का 'हिन्दू स्वराज' और प्रेमचन्द का 'सोजे वतन' ब्रिटिश सरकार ने जला दिये। मुक्तिबोध के भारत के इतिहास सम्बन्धी रचनाकर्म पर प्रतिबंध लगाया गया। सलमान रुश्दी, तसलीमा नसरीन जैसे महान रचनाकारों को अपने प्रगतिशील विचारों की वजह से सत्ता की निर्मम दंडनीति का शिकार बनना पड़ा। सफदर हाशमी ऐसे एक महान रंगकर्मी थे, जो जनवादी कला-आन्दोलन से जुड़े हुए थे, जिनकी दारुण हत्या की गयी। महान रूसी लेखक बुलगाकव ने अपनी क्लासिक किताब 'मास्टर एन्ड मार्गरिट' में लिखा था—पांडुलिपि जलती नहीं है। यूरोप में काफ्का दीर्घ समय तक निषिद्ध थे, परन्तु साठ के दशक में जनमत के दबाव से काफ्का को लेकर एक कान्फ्रेंस करनी ही पड़ी।

उपर्युक्त उदाहरणों से यह जाहिर हो उठता है कि प्रत्येक युग में मानवाधिकार के रक्षक साहित्यकारों एवं कलाकारों की निन्दा ही होती रही। स्वतंत्रता के निषेध से उत्पन्न कलाकार का आत्मसंघर्ष व्यक्ति या समाज का आत्मसंघर्ष है। कलाकार का यह आत्मसंघर्ष ही दरअसल उनकी रचनाधर्मिता को उत्तेजित करता है। निषेध या प्रतिरोध का तीखापन कलाकार की संवेदनाओं को भी तीखा बना देता है। हिन्दी उपन्यास जगत् में विशेष उल्लेखनीय तीन उपन्यास हैं, जिनमें कलाकार के आत्मसंघर्ष को बहुत हमदर्दी के साथ उकेरा गया है। अमृतलाल नागर के 'मानस का हंस' एवं 'खंजन नयन' तथा संजीव का 'सूत्रधार'। 'मानस का हंस' और 'खंजन नयन' के नायक क्रमशः मध्यकालीन कवि तुलसी एवं सूर हैं तो सूत्रधार का नायक है भोजपुरी नाट्यकला का शेक्सपियर भिखारी ठाकुर।

'मानस का हंस' का तुलसीदास कलाकार की हैसियत या औकात से अच्छी तरह अवगत है। इसे निभाने में समाज उन्हें मदद देने के बजाय उनके सामने विविध प्रकार की अड़चनें पैदा करता है। उनकी प्रतिभा ने अयोध्या की पण्डित-मण्डली में हलचल उत्पन्न कर दी। तुलसी द्वारा रचे जा रहे नये काव्य को चुराकर उसे नष्ट करने की कोशिश कई बार हुई। नतीजा यह हुआ कि तुलसी को अयोध्या छोड़ना पड़ा और काशी में शरण लेनी पड़ी। विद्वानों की नगरी काशी की सृजनात्मक भाषा उस समय संस्कृत थी। इसलिए आम जनता की भाषा में रचित रामचरितमानस की कड़ी निन्दा हुई। सभी तकलीफों की रामकथा सुनाकर एवं रामलीला दिखाकर तुलसी ने खुशी में तब्दील कर दिया। उनके आराधकों की संख्या बढ़ी, तदनुरूप उनके शत्रुओं की भी। शत्रुओं ने उनपर झूठा इलजाम लगाकर उन्हें बन्दी बनवाया। सत्ता को भी तुलसी के खिलाफ कर लेने में ये लोग सक्षम हुए। लेकिन तुलसी की लोकप्रियता के सम्मुख उनके द्वारा रचे गये इन षड्यंत्रों का कोई असर नहीं पड़ा।

तुलसी ने रचनाधर्मिता में जो स्वतंत्र तरीका अपनाया, वह उच्च वर्ग एवं पण्डित वरेण्य को रुचिकर नहीं लगा।

'खंजन नयन' में भी कलाकार की स्वतंत्रता एवं प्रतिभा की अस्वीकृति की समस्या उठाई गयी है। सूरदास अपने घर में ही भाइयों द्वारा उपेक्षित एवं बहिष्कृत पात्र हैं। इसलिए वे घर छोड़ने को मजबूर हो गये। मथुरा से वृन्दावन, वृन्दावन से मथुरा और वहाँ से वाराणसी इस प्रकार वे घूमते फिरे। सबको मंत्रमुग्ध करनेवाला उनका मधुर गायन, भ्रमण के बीच अर्जित ज्योतिष विद्या और साहित्यिक कौशल आदि ने उनके शत्रुओं की संख्या बढ़ा दी। इन सबसे परे वे एक अन्धे हैं। विकलांगता के प्रति समाज की जो हीन भावना है, इसे हमदर्दी के साथ उकेरने में अमृतलाल नागर ने साहस दिखाया। तुलसी ने जिस प्रकार काम और राम के द्वन्द्व में काम को पराजित किया, उसीप्रकार सूर ने भी काम और श्याम के द्वन्द्व में श्याम को वरण किया। इन दोनों सन्दर्भों में दुर्दमनीय अपराजेय आततायी शक्तियों से उनका संघर्ष प्रतीकात्मक रूप में चित्रित है। सामाजिक असमानता एवं वर्गवैषम्य से उद्‌भूत तुलसी एवं सूर का संघर्ष असल में मानवाधिकार के ध्वंस के खिलाफ है। उस समय के समाज में निम्न स्तरीय व्यक्ति को अपनी सृजनात्मकता को प्रमाणित करने का हक़ नहीं दिया जा रहा था।

संजीव का 'सूत्रधार' नामक उपन्यास समकालीन सन्दर्भ की गम्भीर समस्याओं को उभारने के साथ एक दलित कलाकार का आत्मसंघर्ष भी है। जातिप्रथा के शिखर पर बैठा भारतीय समाज एक दलित को रचनाकार के रूप में कैसे स्वीकार कर सकता था? उच्च जाति के लोगों के लिए वह भिखारिया, नचनिया था, भांड था, लौंडा था। जिस समय भिखारी ठाकुर नाई से 'कलावंत' बनने का प्रयास कर रहे थे, उस समय सवर्णों ने पग-पग पर उन्हें अपमानित करने, उनके आत्मविश्वास को कुचलने में कोई कसर न छोड़ी और उन्हें बार-बार नाई होने का अहसास कराया। भिखारी ठाकुर के मार्ग की सबसे बड़ी बाधा थी--उनका नाई होना। जब भी वे कागज-कलम उठाते, कोई न कोई दाढ़ी-बाल बनवाने चला आता था। उस प्रकार नाई और कलाकार के बीच.के संघर्ष में आखिर कलाकार की जीत होती है। लेकिन यह कलाकार कभी भी नाई का केंचुल उतार नहीं सका। उच्च वर्ग उन्हें जातिगत हैसियत की याद दिलाते रहे। लेकिन भिखारी के मन में कभी भी किसी के प्रति विद्वेष नहीं पला। वे अपने रचना-क्रम में नित-नित कर्मशील रहे।

'विदेसिया' भिखारी ठाकुर का प्रमुख नाच था। इसके अलावा लोक-नाटकों के माध्यम से भिखारी ठाकुर ने समाज की तस्वीर पेश की। उनके नाच लोगों की आत्मा को झकझोरने लगे। उनके नाच में लेखक-कलाकार की व्यक्तिगत पीड़ा और सामाजिक बोध बार-बार होता रहा। उनके नाटक स्थिर नहीं थे, बल्कि उनमें निरन्तर विकास और बदलाव आता गया। भिखारी ठाकुर ने लौंडों के अश्लील नाच को

सृजनात्मक साहित्यिक एवं कलात्मक ऊँचाई प्रदान की। भिखारी ठाकुर के नाटकों से उच्च वर्ग के लोग इस हद तक तिलमिला जाते थे कि वे हंगामा कर देते थे। क्योंकि उनके नाचों में बेटी बेचने जैसी जिन कुरीतियाँ का अंकन हुआ है, वे सब अधिकांशतः उच्च जाति के लोगों में ही व्याप्त थी। कई बार लोग विरोध करते, मारा-मारी करने को उतारू हो जाते थे। पर उनके नाटक सचमुच भारतीय समाज में फैली कुरीतियों की पोल खोल देनेवाले थे।

उपर्युक्त तीनों रचनाओं में रचनाकार अथवा कलाकार के सृजनात्मक अधिकार का ध्वंस तथा उससे उबरने के सतत संघर्ष को दर्शाया गया है। कलाकार आज भी सत्ता और समाज के षड्यंत्र के शिकार हैं। वैसी परतंत्रता खास तौर पर आज की पत्रकारिता के क्षेत्र में सर्वप्रचलित है। प्रकाश मनु द्वारा लिखित 'यह जो दिल्ली है' में उपन्यासकार यह जाहिर करते हैं कि पत्रकार आज स्वयं सत्ता का एक केन्द्र बनता जा रहा है जबकि उसका काम मूलतः सत्ता की गलत नीतियों के खिलाफ सख्त आवाज उठाना है। लेकिन आज पत्रकारिता एक उद्योग मात्र बन गयी है। इसलिए मुनाफे को लक्ष्य करके पनपनेवाली पत्रकारिता के क्षेत्र में जो ईमानदार लोग प्रवेश करते हैं, उन्हें या तो हताश होकर विराम लेना पड़ता है; नहीं तो पुंसत्वहीन होकर सत्ता का गुलाम बनना पड़ता है। उपन्यास में नायक अपनी प्राध्यापकी वृत्ति छोड़कर दिल्ली में पत्रकार बनने के मोह में आ गया। विविध पत्रों में काम करने के बाद उसको मालूम हुआ कि दिल्ली की पत्रकारिता को बचाना किसी के वश की बात नहीं है। पत्रकारिता का क्षेत्र पूर्णतः पेशा बन गया, उद्योग बन गया, मुनाफा केन्द्रित हो गया। सत्यकाम कहता है–''यह वह जगह है, जहाँ से बहुत कुछ बनाया जा सकता है–शब्दों की पूरी ताकत का इस्तेमाल। पर यहाँ आकर लगा... लगा कि यहाँ सिर्फ है उबकाई और उबकाई जो... जो बहुत समय से एक ही जेल में रह रहे कैदियों में पैदा हो जाती है और कुछ नहीं।.... आज मैं जानता हूँ दुनिया के सबसे मूर्ख, मनहूस और घाघ लोगों के बीच रहना हो तो पत्रकारिता में आ जाइए.....'' (पृ. 20)

पत्रकारिता का जो लक्ष्य है, आदर्श है, वह खो गया। स्वतंत्रता के पूर्व हिन्दी पत्रकारिता स्वतंत्रता आन्दोलन के प्रति समर्पित थी। उसका प्रमुख उद्देश्य जन जागरण था। लेकिन आजादी के बाद उसका लक्ष्य बहुआयामी तो हो गया, जो सहज ही था। किन्तु सबसे बड़ी कमी यह रह गयी कि वह जनोन्मुख नहीं हो पायी। पत्रकारिता की कमी को दूर करने के लिए दिन-रात दिल तोड़ काम करके उसके लिए अपने मन को पूर्ण रूप से समर्पित करने के बाद पत्रकारिता एवं जीवन से हताश होकर खुदकुशी के लिए तैयार होनेवाला एक ईमानदार और आदर्श पत्रकार है सत्यकाम। अन्त में वह अपने गाँव जाकर काम करने का निर्णय लेता है,–"मुझे लगता है, यह महानगरीय चौंधवाली पत्रकारिता के जवाब में जमीन से जुड़ी पत्रकारिता की

शुरुआत होगी... काम कितना ही मुश्किल और वेतन कितना ही कम हो, मुझे परवाह नहीं....” (पृ॰ 246) क्या सत्यकाम के दिल्ली छोड़ने से दिल्ली की पत्रकारिता बच जाएगी। नहीं कोई खास बदलाव नहीं आयेगा। यह उद्योग मोटा तगड़ा बन गया है। लेकिन ईमानदार पत्रकार अपने अधिकारों से वंचित होकर कभी-कभी उस क्षेत्र को छोड़ देते हैं; नहीं तो पागलखाने में बन्द हो जाते हैं, नहीं तो न्याय के लिए कानूनी लड़ाई लड़ते रहेंगे, कौन बचायेगा इस पत्रकारिता को? पत्रकारिता में सच्चे लेखकों की पराधीनता एवं संघर्ष की गाथा चित्रा मुद्गल के उपन्यास 'एक ज़मीन अपनी' में भी सूचित किया गया है।

ऊपर रचनाकार एवं पत्रकार के अधिकारों पर इसलिए विचार किया गया कि उनको ही मानवाधिकारों से वाकिफ होकर जनता के सामने खुलकर पेश करना है। लेकिन उनके पैरों में बेड़ियाँ हैं तो मानवाधिकार, उससे जुड़े कानून एवं उससे वंचित होनेवाले मानवों की दर्दनाक दास्तान कैसे मुखौटा खोलकर बाहर प्रकट हो जाएगी। इसलिए उनको सबसे पहले सत्ता एवं राजनीति के बन्धन से मुक्त करना जरूरी है।

हिन्दी के समकालीन उपन्यासों में मानवाधिकारों का निषेध कई प्रकार से पेश किया गया है। कहीं-कहीं स्त्रियों का है तो कहीं दलितों का और कहीं आदिवासियों का। इन सबसे परे प्रकृति के अनुचित शोषण के द्वारा मानव के जीने के अधिकार को भी छीनं लिया जाता है। इन सबके बीच में पेट की ज्वाला को शान्त करने के लिए विवश जनता है। इसलिए वर्गगत समस्या के साथ स्त्री विमर्श, दलित विमर्श, आदिवासी विमर्श, पारिस्थितिक विमर्श, वृद्धविमर्श जैसे कई विमर्शों की दृष्टियों से समकालीन उपन्यासों को जब परखा जाता है; तब कई मानवीयअधिकार या मानवीय स्वतंत्रता के ध्वंस अनायास खुलकर प्रकट हो जाते हैं।

हाशियेकृत लोगों का यथार्थ

मानवीय अधिकारों की दृष्टि से विचारणीय एक सशक्त उपन्यास है चित्रा मुद्गल का 'आवां'। 'आवां' में समाज के सबसे निम्न तबके के लोगों का जीवन संघर्ष है। एक जून के खाने के लिए, पहनने के वस्त्र और रहने की झोंपड़ी के लिए लड़नेवाले समाज के सबसे निम्न तबके के लोग ट्रेड यूनियनों के सहारे संघर्ष करते हैं। ट्रेड यूनियन अधिकार एवं अन्याय के विरुद्ध लड़ने के लिए प्रयुक्त एक सशक्त हथियार है। वह परिवर्तन के लिए अनिवार्य है। पूँजीवाद के विरुद्ध लड़ने के लिए मजदूर लोग संगठित हुए हैं। अपने अधिकारों के लिए, उचित वेतन के लिए तथा अमानुषिक व्यवहारों के विरुद्ध मजदूरों को लड़ना ही पड़ता है। उपन्यास में अधिकारों के लिए वर्गगत संघर्ष, स्त्रियों का संघर्ष, वेश्याओं का संघर्ष, दलितों का संघर्ष जैसे संघर्षों के कई पहलू अनावृत हो उठे हैं।

'आवां' में प्रतापनगर के चारों ओर फैली हुई मजदूर बस्तियों की कहानी चित्रित है। इन बस्तियों में घुसना भी मुश्किल है। बहुत तंग गलियाँ हैं इस प्रदेश की। वहाँ एक ज़माने में अन्ना साहब तथा देवीशंकर पांडे मिलकर मजदूरों की भलाई के लिए लड़े थे। आदर्श के रास्ते पर चलनेवाले इन दोनों का साथ देने के लिए वहाँ के सारे के सारे मजदूर तैयार थे। उद्योगपतियों की पूँजीवादी व्यवस्था के खिलाफ थी उनकी लड़ाई। उस सड़ी-गली सामाजिक व्यवस्था में उन्होंने कहाँ तक जीत हासिल की, वह विचारणीय है। वहाँ की अधिकांश महिलाएँ लघु उद्योगों में विशेषकर पापड़ बेलने जैसे धंधे को स्वीकार कर गाँधी की शिष्या शाहबेन के नेतृत्व में आत्मनिर्भर बनने की कोशिश में थीं। स्त्रियों को अपने अधिकारों एवं शक्तियों से परिचित कराने तथा उनके मुकदमे आदि चलाने, उसपर विचार करने के लिए 'कामगार आघाड़ी' ट्रेड यूनियन सदा सक्रिय रहता था।

उपन्यास में अठारह महीने के लम्बे कपड़ामिलोंवाली हड़ताल का जिक्र किया गया है। उसमें दस किलोमीटर लम्बा मोर्चा मजदूरों ने निकाला था। लन्दन के अखबारों ने उसे विश्व के आठवें आश्चर्य के रूप में अंकित किया था। उपन्यास के देवीशंकर के अनुसार आज का समाज संवेदनहीन-नपुंसक समाज है। श्रमिकों की लड़ाई में आज का समाज अपना कोई दायित्व नहीं निभाता है। देवीशंकर ने अस्थायी श्रमिकों को स्थायी करने और श्रमिक एक्ट के अनुसार उन्हें बुनियादी सुविधाएँ मुहैया करने के उद्देश्य से प्रबन्धन नीतियों के खिलाफ 'विटरम ग्लास' में हड़ताल का आह्वान किया था। नौ दिनों तक चली हड़ताल ने फैक्टरी मालिकों पर कोई असर नहीं छोड़ा। भट्ठी पर सुलगनेवाले अस्थायी कर्मचारियों के पक्ष में देवीशंकर ने निरुपाय होकर आमरण अनशन करने का निर्णय किया। फैक्टरी के गेट पर आमरण अनशन पर बैठे देवीशंकर के ऊपर तीसरे दिन में ही प्राणलेवा हमला मैनेजमेंट की तरफ से होता है। उनपर इसलिए आक्रमण हुआ कि श्रमिकों के लिए भरसक कोशिश करनेवाले उनके अन्त की जरूरत मैनेजमेंट ने महसूस की। लेकिन वरिष्ठ श्रमिक नेता होने के नाते फैक्टरी ने उनके इलाज के प्रबन्ध में आनाकानी नहीं की। फिर भी वे अपने कर्मक्षेत्र से मुड़ने को तैयार नहीं हुए। वे 'कामगार आघाड़ी' के दफ्तरी काम में लग गये। 'कामगार आघाड़ी' को लेकर उनका जो सपना है, वह यों स्पष्ट है, "दाल चाहिए भात चाहिए और बच्चों की शिक्षा/बुनियादी हक़ की लड़ाई, नहीं माँगते भिक्षा।/आज नहीं तो कल तुमको देना होगा हिसाब/पैरों तले रौंद रखे हैं जितने भी ख्वाब/हमसे जो टकराएगा मिट्टी में मिल जाएगा।/कामगार आघाड़ी जिन्दाबाद। लोकशाही जिन्दाबाद।/" (आवां पृ. 92) यह लड़ाई बुनियादी हक़ के लिए है, वही मानवाधिकार की लड़ाई है। इन बुनियादी जरूरतों से वंचित श्रमिकों के लिए जीवन भर लड़नेवाला है उपन्यास का नायक अन्ना साहब।

औद्योगीकरण अथवा भूमंडलीकरण की वजह से विकास के नाम पर कई

योजनाएँ तैयार की जा रही हैं। इसके तहत श्रमिकों की छोटी-छोटी कुटियों के स्थान पर बड़े-बड़े मकान बनाये जा रहे हैं। विस्थापित इन लोगों के आगे की जिन्दगी को सुचारु रूप से सम्पन्न कराने का कोई इन्तजाम नहीं किया जाता है। वासस्थान से वंचित होनेवाले ऐसे अनेक लोग हमारे बीच में हैं। ऐसी घटनाओं के विरुद्ध अन्ना साहब के नेतृत्व में ट्रेड यूनियन ने जो लड़ाई लड़ी, वह विचारणीय है। कुछ चालाक व्यवसायी दिमाग के मालिक दस-बारह रुपये किराये पर उठी खोलियों को श्रमिक भाड़ायात्रियों से खाली करवाने के लिए बिल्डरों से साँठ-गाँठ कर योजना बना रहे थे कि किरायेदारों को जोर-जबरदस्ती बेदखल कर उन्हीं भूखंडों पर बहुमंजिला इमारतें बनाई जाएँ ताकि वे लाखों की रकम आसानी से पीट सकें। इनके विरुद्ध अन्ना साहब ने किरायेदारों को संगठित किया। बहुत कष्टों को झेलकर, आखिर उस प्रयत्न को समाप्त किया गया। उपन्यास में अन्ना साहब द्वारा आपात्काल का विरोध दर्ज है। मानवाधिकार का सबसे बड़ा ध्वंस आपात्काल के जरिए हुआ था।

जहाँ-जहाँ पूँजीवाद का अन्याय हो, वहाँ गरीबों की सुरक्षा के लिए अन्ना साहब पहुँच जाते हैं। प्रतापनगर के आसपास के श्रमिकों की सुरक्षा के लिए बहुत सी बातें उन्होंने कीं। उन्होंने कहा—''श्रमिकों की अस्मिता का प्रश्न मेरे लिए राजनीति का खेल नहीं। समता अर्जन का धधकता हुआ संघर्ष है। अपने रक्त की आखिरी बूँद तक मैं इस लड़ाई को जारी रखूँगा।" आवां, पृ. 178) देवीशंकर जब पूर्णतः लकवाग्रस्त हो गये, तब उनकी बेटी नमिता जो उपन्यास की नायिका है 'कामगार आघाड़ी' के दफ्तर में पिता के पद पर काम करने आती है। उसने खुद श्रमिकों की बुरी हालत पर सोचा समझा और उसे निपटाने का प्रयत्न शुरू किया। उन्होंने समझ लिया कि श्रमिकों को विवेक से काम करने के लिए और अपने अधिकारों से अवगत कराने के लिए शिक्षा की अनिवार्यता है। उन्हें शिक्षा से वंचित करने की वजह आज की व्यवस्था ही है। इस सामाजिक एवं शासन-व्यवस्था में परिवर्तन आये बिना श्रमिकों की दशा सुधरेगी नहीं। उन्हें मूर्ख बनाकर पूँजीपति वर्ग अपने स्वार्थ के लिए कठपुतली के समान काम करवाता है।

नमिता को 'आघाड़ी महिला मोर्चा' जो श्रमिक महिलाओं का संघ है, उसके जरिए महिला श्रमिकों में चेतना जगाने का अवसर मिला। आघाड़ी महिला मोर्चा का मुख्य अभियान यही है कि स्वाधार ग्रहण करनेवाली प्रत्येक स्त्री महिला श्रम-सम्बन्धी कानूनी पक्ष से पूर्णतः अवगत हो। आज भी वे अपने मूलभूत अधिकारों के प्रति उपेक्षित पड़े उस ब्लैक बोर्ड की भाँति हैं, जिसपर कोई ककहरा अंकित नहीं किया गया। नमिता फैक्टरियों और खदानों में कार्यरत श्रमिकाओं के अधिकारों से सम्बन्धित कानूनों की सामान्य जानकारी प्राप्त कर उनकी समस्याएँ सुनकर-जानकर उनसे सम्बन्धित वास्तविकता की कुरूपता के अतल तक जाने के श्रम में थी। उसने समझ लिया कि श्रमिक नरक सदृश परिस्थितियों में रहने को अभिशप्त है। श्रमिकों का यथार्थ

जीवन देखने के लिए घाटकोपर से लेकर कांजूर मार्ग, भांडुप, मुलुंड तक फैली उन बस्तियों में जाना है। वहाँ मनुष्य और सूअर में कोई अन्तर नहीं। उनके बाल-बच्चे एवं कामगार महिलाओं से मिलने पर उनका यथार्थ जीवन जाना जा सकता है। उपन्यास में पवार एक पात्र है, जो दलितों के उद्धार के लिए कटिबद्ध है, उसके अनुसार कानून से अवगत हुए बिना दाँव-पेंचों से मुठभेड़ सम्भव नहीं। संघर्ष की चिनगारी जगाने के लिए इसकी सख्त जरूरत है।

सिबाका में एडबेकर जैसी बहुत कम्पनियों में पैकिंग गर्ल के रूप में कार्यरत स्त्रियाँ भी अपने श्रम-अधिकारों से अवगत नहीं, जबकि पैकिंग गर्ल के रूप में मैट्रिक से कम पढ़ी-लिखी स्त्रियों की भर्ती नहीं होती। कामगार आघाड़ी की केस हिस्ट्री में नमिता ने अनेक केस देखे हैं। उदाहरण के रूप में एक केस है पंढरी बाई का। वह 'जय हिन्दू आइल मिल' की महिला श्रमिक है। जचकी का केस होने के बावजूद कम्पनी ने पंढरी बाई को धमकी दी थी कि वह तत्काल काम पर लौटे, वरना नौकरी खत्म समझे। इतनी लम्बी छुट्टी कम्पनी बर्दाश्त नहीं कर सकती। अंडर सेक्शन चार का केस था। क़ायदे से बच्चा पैदा होने के छह हफ्ते बाद ही उसे काम पर लौटना काफी था। कम्पनी की धमकी से घबराकर पंढ़री बाई तुरन्त काम करने पहुँच गयी। अधिक परिश्रम के चलते उसके पेट के गीले टाँके टूट गये। काम पर जाकर स्वयं पंढरी बाई ने अज्ञानतावश अपराध किया। वह जानती ही नहीं थी कि जटिल परिस्थितियों में वह बारह हफ्ते तक की छुट्टी ले सकती है। विमला बेन ने जो 'आघाड़ी महिला मोर्चा' के नेतृत्व में है पंढरी बाई का केस उठाया। उन्होंने कम्पनी प्रबन्धकों को ऐसा हड़काया कि कम्पनी को अपनी धमकी ही वापस नहीं लेनी पड़ी, जचकी के समस्त फायदे भी अविलम्ब देने पड़े। ऐसी कई घटनाएँ हैं, जो कानूनों से वाकिफ न होने पर उत्पन्न हुई हैं।

लेकिन अपने अधिकार के लिए खुद लड़ने को तैयार होनेवाली किशोरी बाई और उसकी बेटी सुनन्दा की कथा इस उपन्यास को और महत्त्वपूर्ण बना देती है। वाकई एक त्रासद यथार्थ श्रमिक महिला के रूप में संघर्ष करते जीनेवाली किशोरीबाई और कुछ समय तक के लिए ही सही संघर्ष करते-करते हत्यारों की शिकार बननेवाली सुनन्दा उपन्यास का सबसे जीवन्त पात्र होने के साथ-साथ पाठकों को संघर्ष-चेतना से ओत-प्रोत श्रमिक नारी का परिचय भी देती है। विवाह के पूर्व ही सुनन्दा गर्भवती बन गयी। बाद में तो किशोरीबाई को मालूम हुआ कि सुहैल नामक मुसलमान का बच्चा सुनन्दा की कोख में पल रहा है। सुनन्दा को सतमासी बेटी पैदा हुई। उधर 'मे एंड बेकर' कम्पनी में वह काम कर रही थी। कम्पनी ने सुनन्दा को नोटिस जारी कर दिया कि काम पर लौटे। चेतावनी यह थी कि अगर वह ब्याह का प्रमाणपत्र नहीं प्रस्तुत करेगी तो कम्पनी से न तो उसकी जचकी की छुट्टियाँ कानूनन मंजूर होंगी न छुट्टियों की तनख्वाह मिलेगी। ब्याहता स्त्रियाँ ही जचकी के फायदे की

कानूनन अधिकारिणी हैं, इसलिए उसका केस कामगार आघाड़ी में आ गया। सुनन्दा बहुत साहसी एवं अपने अधिकारों से अवगत लड़की है। उसने कम्पनीवालों को सूचित किया कि सुविधा का प्रावधान गर्भवती स्त्री और उसके बच्चे को लेकर है, न कि कुँआरी-माँ या ब्याहता माँ के विशेषण के लिए। उसने कई कानूनी सवाल उठाये। कुँआरी-माँ क्या ब्याहता माँ के ही समान जजकी के घोर कष्टों से होकर नहीं गुजरती? उसे आराम की जरूरत नहीं होती? माँ बनना किसी के निजी मामले की बजाय कम्पनी का मामला कैसे हो गया? वह यह भी माँगती है कि अपनी बच्ची के लिए भविष्य में केश की सुविधा चाहिए; वे सारी सुविधाएँ जो कम्पनी अन्य माँ कर्मचारी को उपलब्ध कराती है। वह अपने मातृत्व को ब्याह के टुच्चे प्रमाणपत्र का मोहताज नहीं मानती है। अपनी बच्ची की परवरिश करने को वह तैयार है। इस प्रकार स्त्री के माँ बनने के अधिकार पर जोर देने के साथ कुँआरी माँ पर प्रश्नचिह्न उठानेवालों की संकुचित सोच की निन्दा भी वह करती है।

चाली के भीतर पली-पढ़ी लड़की की प्रखर अन्तश्चेतना देखकर सुनन्दा के सामने नमिता को बहुत बौना लगा। साम्प्रदायिक विद्वेष के खिलाफ सुनन्दा का आह्वान स्त्रियों की भारी एकजुटता का कारण बन गया। स्त्रियों के अधिकारों से अवगत सुनन्दा जब साम्प्रदायिक विद्वेष के खिलाफ लड़ रही थी, तब किसी ने उसकी हत्या की। वेश्याओं का संगठन 'जागो री' की सदस्याएँ अपने को सेक्स वर्कर मानती हैं और अपने अधिकारों के लिए लड़ती हैं।

उपन्यास में यह भी दिखाया गया है कि पूँजीवादी मानसिकता ने गर्भपात्र को भी किराये की चीज बना ली है। नमिता को आभूषण-उद्योगपति अपने चंगुल में फँसाकर उसके गर्भपात्र को अपना बीज उगा लेने का साधन बना लेने का षड्यंत्र रचते हैं। लेकिन वहाँ भी नमिता का संघर्ष उसे बचा लेता है। पूरा उपन्यास मानवाधिकारों के लिए संघर्ष करने की जरूरत पर बल देता है। ट्रेड यूनियन संघर्ष के जरिए अधिकारों को हासिल करने के लिए है तो आजकल कुछ ट्रेड यूनियन सत्ता एवं मैनेजमेंट के साथ मिलकर अपने लक्ष्य से भ्रष्ट होते दिखाई देते हैं—यह भी उपन्यास में साबित किया गया है। आदर्श नेताओं की कमी आजकल राजनीति एवं ट्रेड यूनियन के क्षेत्र में निराशा पैदा करती है। जो आदर्श नेता है; उनका अन्त गाँधीजी के जैसा होगा। उपन्यास के मुख्य पात्र को गाँधी जैसे महामानव का दर्जा उपन्यासकार ने दिया। चित्राजी अन्ना साहब को कई प्रकार से गाँधी के निकट लाने की कोशिश करती हैं। इससे यह जाहिर हो उठता है कि गाँधी के समान मानवाधिकारों की रक्षा के लिए संघर्षरत एक महान व्यक्तित्व की कमी वर्तमान जन मानस महसूस कर रहा है।

गाँधीचिन्तन की प्रतिष्ठा अन्ना साहब के माध्यम से ही नहीं, बल्कि श्रमजीवी संस्थान चलानेवाली गाँधीजी की चेली शाहबेन के महान कार्यों के द्वारा भी हुई है। स्त्री को आर्थिक दृष्टि से स्वावलम्बन प्रदान करने के लिए श्रमजीवी संस्था का काम

बहुत सराहनीय है। पापड़ बेलहारियों का स्वयंसेवी संघ है श्रमजीवी संस्था। वहाँ काम करके बहुत सी स्त्रियाँ अपनी आजीविका चलाती हैं। गाँधी के अनुसार उच्च विचार एवं सरल जीवन बितानेवाली शाहबेन गाँधीजी के शब्दों को याद करती है, "जीवन में कोई अकेला नहीं होता, अकेला वही होता है, जिसे अपने ऊपर भरोसा नहीं होता।" (पृ. 86) गाँधीजी के महान विचारों की सख्त जरूरत आज अधिकारों के लिए संघर्ष करनेवालों को है, यह उपन्यास के कई सन्दर्भों से विदित होता है। ईमानदार राजनीति को ट्रेड यूनियन का आदर्श अपनाना चाहिए, उसी से ही लक्ष्य प्राप्त हो सकता है।

निष्कर्षत : 'आवां' संघर्ष का उपन्यास है। जब तक समाज में जनता अपने अधिकारों से वंचित रहेगी, चाहे वह अधिकार श्रम वर्ग के हों या स्त्री के हों, तब तक संघर्ष का आवां युवा मानस में जलता रहेगा। इस अजस्र संघर्ष चेतना की ऐतिहासिकता का सन्देश पेश करते हुए यह उपन्यास सभी कालों में पुनर्नवा के समान संघर्ष की नित्यनवीन स्फूर्ति प्रदान करता रहेगा।

संजीव के उपन्यास-साहित्य की खासियत यह है कि उनमें समाज के उपेक्षित व हाशियेकृत वर्ग को, विशेषकर आदिवासी जनसमुदाय को समाज की मुख्यधारा से जोड़ने की जबरदस्त कोशिश विद्यमान है। हमारी सामाजिक व्यवस्था आदिवासियों को हमेशा समाज के निचले पायदान पर खड़ा करती है और उन्हें अपनी बुनियादी जरूरतों और अधिकारों से वंचित रखती है। सत्ताधारी वर्ग भी आदिवासी-जनवादियों के सामाजिक जीवन में अयाचित घुसपैठ कर रहे हैं और प्राकृतिक संसाधनों पर कब्जा जमाकर उन्हें हर स्तर पर विस्थापित करते हुए उनके अस्तित्व को भी चुनौती दिए जा रहे हैं। रमणिका गुप्ता का यह शब्द देखिए—"विकास के नाम पर आदिवासी को विस्थापित कर जंगल और जल से वंचित कर जंगलों से बाहर खदेड़ा जा रहा है। दरअसल आदिवासी अपने श्रम के बल पर सदैव आत्मनिर्भर और स्वावलम्बी रहा है। वह प्रकृति से संवाद करता चलता है, उसका सहयात्री है, उसको गाय की तरह पोसता और दुहता है।" (आदिवासी स्वर और नयी शताब्दी, पृ. 8) इन प्रकृति पुत्रों पर जो हमला हो रहा है, वह हमारे सांस्कृतिक पतन का सूचक है। इसलिए इस अप्रत्याशित परिवेश में आदिवासियों के मुक्ति-संघर्ष को अपनी रचनाधर्मिता का आधार बना लेते हैं संजीव। इस दृष्टि से उनके उपन्यास 'सावधान! नीचे आग है', 'धार', 'पाँव तले की दूब' और 'जंगल जहाँ शुरू होता है' विशेष ध्यातव्य है।

'सावधान! नीचे आग है' में संजीव ने बिहार के झरिया-घनबाद कोयला क्षेत्र में मजदूरी करनेवाले आदिवासियों की अभावग्रस्त जिन्दगी को बड़ी शिद्दत के साथ उकेरने का प्रयास किया है। खदान माफिया, इजारेदार, सूदखोर और दलालों के बहुआयामी शोषण से आदिवासी मजदूरों की जिन्दगी बहुत शोचनीय बन गयी। मजदूर यूनियन, सूदखोर, दारूखाने, पुलिस, प्रशासन सभी खदान माफिया और ठेकेदारों से

जायज़-नाजायज़ सम्बन्ध रखते हैं। सत्ता एवं सामन्ती शक्तियाँ मिलकर अंगारडीहा के आदिवासियों की जमीन हड़पने की कोशिश करती हैं। संजीव अंगारडीहा के आदिवासियों झानू, काला, माझी, बृन्दावन और पोना के शब्दों में उनकी बदहालत पर यों प्रकाश डालते हैं "... आस्ते-आस्ते सारा जमीन दखल कर लिया हमारा, बोले, हम कहाँ जाएगा, बोले!.... बोला नौकरी देगा, पानी देगा, स्कूल खोलेगा—ये कर देगा, वो कर देगा, सोना से मढ़ देगा। क्या किया बोले?.... हम अपना मुश्किल बताने गया तो पोसे गुंडों से पिटवाया!.... हमको घूँसा से मारा था! कुत्ता साला।" (सावधान! नीचे आग है, पृ. 43) इस उपन्यास में आदिवासी-शोषण के साथ पूँजीपति वर्ग द्वारा अपनी स्वार्थपूर्ति के लिए मजदूरों की जिन्दगी तबाह करने का चित्र भी पेश है।

उपन्यास में अंगारडीहा का आदिवासी झानू कोलमाफियाओं के शोषण के प्रति सजग है। वह आदिवासियों की जमीन की पैमाइश करने के लिए अपने दल समेत पहुँचे एजेंट आहूजा, दलपति भभी-खनराय, सेक्योरिटी गार्ड और पुलिस के जवानों के विरुद्ध स्थानीय लोगों को एकत्रित करता है और सशस्त्र संघर्ष की अगुवाई भी करता है। जमीन की सतह से हजारों फुट नीचे दमघोंटू वातावरण में जान-जोखिम में डालकर कोयला खनन करनेवाले झानू जैसे मजदूरों को अधिकारीवर्ग की कूटनीति की भी सही पहचान है। इस उपन्यास में वर्ग संघर्ष के साथ ही साथ आदिवासियों का जीवन-संघर्ष भी अनावृत हुआ है।

'धार' में लेखक ने संथाल परगना और छोटा नागपुर के कोयला खदानों में काम करनेवाले श्रमजीवी आदिवासियों की बदहालत को उजागर करने का प्रयास किया है। पूँजीपतियों, कोलमाफियाओं, ठेकेदारों और दलालों का बहुआयामी शोषणतंत्र बाँसगड़ा अंचल के आदिवासी जीवन में वैषम्य पैदा करता है। संथाल आदिवासी टेंगर बाँसगड़ा के आदिवासियों को रोजी-रोजगार मिलने की खुशी में पूँजीपति महेन्दर बाबू को तेजाब का कारखाना खोलने के लिए अपनी जमीन दान में दे देते हैं। लेकिन कारखाना खोलने पर आदिवासी मजदूरों को महेन्दर बाबू अपने वश में रखकर उनका शोषण करने लगता है। इसलिए उन्हें दो जून की रोटी भी मयस्सर नहीं होती। उनकी जिन्दगी पर फैक्टरी के कई प्रकार के प्रदूषण का बुरा असर पड़ता है। फैक्टरी बाँसगड़ा के पर्यावरण को दूषित करने के साथ आदिवासियों को परम्परागत कृषिकार्य से वंचित कर उन्हें बरबादी के कगार पर ला खड़ा करती है। सब मजदूर बीमार हो गये, बाहर राँची आदि प्रदेशों से जो मजदूर आ गये; उनको भी बीमारी के कारण वापस जाना पड़ा। फैक्टरी को वहाँ जनविद्रोह के कारण बन्द करना पड़ा। लेकिन फैक्टरी बन्द होने पर महेन्दर बाबू बाँसगड़ा में अवैध कोयला खनन शुरू करते हैं और राष्ट्रीय सम्पत्ति की लूट भी करते हैं। अवैध कोयला खनन से बाँसगड़ा गाँव प्रायः उजड़ गया था।

'धार' को आदिवासी विद्रोह की अनूठी दास्तान माना जा सकता है। उपन्यास में संथाल आदिवासियों की संघर्ष चेतना के मूल में विचार और क्रिया का समन्वय परिलक्षित होता है। अविनाश शर्मा संघर्ष का विचारात्मक पक्ष है तो मैना क्रियात्मक पक्ष। संथाली नारी मैना, जो अशिक्षित है, फिर भी वह आदिवासियों को महेन्दर बाबू सरीखे शोषकों के शिकंजे से मुक्त करने का बीड़ा उठाती है। संथालों की मिटती अस्मिता पर प्रश्नचिह्न डालकर वह संथाल आदिवासियों में नयी चेतना भरने की जबरदस्त कोशिश करती है। अविनाश शर्मा जनखदान में आदिवासियों की बेहतर और सुव्यवस्थित जिन्दगी के लिए अनुकूल वातावरण पैदा करके आदिवासी संघर्ष को सही रास्ता दिखाते हैं। उनके शब्दों को सुनिए– "ज्ञान का एक दरवाजा आपके लिए बन्द क्यों रहे। आप खुद जानिए कि सरकार ने आपके लिए क्यों सुविधायें दी हैं कागजों में और आपकी नियति क्या है। इस नियति को बदलने का रास्ता क्या हो सकता है। जिस तरह जुए इत्यादि गलत कामों से आपने तौबा कर ली है, शराब से भी कर लो।" (धार- पृ. 35) शर्मा और मैना के नेतृत्व में आदिवासी संगठन 'जनखदान' रूपायित हुआ। लेकिन इसे भी पराजित करने का प्रयत्न पूँजीपतियों ने किया। लेकिन उन्हें हौसला देते हुए शर्मा साथ थे, उनके अधिकारों से सजग करते हुए।

'पाँव तले की दूब' में शोषण के प्रति झारखंड आदिवासियों के सक्रिय विद्रोह का जीता-जागता चित्र है। विकास परियोजनाओं के नाम पर आहत झारखंड के आदिवासी समाज को अन्याय, शोषण, बेदखली, विस्थापन जैसी अनेक समस्याओं से जूझना पड़ता है। अर्थात् औद्योगिक परियोजनाओं की घुसपैठ से झारखंड आदिवासियों का सामाजिक ढाँचा बिखर जाता है। ऐसी स्थितियाँ झारखंड आन्दोलन के लिए पृष्ठभूमि तैयार करती हैं, जो औद्योगिक प्रगति के दौर में आदिवासियों के स्वतंत्र अस्तित्व की माँग करता है। संजीव ने आन्दोलनकर्मी द्वारा आदिवासियों के उद्धार के लिए किये गये प्रयत्नों का उल्लेख उपन्यास में किया है। झारखंड आन्दोलन के सक्रिय नेता माधो हंसदा शिक्षा का प्रसार और शराब बन्दी के जरिए आदिवासी समाज में फैली सड़ी-गली मान्यताओं को खत्म करना चाहते हैं। उनके समान विजय महतो, सुदामा प्रसाद, सुदीप युवा छात्र नेता फिलिप आदि झारखंड के आदिवासियों में संघर्ष चेतना जगाने में अपने विचारों और कर्मों के द्वारा समर्थ निकले।

'जंगल जहाँ शुरू होता है' में संजीव यह सवाल उठाते हैं कि "आखिर इन थारुओं में अपने इस शोषण के विरुद्ध कोई आक्रोश क्यों नहीं उपजता? न अपना कोई नायक क्यों नहीं खड़ा कर पायी यह जाति?... अगर नारियाँ ही पुरुषों से जीवन्त हैं तो नायिका ही खड़ी होती कोई?" (पृ. 280) आदिवासी लोगों की अज्ञता, जागरण का अभाव, अपने अधिकारों के प्रति अनभिज्ञता आदि पर वे विशेषतः बल देते हैं। लेकिन उपन्यास में मास्टर मुरली पांडे, डी.एस.पी. कुमार और आदिवासी

युवक काली अपने-अपने ढंग से आदिवासी समाज में सुधार लाने का प्रयत्न करते हैं। मास्टर मुरली पांडे पेशे से अध्यापक हैं, फिर भी वे एक प्रतिबद्ध सामाजिक कार्यकर्ता की हैसियत से एक ओर थारू समाज में व्याप्त धार्मिक अन्धविश्वासों पर तीखा प्रहार करते हैं, तो दूसरी ओर पश्चिमी चंपारण को डाकुओं के चंगुल से मुक्त करने का प्रण लेते हैं। लेखक हमें सोचने के लिए विवश करते हैं कि क्यों जनजातीय समाज के सदस्य प्रचुर मात्रा में अपराधी बन जाते हैं। यह किसी अंचल विशेष का नहीं, बल्कि सम्पूर्ण भारतीय समाज का यथार्थ है। भारतीय समाज में व्यवस्था द्वारा उपेक्षितों के प्रति नकारात्मक रुख, पूँजीपतियों का अमानवीय उत्पीड़न, प्रशासन और पूँजीपतियों की मिलीभगत—ये सब अपराध को बनाये रखने तथा उसको बढ़ावा दिलाने में जिम्मेदार हैं। जनजातीय समाज द्वारा अपने ऊपर होनेवाले अन्याय के प्रति चुप्पी साधना, उसके अस्तित्व के लिए खतरनाक सिद्ध होता है।

निष्कर्षतः यह कहा जा सकता है कि संजीव आदिवासी जनसमुदायों के बीच नयी सोच का प्रसार कर एक परिवर्तित समाज की सृष्टि करना चाहते हैं। इसलिए वे अपने उपन्यासों में अपने अधिकारों के प्रति सचेत एवं सजग पात्रों की सृष्टि करते हैं। ये पात्र सचमुच लेख के विचारों के संवाहक अवश्य हैं।

दलित उपन्यासकार दलितों की स्वानुभूति को दर्ज कर अपने अधिकारों के प्रति सतर्कता बरतने के प्रयत्न में हैं। उन उपन्यासों में दलित मानसिकता है। प्रतिकूलताओं से संघर्ष करते हुए सफलता तक पहुँचानेवाली मानसिकता है वह। उसमें पराजयभाव नहीं, उसमें विद्रोह एवं प्रतिरोध की भावना है। प्रेम कपाड़िया का उपन्यास है 'मिट्टी की सौगन्ध'। इसमें जमींदार और दलित वर्ग के बीच का संघर्ष है। उनको स्वतंत्र जीवन बिताने का कोई अधिकार नहीं। जमींदार के अन्यायों से मुक्त होना है तो संगठित होना जरूरी है। दलित संगठित नहीं हैं, क्योंकि वे अशिक्षित हैं। शिक्षित समाज ही अन्याय एवं अत्याचार को पहचानने में सफल होता है। उपन्यास का नायक विजेन्द्र जो जमींदार का छोटा बेटा है, फिर भी वह हमेशा दलितों के साथ रहकर उनकी भलाई के लिए काम कर रहा है। अपने नेतृत्व में दलित युवकों के सहयोग से वह न्याय सेना का गठन करता है। उस सेना का नायक है कालू पासवान। जमींदार मदनसिंह और उनके बड़े बेटे शमेन्द्र का आतंक पूरे समाज में फैला हुआ है। आखिर न्याय सेना के लोग जमींदार को चेतावनी देते हैं—"जमींदार मदन सिंह अगर अपने परिवार को ठीक रखना है, तो रामनगर में दलितों और गरीबों पर जुल्म ढाना बन्द कर दे, वरना तेरा नाश न्याय सेना कर देगी।" (पृ. 73) आखिर न्याय सेना की जीत होती है। वे ठाकुर के छोटे बेटे विजेन्द्र की मदद से जमींदार को गिरफ्तार करा देते हैं और अदालत उन्हें 10 साल की सजा देती है। विजेन्द्र दलित युवती शीला से शादी कर लेता है, जिसकी इज्जत खुद विजेन्द्र के पिता ठाकुर मदन सिंह ने लूट ली थी। दलितों को सजग एवं सक्रिय बनाने के लिए

सवर्णों की भूमिका महत्त्वपूर्ण एवं अनिवार्य भी है- यह उपन्यासकार ने विजेन्द्र के माध्यम से दिखाया है। दूसरी बात यह है कि दलितों को अपने अधिकार के लिए या अपने प्रति जो अत्याचार हो रहे हैं, उनको उचित जवाब देने के लिए संगठित होना है। ये दोनों दृष्टिकोण सचमुच अम्बेडकर के ही हैं, जिन्हें उपन्यास में सफलता के साथ प्रस्तुत किया गया है।

रचनाकार, श्रमिक, मजदूर, स्त्री, आदिवासी, दलित तथा अन्य हाशियेकृत वर्गों एवं जातियों एवं संस्कृतियों के अधिकारों के लिए लड़ना अपना धर्म समझते हैं। मानवाधिकार में प्रत्येक व्यक्ति को भोजन, वस्त्र, आवास तथा चिकित्साओ की सुविधा; बीमार और अशक्त होने पर सुरक्षा का अधिकार आदि सम्मिलित हैं। इन अधिकारों को प्राप्त करने के लिए प्राकृतिक संसाधनों जैसे पौधों, जंतुओं, नदियों आदि का संरक्षण भी आवश्यक है। आज प्रकृति तथा प्राकृतिक विभवों का जो अनावश्यक शोषण विकासयोजनाओं के परिणामस्वरूप उत्पन्न होता है, उसके प्रति भी सजग कई उपन्यास लिखे जा रहे हैं। पारिस्थितकीय सन्तुलन मानवीय जीवन का आधार है। ऐसे उपन्यासों में मुख्य हैं - वीरेन्द्र जैन का डूब संजीव के धार और जंगल जहाँ शुरू होता है मैत्रेयी पुष्पा का 'इदन्नमम', नासिरा शर्मा का 'कुइयांजान' आदि आदिवासियों पर लिखे गये बहुत अहम उपन्यास हैं।

आज इस भूमंडलीकृत संस्कृति में मानव को कई प्रकार से सजग होना है। यह अपने अस्तित्व के लिए जरूरी है। अपनी संस्कृति एवं जीने के अधिकारों को हमसे आसुरी शक्तियाँ छीन लेती जा रही हैं। इसीलिए कानूनी स्तर पर भी हमें इसका सामना करना पड़ता है। समकालीन उपन्यास इस दृष्टि से बहुत सतर्कता से धर्मयुद्ध कर रहे हैं।

आम आदमी को आदमी की हैसियत से जीने के अधिकार दिलाने के लिए समकालीन उपन्यासकार अपनी सृजनात्मकता को उनके लिए सतर्कता, ईमानदारी एवं निष्ठा के साथ समर्पित कर रहे हैं। यह सचमुच मानवाधिकार के लिए उनके द्वारा किए जाने वाला महान संघर्ष ही है। यानी कि मानव मुक्ति का संघर्ष। यही सचमुच रचनाधर्मिता की सार्थकता है।

समकालीन हिन्दी उपन्यास में गाँधीचिन्तन

बीसवीं शताब्दी के महात्मा हैं गाँधीजी। गाँधीजी ने अपने जीवनकाल में उद्घोषित किया कि ''गाँधीवाद नाम की कोई वस्तु है ही नहीं और मैं अपने पीछे कोई संप्रदाय नहीं छोड़ जाना चाहता हूँ। मैंने तो केवल जो शाश्वत सत्य है, उसको अपने नित्य के जीवन और प्रश्नों पर अपने ढंग से उतारने का प्रयास मात्र किया है।'' गाँधीजी ने सही ही कहा कि जिस शाश्वत सत्य को उसने उनके जीवन में उतारना चाहा, उसे ही हम गाँधीवाद कहते हैं। गाँधीवाद एक सम्पूर्ण जीवन दर्शन है। वह जीवन दर्शन बीसवीं शताब्दी के पूर्वार्द्ध में सुरसरी के समान सबका हित चिंतन करते हुए धर्म, दर्शन, समाज, साहित्य आदि सभी क्षेत्रों को आप्लावित कर रहा था। साहित्य के सम्बन्ध में स्वतंत्रता प्राप्ति तक हिन्दी साहित्य में एक प्रकार से गाँधीयुग था। लेकिन जब हम स्वतंत्रता के नजदीक आने लगे, राजनीति में गाँधीजी का बहिष्कार होने लगा। साहित्य भी गाँधीजी तथा ग्राम से दूर-दूर जाने लगा

यशपाल का 'गाँधीवाद की शवपरीक्षा' और हंसराज 'रहबर' का 'गाँधी बेनक़ाब' जैसी रचनाएँ सामने आयीं। किन्तु गाँधी का अवसान कैसे सम्भव हो जाएगा। वे चिरन्तन एवं नूतन हैं। वे इतिहास हैं। इसकी महत्ता आज की विशेष परिस्थिति में बढ़ रही है। इसकी वजह यह है कि आज के मूल्यसंकट के दौरान सम्पूर्ण क्षेत्र को गाँधीवाद ही एक मात्र आवलम्ब है। सदा गाँधीजी के जरिए हम लगातार अपनी जमीन तलाशते हैं, जो हमारे पैरों के नीचे लगातार खिसकती जा रही है। इस नवउपवेशवादी भारत में गाँधीवाद पर पुनर्चिंतन करने की जरूरत है। गाँधी भी युगों से चले आ रहे भारतीय महाकाव्य रामायण और महाभारत की नयी कड़ी हैं। जिस प्रकार रामायण एवं महाभारत की कथायें बहुत सुनने पर भी हम ऊब नहीं जाते हैं, पुनः-पुनः सुनना चाहते हैं और उनकी गहराई में और भी डूब कर रस लेना चाहते हैं; वैसे ही चिरपरिचित गाँधी-चरित पर हम हावी हो जाते हैं। उन्नीसवीं सदी के अन्तिम दशक में प्रारम्भ और बीसवीं सदी के पूर्वार्ध की दहलीज पर समाप्त अन्धकार की शक्तियों के विरुद्ध गाँधी के निहत्थे-अनवरत संघर्ष ने भावी महाकाव्यों के लिए एक सर्वथा नया और बहुआयामी बीज विषय दिया है। मानव गरिमा के लिए अन्याय के विरुद्ध गाँधी के निहत्थे संघर्ष का सूत्रपात उन्नीसवीं सदी के अन्तिम दशक में सुदूर दक्षिण अफ्रीका की अज्ञात कुलशील धरती पर हुआ था

और उसका अन्त हुआ बीसवीं सदी के पूर्वार्ध की दहलीज पर उनकी शहादत के साथ भारत में। भारतीय महाकाव्य के धीरोदात्त नायकों जैसा उनका जीवन सिनेमा, नाटक और उपन्यास जैसी रचनात्मक विधाओं को निरन्तर अपनी ओर आकर्षित करता चला आ रहा है।

स्वतंत्रता के उपरान्त गाँधी की उपेक्षा हुई तो भी अंचल केन्द्रित उपन्यासों में गाँधीवादी विचारधारा का खुलकर चित्रण हुआ। इन उपन्यासों में गाँधीवाद के परिवर्तित रूप का इस्तेमाल हुआ। गाँधीजी ने भारत की आत्मा को गाँव में देखा। उसी गाँधीजी का दुरुपयोग राजनीतिज्ञों के द्वारा ग्रामीण उद्धार को लक्ष्य करके किया गया। रेणु के 'मैला आँचल' में बावनदास की हत्या इसकी मिसाल है। 'रागदरबारी' में वैद्य नामक पात्र भी गाँधीजी का परम भक्त कहकर- ग्राम के सर्वतोन्मुख शोषण में अगुवाई करता है।

समकालीन उपन्यास में गाँधी का सच्चा इस्तेमाल गाँव केन्द्रित कई उपन्यासों में नजरअन्दाज किया जा सकता है। ऐसे उपन्यासों में गाँधीवाद की जीत होती है और एक तरह से गाँधीवाद की पुनःप्रतिष्ठा की चाह इन उपन्यासों में परिलक्षित होती है। कहीं-कहीं गाँधी प्रतीकात्मक रूप में हैं तो कहीं विचारधारा के रूप में और कहीं विभिन्न पात्रों के जरिए गाँधी समकालीन उपन्यास में प्रवेश करते हैं। स्वतंत्रता के बाद अब पचास से ज्यादा साल बीत चुके हैं, इस अवसर पर, देरी से ही सही गाँधीजी का स्मरण लोग करने लगे। पुनः हमारा देश बाजारीकरण, भूमंडलीकरण आदि की वजह से विदेशी कब्जे में फँस गया है। अर्थ, संस्कृति, उद्योग आदि मुख्य क्षेत्रों में विकसित देशों का दाब आ चुका है। भारत में अपनेपन का नुकसान हुआ है। साम्प्रदायिकता एक बड़ी बीमारी बनकर समाज को निगल रही है। विखंडनवाद, उग्रवाद, हत्याकांड आदि से हिलने-डुलने वाला भारत गाँधी जी की मदद से ही बच सकेगा। जिन कम्यूनिस्ट पार्टियों ने गाँधी के विचारों का घोर विरोध किया था, उनके द्वारा गाँधीजी फिलहाल सबसे ज्यादा कबूल हो गये। इसलिए जनवादी उपन्यासकारों की आवाज में गाँधी की अहमियत पेश की जाती है।

सर्वप्रथम गिरिराज किशोर द्वारा रचित 'पहला गिरमिटिया' पर ही विचार-विमर्श करना उचित है। अपना सबकुछ हारकर पेट की आग बुझाने के लिए दक्षिण अफ्रीका की धरती पर पहुँचे बेजुबान गिरमिटिया मजदूरों में खुद भी गिरमिटिया गाँधी ने जिन्दगी की एक नयी हरारत पैदा की थी। रोटी की तीर्थयात्रा में धूलधूसर लोगों के मुर्दा सपनों को उन्होंने स्पंदन विकल नये पंख दिये थे। दरअसल गिरिराज किशोर का पहला गिरमिटिया गाँधी को केन्द्र में रख उन्हीं के रूपक के जरिए अन्धकार में रोशनी के लिए छटपटाते मनुष्य की ऊर्ध्वगामी चेतना का नायाब कुतुबनुमा व्यक्तित्व है। आज भारत को प्रकाश की जरूरत है। यहाँ धर्म की ग्लानि हुई है, इसलिए भारतीयों के तथा भारतीय मिट्टी के बचाव के लिए गाँधी का पुनरवतार

'पहला गिरमिटिया' नामक ऐतिहासिक एवं चरित्र प्रधान उपन्यास में हुआ। भूमिहीन दरिद्र भारतीय किसानों को ही पशुवत जहाजों में भरकर फिजी, सूरीनाम, डच और ब्रिटिश गुयाना, मारीशस तथा दक्षिण अफ्रीका ले जाया गया था। वहाँ जानवरों से भी बदतर जीवन व्यतीत करने के लिए अभिशप्त वे मजदूर जब तक साँस चलती थी, अपने खून-पसीने से सींचकर धरती से गोरों के लिए सोना उपजाते थे और मर जाने पर उनकी हड्डियाँ वहाँ की धरती को और भी उपजाऊ बनाने में काम आती थीं। गिरमिटियों के हृदयविदारक चित्र उपन्यास के प्रारम्भ में ही हैं। ऐसे लोगों के अधिकार के लिए दक्षिण अफ्रीका में बैरिस्टर बनकर पहुँचे गाँधीजी ने अहिंसा पर टिककर जो लड़ाई लड़ी, वह सदा स्मरणीय है। दूसरे देश पहुँचकर वहाँ के भारतीयों के लिए गाँधीजी ने अपने को पूर्णतः स्वाहा कर डाला। गोरों के खिलाफ लड़ने में जो साहस पेश किया, वह गाँधीजी की विचारधारा की अहमियत है। दक्षिण अफ्रीका में कायम रंगभेद नीति का भी उन्होंने घोर विरोध किया।

गाँधी 'पहला गिरमिटिया' इस अर्थ में था कि उसने औपनिवेशिक शासन के दमन और शोषण को सर्वथा अस्वीकार कर उसके खिलाफ संघर्ष किया। यह एक मामूली, पर मानवीय कारुण्य और असाधारण संकल्प शक्ति से सम्पन्न आदमी की एक शक्तिशाली, बर्बर, मानवीय मूल्यों से शून्य, स्वार्थान्ध औपनिवेशिक ताकत से टक्कर थी। अफ्रीका पहुँचते ही गाँधी की पहली टक्कर वहाँ की न्यायपालिका से हुई। मजिस्ट्रेट ने अपने जातीय अभिमान में उसे पगड़ी उतारने का आदेश दिया, जिसे अदालत के उस अजनबी वकील ने ठुकरा दिया और अदालत छोड़कर बाहर आ गया। यह ब्रिटिश अदालत को गाँधी की पहली चुनौती थी। इसके बाद गाँधी को एक गोरे द्वारा ट्रेन से फेंके जाने की प्रसिद्ध घटना घटी। इस प्रकार की और भी अनेक अपमानजनक, पीड़ादायक घटनाएँ घटती रहीं, पर गाँधी उनसे बिना विचलित हुए अपनी लड़ाई लड़ता रहा। उसे जितना दबाया गया, उतना ही वह मजबूत होता गया। उसकी संकल्पशक्ति बढ़ती गयी। जिद्दीपन, स्वाभिमान, नहीं कहने का आत्मबल, निर्भीकता और असाधारण सहनशक्ति गाँधी के व्यक्तित्व में आरम्भ से ही थी; पर दक्षिण अफ्रीका के दमन ने उसकी कुंडलिनी शक्ति को जाग्रत कर दिया। उसकी इस संघर्ष-क्षमता ने औपनिवेशिक हुकूमत को और भी हिलाकर रख दिया। उसके तर्क, उसके प्रेम, उसके लड़ने के तरीके के सामने विरोधी परास्त होते रहे। अन्ततः गाँधी को अपने संघर्ष में सफलता मिली और भारतीय प्रवासियों ने उसे महात्मा की उपाधि से विभूषित किया। इस प्रकार इस उपन्यास में एक साधारण व्यक्तित्ववाले मोहनदास के महात्मा में बदलने की पूरी चमत्कारपूर्ण प्रक्रिया साकार हो उठी है। गाँधीजी दक्षिण अफ्रीका के हजारों भारतीय मजदूरों की चेतना की बुझी राख को प्रज्वलित कर उनके ठंडे दिलों में संघर्ष और आजादी की लौ जगाने में कामयाब हो गये हैं। गाँधीजी का सम्पूर्ण जीवन पीड़ित मानवता के लिए समर्पित

था, इसलिए आज के इस विशेष माहौल में भारतीय जनता के लिए गाँधीविचार ही एकमात्र हाथियार है। इस सन्दर्भ में यह विशेष उल्लेखनीय है कि गाँधीजी के पौत्र जब पिछले साल फिलस्तीनी नेता यासर अराफात से मिलने गये तब उन्होंने बताया कि आप देश की स्वतंत्रता के लिए हिंसात्मक वृत्ति छोड़कर गाँधीजी का हथियार अपनाइए तो तुम्हारा मकसद पूरा हो जाएगा। इसका तात्पर्य यह है कि आज गाँधीजी की विचारधारा सम्पूर्ण दुनिया के लिए जरूरतमन्द बन गयी।

'पहला गिरमिटिया' गाँधी के व्यक्तित्व पर पूर्णतः केन्द्रित है तो हिन्दी के समकालीन कई उपन्यासों में गाँधी कई पात्रों के माध्यम से हमारे बीच में आते हैं। वीरेन्द्र जैन के 'डूब' नामक उपन्यास में 'माते' नामक पात्र एकदम गाँधी जैसा ही है। मध्यप्रदेश में बेतवा नदी पर बाँध बनाने की योजना के तहत व्यापक पैमाने पर जो जनजीवन का विस्थापन हो रहा है, उसका यथार्थ चित्रण वीरेन्द्र जैन ने 'डूब' में किया है। साम्राज्यवादी व्यवस्था ने लम्बे अरसे तक अपने उपनिवेशों और तीसरी दुनिया के दूसरे देशों में, सत्ता में रहते हुए अपने हित साधने के लिए अपनी शिक्षा व्यवस्था लागू की है। ऐसी शिक्षा से शिक्षित और प्रेरित लोग स्वतन्त्र राष्ट्र में भी उसी औपनिवेशिक शिक्षा की परम्परा को जारी रखते हैं। इसके फलस्वरूप वे परिस्थिति विनाशक परियोजनाएँ विकास के नाम पर लागू करने में तुले हुए हैं। इस औद्योगिक क्रांति के फलस्वरूप उत्पन्न हुए विकास का प्रतीक है बाँध। आजादी के बाद बाँधों के निर्माण का सिलसिला तेजी से शुरू हुआ और इन्हें "स्वतंत्र भारत के नये देवालय बताया गया" (पर्यावरण की संस्कृति—शुभु परवा, पृ॰ 84) लेकिन इनका जो बुरा असर देश के पर्यावरण और जनजीवन पर पड़ा, यह चिन्ता का विषय है। इस उपन्यास में आदि से अन्त तक वटवृक्ष समान व्याप्त पात्र 'माते' शहरीकरण और औद्योगीकरण के लिए गाँव उजाड़ने के बिलकुल खिलाफ है। शुरुआत से आखिर तक वह अपने सत्य को सत्ता से टकराता चलता है। वह आदमी से दोगुनी जिन्दगी जीनेवाला, गाँववालों में मातवर और अनिवार्य सा आदमी है।

गाँव टूटते हैं, बिखरते हैं, पिसते हैं, गिरते चले जाते हैं और सरकारी प्रचारतंत्र विकास की जययात्रा का यशोगान गाता-फैलाता रहता है। चारों तरफ झूठे सरकारी प्रचार का बोलबाला है। अपनी सरकार के प्रति गहरा विश्वास, आत्मीयता रखने वाले राष्ट्रप्रेमी माते के मन में भी मोह एवं निराशा उत्पन्न हो जाती है, वे कहते हैं—"ये सपनों से खाली, तमन्नाओं से बेखबर, जीवन से ऊबे, कांतिहीन, मांस-मज्जाहीन, हाड़ के ढाँचे कहाँ जाएँगे अब?" (डूब, पृ. 240)। यहाँ माते गाँधीजी के अन्तिम दिनों की याद हमें दिलाते हैं। उपन्यास में विदेशियों से कर्ज लेकर सरकार चलानेवाली नीति पर व्यंग्य करते हुए दिखाई देते हैं।

लड़ैई गाँव बेतवा नदी में बाँध बनाने से अवश्य डूब जाएगा। माते इसके विरोध में अन्त तक खड़े हैं। सरकार बीचबीच में लड़ैई के लोगों को यकीन दिलाती है कि

बाँध बनाने का काम छोड़ा जाएगा हालाँकि पासवाले शहर के विकास के लिए बिजली और पानी की सख्त जरूरत सरकार महसूस करती है। अन्त में लडैई डूब क्षेत्र से बाहर कर दिया जाता है। सरकार ने यह फैसला किया है कि लडैई गाँव जहाँ स्थित है, वहीं अभयारण्य बना दिया जाएगा। लेकिन बाँध टूट जाता है। माते की छड़ी से आहत पानी की शान्ति भंग हुई। पानी में हरकत हुई। उसने गति पकड़ी और सच-सच कहता हुआ ढलान को ओर चल दिया। "दो जीवन की उम्र स्वाहा करने पर माते को जिस सत्य की सिद्धि हुई थी, उस सत्य की सूचना पहाड़ों तक, मैदानों तक, गुफाओं तक, कंदराओं तक, गाँवों तक, कस्बों तक नगरों तक, महानगरों तक, तलैयों तक, नदियों तक, संगम तक, सागर तक, महासागरों तक, गूँगों तक, बहरों तक, सोतों तक, जागतों तक, अबूझों तक, बूझों तक, मृतकों तक, जीवितों तक, बेशर्मों तक, शर्मसारों तक पहुँचाने के लिए पानी ने अपनी सच यात्रा जारी रखी। खबर मिली है कि जल की वह सच-यात्रा यह खबर लिखे जाने के दिन तक जारी थी।" (डूब, पृ. 288) माते ने अपनी लम्बी जीवनयात्रा गाँधीजी के समान सत्य की तलाश में व्यतीत की। जिस प्रकार बाढ़ की जल-यात्रा जारी है, उसी प्रकार वह तलाश समाप्त नहीं होती।

माते सचमुच अभिनव गाँधी हैं। वे गाँधी के समान स्पष्टवादी एवं अन्याय के खिलाफ आक्रोश तथा आवेश दिखानेवाले हैं। गाँधीजी के समान यांत्रिकीकरण की प्रक्रिया के प्रति नाखुश हैं। इस उपन्यास में यांत्रिकीकरण का प्रतीकात्मक रूप है चीलगाड़ी। इसे वे अशुभ और अशगुन का पूर्वाभास मानते हैं—"फिर कोई अनर्थ होगा क्या? जरूर होगा। अपशगुन का संकेत है यह चीलगाड़ी तो।" (डूब, पृ. 212) माते का सभी आदर करते हैं। आदर उनका नहीं, बल्कि उनके आदर्शों का करते हैं, उनकी ईमानदारी का करते हैं, उनके त्याग का करते हैं। विरोध करने का अकेला साहस, लोगों का विश्वास अर्जित करने का ढंग, व्यक्तिगत ईमानदारी, जनसमूह पर जादुई प्रभाव ये सभी बिलकुल गाँधीजी के व्यक्तित्व या महात्मा व्यक्तित्व के समान बनाते हैं माते को। वे अपनी छड़ी, अपनी अनुभवी आँखें एवं लोकसंचित ज्ञानकोश के आधार पर समूचे गाँव को मुट्ठी में बाँध रखते हैं। गाँधीजी के सदृश अपनी जिन्दगी की शुरुआत से आखिर तक वह अपने सत्य को सत्ता से टकराते चलते हैं। आत्मसंघर्ष से बिखरे हुए माते में गाँधीजी की छाया है। अरविन्द पांडेय के अनुसार वह संतों से बढ़िया है। गोराबाई के मुताबिक माते अवतारी पुरुष हैं। रामदुलारे के अनुसार "हमारे माते शलाका पुरुष हैं, अवतारी आत्मा हैं। वे सच को सच, झूठ को झूठ कहने में नहीं हिचकते। वे केवल अहित की बात कहते हैं, अहित नहीं करते हैं, न विचारते हैं। वे अपने नहीं, औरों के दर्द महसूस करते हैं। वे वैष्णव जन हैं। गाँधी के वैष्णव, मेरे गाँव के वैष्णव, मेरे युग के वैष्णव।" (डूब) लोकतंत्रीय शासन डाकू से भी अमानुषिक है। इस प्रकार की स्थितियों में वह कभी-कभी गाँधी की भाँति

मौन रहता है। तब माते से गाँववाले बोलने की जिद्द करते हैं तो वे मीठा बोलते हैं। लोकतंत्र पर थूकते हैं। लोकतंत्र के पहरेदार रेडियो को पानी में फेंकते हैं। उनके मन में गाँधी के ग्रामस्वराज के प्रति अविरोधी भाव है। पंचायतीराज में एक मनुष्य दूसरे मनुष्य को पहचान सके। 'डूब' उपन्यास में माते पात्र के जरिए उपन्यासकार वीरेन्द्र जैन गाँव की ओर हमें ले जाकर गाँव की नब्ज पहचाननेवाले माते की सृष्टि कर गाँधी विचारधारा की पुनरावश्यकता की ओर इशारा करते हैं।

गाँधीजी का नारा 'गाँव की ओर लौट' को बुलन्द करनेवाले हिन्दी के समकालीन उपन्यासकार हैं विवेकी राय। उनके प्रायः समस्त उपन्यासों में गाँव की समस्यायें यानी स्वतंत्रता प्राप्ति के बाद ग्रामीण जीवन में जो गिरावट आयी है, राजनीतिक, सांस्कृतिक, शैक्षिक एवं सामाजिक जीवन मूल्यों में जो ह्रास हुआ है, व्यक्ति-मानस में स्वार्थ साधन की जो प्रवृत्ति पनपी है, पारिवारिक-सामाजिक सम्बन्धों में जो बिखराव आया है, ग्रामीण जीवन के सहज अकृत्रिम प्रवाह को जो धक्का लगा है और इन सबके चलते एक संवेदनशील के मन में निराशा का जो कुहासा घनीभूत हुआ है, उसका बड़ा ही सजीव और यथार्थ चित्रण दिया गया है। 'समरशेष' और 'लोकऋण' में गाँधीजी की अहिंसा का समर्थन किया जा रहा है। समरशेष के नायक संतोषी पंडित को हैरानी है कि महात्मा गाँधी के लोकतंत्र की समाप्ति माना जायेगा? संतोषी पंडित हिंसा को एकमात्र विकल्प नहीं मानते। वे कहते हैं "वे कौन लोग हैं, देश के शत्रु हैं या मित्र हैं जो देश को इस प्रकार हिंसा की आग में झोंक रहे हैं! नहीं, देश के सुधरे लोगों को इस हिंसा के खिलाफ आवाज उठानी चहिए। जिनके पास आत्मबल नहीं होता वे अस्त्रबल को लेते हैं। देश-दुनिया को बेहतर बनाने के लिए अपने भीतर के बल को पहचान कर उसका प्रयोग करो और फिर उसे देखो।" भारत की राजनैतिक हालत को देखकर 'सोनामाटी' में भी उसका नायक रामरूप उसे एक प्रकार के 'प्रजातांत्रिक प्रहसन की संज्ञा देता है। वह इस क्षेत्र की कुटिलता एवं गंदगी को समझकर इससे विरत हुआ है, दूसरी ओर वर्तमान में महात्मा गाँधी की सख्त जरूरत अनुभव करता है।

सचमुच अशान्ति एवं तनाव का कारण है शरीर के इशारे पर चलना, खाना, पीना, सोना, मौज-मस्ती करना। इसकी सीमा नहीं। इससे जल्दी मनुष्य ऊब जाता है। इसलिए ऐसी चीज़ की खोज हो, जिससे विकर्षण न हो, विरक्ति न हो। वह आत्म- साक्षात्कार से सम्भव हो जाता है। गाँधीजी इसी पर बल देते हैं। सी॰ ई॰ एम॰ ज़ोड ने अपने लेख 'गाँधियन वे' में 'अलगाव का सिद्धान्त' अर्थात् 'शरीर और आत्मा को अलग-अलग देखना' पर प्रकाश डालते हैं। हम इन दोनों की पुकार सुन सकते हैं। जो आत्मा के हित में देह की पुकार को लगा सकता है, वही गाँधियन है। आत्मा का हित ही सर्वोपरि है। भोगवादी संस्कृति में शरीर की पुकार मुख्य है। हमारी दौड़ तभी रुकेगी, हम श्रेय तभी पाएँगे, मानव-मानव के मध्य रागात्मक

सम्बन्ध तभी बनेगा, जब हम देह के पालन-पोषण से ऊपर उठेंगे। गाँधीजी इसी बल पर सत्य-अहिंसा का दामन थामे रहते थे। इसी बल पर एक निहत्थे ने शस्त्रबल में मशहूर ब्रिटिश के खिलाफ लड़कर जीत हासिल की। उसी गाँधीजी के पुनरअवतार का इन्तजार विवेकी राय के उपन्यासों में है।

'सोनामाटी' उपन्यास गाँधीजी के सपने का जो पंचायती राज है, उसका दूषित रूप हमारे सामने पेश करता है। गाँधीजी का कहना था कि राजनीति और अर्थनीति दोनों में गाँवों की मुख्य भूमिका हो। सत्ता का केन्द्रीकरण न होकर विकेन्द्रीकरण हो। ग्रामपंचायत द्वारा ग्रामीण विकास के स्वप्न साकार हों। मसलन साक्षरता, पिछड़ापन दूर करना, अन्ध-विश्वास को मिटाना एवं प्रगति की नयी रोशनी में कदम बढ़ाना। पंचायतों के द्वारा कृषि को उन्नत व बहुफसली बनाकर तथा खाली समय के लिए लघु और कुटीर उद्योगों को प्रोत्साहन देकर ग्रामीण आत्मनिर्भरता की ओर कदम बढ़ाया जा सकता है। लेकिन 'सोनामाटी' में जो ग्राम पंचायत है, वह घोर स्वार्थ एवं द्वेषपूर्ण राजनीति का अड्डा है। पंचायती राज की संस्था में अत्याचार, अन्याय, दमन, शोषण, हिंसा, पारस्परिक वैमनस्य, लूटपाट, मुकदमेबाजी, चोरी-डकैती आदि चल रहे हैं।

लेकिन विवेकीराय ने अपने उपन्यासों में मूल्यविघटन को नजरअंदाज किया एवं मूल्यवादी पात्रों की सृष्टि भी की है। इन मूल्यवादी पात्रों के द्वारा गाँव का त्राण सम्भव है। वे गाँधीजी के प्रतीक हैं, सदा हमारे बीच अभय मुद्रा में, अजेय सेनानी की तरह हमारा मार्गदर्शन करते हुए खड़े गाँधीजी के जैसे।

अलका सरावगी का उपन्यास 'कलिकथा वाया बाइपास' में भी एक विचारधारा के रूप में गाँधी अन्तिम भाग तक विद्यमान हैं। किशोर बाबू और डॉ. शान्तनु स्वतंत्रता के पूर्व देश के लिए मरमिटने को भी तैयार हुए। लेकिन आज वे देशप्रेम को मूर्खता समझते हैं और आज के भौगोलीकरण एवं बाजारीकरण की चकाचौंध में रस लूट रहे हैं। अपने घर-परिवारवालों के साथ मिलकर इलेक्ट्रॉनिक दुनिया में, फैशन की दुनिया में अपनी जिन्दगी बिताते हैं। उनका मित्र है अमोलक, उसने भी इनके साथ स्वतंत्रता संग्राम में भाग लिया था। उन्होंने अभी तक पुराने मूल्यों को पुराना समझकर ठुकराया नहीं। स्वतंत्रता प्राप्ति के बाद जब तीनों मित्र अलग हुए, तब उन्होंने यह निर्णय लिया कि अगर वे जीवित हैं तो 1 जनवरी 2000 को कोलकाता के विक्टोरिया मेमोरियल के सामने मिलेंगे। लेकिन बाबरी मसजिद के ध्वंस के वक्त साम्प्रदायिक पागलों के हाथ से अमोलक मारा गया था। उसने अपनी जिन्दगी के अन्तिम वक्त तक देश के लिए समर्पित भाव से काम किया। जैसे गाँधीजी की हत्या हुई, वैसे ही अमोलक साम्प्रदायिकता का शिकार बन गया।

भारत कहलाता है धर्मनिरपेक्ष, जिसका अर्थ होता है अपने धर्म के साथ अन्य धर्मों का आदर करना। अर्थात् दूसरे धर्म के प्रति पूरी सहिष्णुता पर यहाँ उतरे राग

का आलापन होता है। दूसरे धर्म के प्रति हमारी असहिष्णुता आज के हमारे सभी अनर्थ की वजह बन गयी है। महाभारतकार कहते हैं—''धर्मः यो बाधते धर्मः न त धर्मिः कुधर्म तत्'' । अर्थात् जो धर्म दूसरे धर्म को बाधा पहुँचाता है; वह धर्म नहीं, कुधर्म है। इसी कुधर्म के कारण भारत में साम्प्रदायिकता की आग भड़कती है, मानव के सुख सपने चूरचूर हो रहे हैं। गाँधी सर्वधर्म समन्वय की अलख जगाते थे। उनकी प्रार्थना 'रघुपति राघव राजा राम'—उनका प्रिय भजन 'वैष्णव जन तो तेने कहिए, जो पीर पराई जाणी रे' सभी धर्म के प्रति आदर और मानव जाति के प्रति उनकी अपार करुणा के स्रोत हैं। इस उपन्यास में उपन्यासकार यह जाहिर करना चाहती हैं कि जीवन के लम्बे अन्तराल में दोनों मित्रों में भी बड़ा फर्क आ गया। उन्हें ऐसा लग रहा है कि अमोलक भी उनसे मिलने आ गया है। बीच में जिस निरर्थकता से उनकी बड़ी ममता थी, उसे छोड़ने को वे तैयार होते हैं। कई उपायों को उन्होंने अपनी जिन्दगी में अपनाया, लेकिन वे फायदेमन्द नहीं निकले। किशोर बाबू को दिल के दौरे के इलाज के लिए केवल बाइपास मार्ग था। लेकिन डॉ॰ शान्तनु ने इस मिलन वेला में यह महसूस किया कि "जब हमारी दुनिया के सारे बाइपास के रास्ते बन्द हो गये तो फिर मेरे पास यहाँ आने के सिवा और कोई चारा नहीं?'' (पृ. 215) इसका तात्पर्य यह है कि हम तीनों मित्र स्वतंत्रता संग्राम में गाँधी के विचारों से प्रभावित होकर कूद पड़े। अमोलक ने जीवन के अन्त तक इसका पालन किया। हमारी समस्याओं को सुलझाने का एकमात्र उपाय भी यही है। अभी तक उन्होंने किसी समस्या के कारणों को मिटाने की कोशिश नहीं की है। अमोलक के गाँधीजी के रास्ते की ओर उन्मुख होने की सूचना इसमें है।

इस उपन्यास में प्रतीकात्मक रूप में गाँधीजी कई स्थानों पर हैं। आज विकास की नयी नीति आर्थिक, सामाजिक न्याय एवं पर्यावरण की परवाह भी नहीं करती है। उस सन्दर्भ में उपन्यास का यह चित्रण देखिए—''कलकत्ते की सड़क पर एक पागल कन्धे पर थिगलियाँ-पोटलियाँ लटकाये घूमता उसे कई बार मिल गया है। उस पागल ने डंडे के ऊपर एक तिरंगा झंडा लगा रखा है। कहते हैं कि वह एक मारवाड़ी है, जिसे 1921 के असहयोग आन्दोलन के दौरान सिर पर पुलिस के डंडे की चोट लग गयी थी। उस पागल की अब कोई जाति नहीं समझ में आती। वह पूरा का पूरा एक ही मटमैले रंग का है। सिर्फ इसके झंडे के तीन रंग चमकते हैं।" (पृ. 106) "वह हर चीज के विरोध में था—कभी किसी बड़े कारखाने के विरोध में बोलता रहता था, कभी किसी बड़े बाँध के विरोध में। जब तक सारी जनता को खाने के लिए नहीं मिलता, जब तक सबको पहनने के लिए कपड़े नहीं मिलते, क्या जरूरत है इतनी मोटर गाड़ियों की? इसी तरह बेसिर-पैर की बातें पता नहीं कहाँ-कहाँ से ढूँढ़ लाता। पहले नेहरू के खिलाफ बोलता, फिर उसकी बेटी इन्दिरा के खिलाफ बोलने लगा। अपने बाप की जागीर समझ रखा है देश को—ऐसा कुछ। और तो

और इमरजेंसी में जेल काटकर आया और उसके अपने ही उन साथियों के खिलाफ बोलने लगा, जिन्होंने सरकार बनाई।" (पृ. 162)। इस प्रकार वर्तमान व्यवस्था के खिलाफ बोलनेवाले एक प्रतीकात्मक मानव की सृष्टि उपन्यासकार ने जो की है, वह रूप एवं आदर्श में बिलकुल गाँधीजी ही है। रूप का वर्णन देखिए–''ठीक ऐसे ही एक आदमी को लेंसडाउन के इर्द-गिर्द इन दिनों (लगभग पचास साल बाद, किशोर बाबू के लड़के ने) घूमते देखा है। वह एकदम दुबला-पतला, काला और लैना है न? उसके झुर्रीदार चेहरे पर उलझे हुए लम्बे बाल और दाढ़ी है न? वह गुस्से से जलती हुई आँखों से देखता है। जाँघ तक धोती पहने रहता है।'' (पृ. 8) यहाँ पचास साल पूर्व एक ऐसा व्यक्ति था, इसकी सूचना से यह जाहिर है कि दो हजार में लिखित इस उपन्यास में पुनः उस व्यक्ति का अवतार हुआ। वह गाँधी नहीं है तो और कौन है? क्योंकि इसकी बड़ी जरूरत है अब।

गाँव केन्द्रित उपन्यास लिखनेवाले उपन्यासकारों में मैत्रेयी पुष्पा अच्छा-खासा स्थान रखती हैं। उनके प्रायः सारे के सारे उपन्यास गाँव एवं गाँवों में शोषण के शिकार बननेवालों की कथा है। बेतवा बहती है, इदन्नामम, चाक, अलमा कबूतरी जैसे उनके उपन्यास ग्रामीण समाज के खोखलेपन का पर्दाफाश करते हैं। उनके उपन्यासों में अन्याय के विरुद्ध लड़नेवाले नारीपात्र हैं। महात्मा गाँधी के विचारों को स्वीकार कर प्रकृति एवं पर्यावरण की सुरक्षा के लिए अथक प्रयत्न करनेवाले सुन्दरलाल बहुगुणा, बाबा आमटे, मेधा पाटकर आदि की यादें दिलानेवाले कई पात्र गाँधी पर सोचने के लिए हमें मजबूर करते हैं। 'इदन्नमम' शब्द का अर्थ है सबके लिए। गाँधीजी के समान स्वार्थ को छोड़कर आत्मबल के सहारे अपने समाज के मुद्दों को हल करने में दत्तचित्त कई पात्र हैं इसमें। इस उपन्यास के मंदा और महाराज गाँवों के लोगों की शोषण चक्र की जटिलता और भयावहता को समझते हैं। इसके खिलाफ आन्दोलन एवं जन-जागरण इनकी अगुवाई में चलते हैं। इस आन्दोलनात्मक जागरण के पीछे श्रमजीवियों की हित-चिन्ता के साथ-साथ प्रकृति के दोहन-शोषण और पर्यावरण के असन्तुलन से उत्पन्न समस्या भी है। स्त्री-शोषण के खिलाफ लड़नेवाली मंदा अन्त तक नारीशक्ति की सच्ची मिसाल है। "माँ और शक्ति रूपी स्त्री बेईमान नहीं होती, भ्रष्ट नहीं होती, अन्याय नहीं करती।'' युवती मंदा इस धारणा को अनेक कष्ट सहते हुए सही प्रमाणित करती है। मैत्रेयीजी के 'चाक' उपन्यास की सारंगी शिक्षित युवती है। वह भी अनपढ़ एवं शोषण चक्र में पिसनेवाले किसानों के जागरण एवं प्रबुद्ध करने में अपना पूरा समय व्यतीत करती है। 'अलमा कबूतरी' उपन्यास में दलित एवं नारीशोषण का चित्र देने के साथ-साथ हाशियाकृत एक वर्ग को केन्द्र में लाने की आवश्यकता पर भी जोर दिया गया है। गाँधीजी के 'गाँव की ओर लौटना' के नारे के साथ दलितों, किसानों, नारियों की उन्नति भी इन उपन्यासों का लक्ष्य है।

"गाँव के सुधार के लिए स्वाधीनता आन्दोलन के कर्णधार महात्मा गाँधी के 'हिन्द स्वराज' का नये सन्दभों में पुनर्मूल्यांकन होना चाहिए। विनोबा, लोहिया और जयप्रकाश नारायण के संकल्पों का पुनरीक्षण होना चाहिए" (नदी, नारी और संस्कृति—विद्यानिवास मिश्र)। हिन्दी उपन्यासों में इन नेताओं के संकल्पों का पुनर्निरीक्षण हो रहा है। श्रीलाल शुक्ल के उपन्यास 'विश्रामपुर का संत' में विनोबा के भूदान आन्दोलन का चित्र है। इस आन्दोलन के नाम पर जो भ्रष्टाचार, अन्याय, धोखेबाजी चल रही है, इनका पोल खोलने के साथ आजीवन देश के हित के लिए वैयक्तिक सुखों की उपेक्षा करने वाला विवेक जैसा पात्र भी इसमें है।

नव उपनिवेशवादी संस्कार के गुलाम बन रहे हैं भारतीय। हमारी मिट्टी हमारे पैरों के नीचे से फिसल रही है। वर्तमान भारत की ताजी तस्वीर पेश करता है उदय प्रकाश का उपन्यास 'पीली छतरीवाली लड़की'। यहाँ युवा पीढ़ी पर चिन्ता जतानेवाले उपन्यासकार इस ओर इशारा करते हैं कि आज की युवा पीढ़ी अपनी बेमतलबी हरकतों की वजह से पथभ्रष्ट हो चुकी है। पेप्सी पीकर, मोबाइल पर बातें करते एक हाथ से एक लड़की को थामते, सलमान खान या शाहरुख खान को अपने आदर्श समझकर इधर-उधर मँडराना युवा लोग जिन्दगी का मकसद समझते हैं। साम्प्रदायिकता, अलगाववाद, उग्रवाद, दलित-नारीशोषण, हिंसात्मक वृत्ति आदि से देश चूर-चूर हो खंडित होनेवाला है। हमारी आर्थिक नीति एवं उद्योग नीति साधारण जनजीवन तथा किसान-मजदूरों को तड़पा रही हैं। इन सबकी वजह से प्रकृति का सन्तुलन भी नष्ट हो रहा है। शासनचक्र गुंडों एवं धृतराष्ट्रों से भर गया। आदमी भोगी बन गया। योगी यहाँ से गायब हो रहे हैं। पश्चिमी सभ्यता एवं संस्कार ने भारतीयता को निगल लिया। इस नवउपनिवेशवादी माहौल से गाँधीजी के बगैर कौन हमें बचायेगा? उपन्यासकार प्रश्न करते हैं "वह आजादी किसके लिए थी, जो साबरमती के एक बूढ़े संत ने अपने करिश्मे से बिना तलवार और ढाल के 'वैष्णव जन तो तेने कहिए, जे पीर पराई जाणे रे' गाते हुए पचास से कुछ साल पहले पैदा की थी? क्या उस संत को इसलिए पिस्तौल से उड़ा दिया गया था, ताकि वह भविष्य में कभी कोई करिश्मा पैदा न कर पाये?" (पीली छतरीवाली लड़की, पृ. 66) उपन्यासकार शक किये बिना यकीन करते हैं कि गाँधीजी का पुनः अवतार होगा। अर्थात् गाँधीवादी विचारों से ही हमारे देश का सुधार सम्भव है। "क्या पश्चिम की कम्पनियों के राज के खिलाफ इस बार गदर फिर होगा? क्या इस बार 'ईस्ट इंडिया' कम्पनी की सरकार की फौज उस स्वाधीनता संग्राम को 1857 की तरह फिर कुचल डालेगी और फिर उसके बाद क्या कोई अधनंगा, लँगोटी लगानेवाला, वंचितों और दरिद्रों का एक नया प्रतीक फिर कहीं सटोरियों, दलालों, अपराधियों और ठगों की इस भ्रष्ट बामन-बनिया बाजार-व्यवस्था को निहत्था चुनौती होगा? इस मार्केट एंपायर में जो सूरज एक बार फिर नहीं डूबता दिखाई देता, वह बंगाल की खाड़ी या हिन्द

महासागर में फिर एक बार डुबा दिया जाएगा।" (पृ. 67-68)

1946 का नोआखली में साम्प्रदायिक दंगा, भीषण नरसंहार आदि हुआ तो गाँधीजी प्राणों की परवाह किये बिना उसमें कूद पड़े। ऐसा वही कर सकता है, जो आत्मबल से भरा हो, जिसमें नैतिक साहस हो और मानवता के प्रति अजस्र करुणा। आज देश भर में आतंकवाद, अलगाववाद, सम्प्रदायवाद के काले बादल इसलिए मँडरा रहे हैं कि न किसी को देश से मतलब है, न मानवता से, उसके सामने एक ही आदर्श है "आप आप ही चरै।" आज गाँधी की पल-पर जरूरत महसूस हो रही है। हमें वह अग्निपरीक्षा की घड़ी याद आ रही है, जब गाँधीजी आग की लपटें शान्त कर रहे थे। हर क्षण लगता है कि हमारी सारी समस्याओं का जवाब गाँधीजी के पास है। अथवा नेलसन मंडेला के मुताबिक "आज के सन्दर्भ में केवल गाँधी ही विकसित औद्योगिक समाज की समीक्षा है।" यही आवाज समकालीन उपन्यासों में बुलन्द है।

शिकंजे का दर्द : सचेतन नारीत्व की सफल संघर्षगाथा

'शिकंजे का दर्द' अवश्य सत्यांकन के द्वारा इज्जत, श्रद्धा एवं स्नेह का ईमानदार दस्तावेज़ है। यह एक विवेकी स्त्री का जीवन संघर्ष है। हाशियेकृत प्रत्येक वर्ग का इसी विवेक के मार्ग को अपनाने से ही जागरण सम्भव हो पाएगा। लीक से हटकर जो सोचता है समझता है और काम करता है, उसका जीवन संघर्ष का ही रहेगा। लेकिन साधारण लोग अपने सुख या दुःख भोगने के लिए इसलिए तैयार हो जाते हैं कि एक अलग कदम उठाने से सम्भावित दुःख-दर्दों का सामना करने का साहस उनमें नहीं होता है। सुशीलाजी बचपन से ही अलग सोचने वाली हैं। इसलिए वे विवेकी स्त्री बनकर आत्मविश्वास के साथ दलितों और स्त्रियों की शोचनीय स्थिति में परिवर्तन लाने के संघर्ष में जुट जाती हैं। उनकी यह संचेतना इस आत्मकथा की धुरी है।

सचेतन नारी

'सचेतन नारी' शब्द का प्रयोग मैं इसलिए कर रही हूँ कि उनके नाम के साथ दलित शब्द जोड़ना मैं कतई नहीं चाहती। यहाँ दो ही जातियाँ हैं स्त्री और पुरुष। सुशीलाजी जातिव्यवस्था के खिलाफ आजीवन लड़ती आ रही हैं। एक व्यक्ति जन्म से नहीं, कर्म से दलित या सवर्ण बनता है। इसी दृष्टि से सुशीलाजी ने अपने कर्म से यह साबित किया कि वे उच्च सम्माननीय नारी हैं। वे विवेकी नारी हैं, इसलिए लिंगाधिपत्य की सभी प्रकार की साजिशों को पहचान लेती हैं और उसके खिलाफ सामाजिक कार्यकर्ता, रचनाकार, अध्यापिका, माँ, पत्नी, बेटी, बहू, बहिन आदि रूपों में लड़ने के काबिल बन जाती हैं। जातिव्यवस्था यहाँ के मनुवादी संस्कार की उपज है। उन्होंने खुद अपनी आत्मकथा में यह जाहिर किया कि आर्यों के आगमन से यहाँ के मूल निवासियों की पराजय हुई, उनको हाशिये पर धकेल दिया गया। साम्राज्यवादी शक्तियाँ हमेशा पूँजीवादी सामाजिक व्यवस्था को पनपने देती हैं। वहाँ समाज के दमनार्थ एवं अपने को पुष्ट करने के लिए कुछ लोगों को ये शक्तियाँ अपने साथ लेकर चलती हैं। ये लोग सत्ता के साथ रहेंगे और सम्पत्ति भी स्वाभाविक रूप से उनकी बन जाएगी। ये उच्च मनोग्रन्थिवाले बनते हैं। स्वाभाविक रूप से वे दमननीति को हमेशा अपनाते रहते हैं। इस पूँजीवादी दमन नीति को सुशीलाजी

पहचानती हैं। यह पूँजीवादी मानसिकता जातिव्यवस्था के रूप में तथा पुरुषाधिपत्य के रूप में समाज में कायम है। इसका विरोध करना सचेतनता का लक्षण है। अपनी परम्परा के जो लोग हैं, उनके सम्बन्ध में लेखिका खुद पहचानती हैं। वह लिखती हैं—''लेकिन मैं जानती हूँ चुप रहकर जातिभेद, छुआछूत का अन्याय सहन करना ही उसका इतिहास था।'' (पृ. 24) वैसे ही वे महिलाओं से भी शिकायत करती हैं कि वे पुरानी रूढ़ियों एवं परम्पराओं का विरोध नहीं करतीं। इसलिए सुशीलाजी अपनी जिन्दगी को ही सन्देश के रूप में हमारे सामने पेश करती हैं।

बचपन नानी और माँ के स्नेह की छत्रछाया में बीता। वे सेवा निरत थीं सवर्णों की करतूतों को अन्याय समझती थीं फिर भी चुपचाप सह लेतीं। जीवन में मूल्यों का स्थान उन्होंने ही सुशीलाजी को सिखाया था। सादगी, सहजता, कठिन प्रयत्न, स्नेह, सहिष्णुता आदि उन्हीं से उन्होंने सीखा। जीवन में शिक्षा के महत्त्व को बचपन से ही लेखिका ने पहचान लिया था। जीवन भर शिक्षा पाने की ललक उनमें मौजूद थी। इसलिए सारी प्रतिकूलताओं का डटकर सामना करके उन्होंने पीएच. डी. उपाधि हासिल की। उनकी चेतनता का विकास उस शिक्षा प्राप्ति से ही सम्भव हुआ। जाति एवं अभाव दोनों बचपन से ही उनके जीवन को हमेशा कचोटते और झकझोरते रहे। मध्यप्रदेश के अंदरूनी ग्रामीण इलाक़े बानापुरा (सिवनी, मालवा) में उनका जन्म हुआ। उस गाँव में जहाँ पिछड़ी जाति के लोग रहते थे, वहाँ गंदगी भरा वातावरण था। आजीविका चलाने और बच्चों को शिक्षा देने के उद्देश्य से नानी और माँ कठिन प्रयत्न करती थीं। रेलवे में सफाई का काम पिता करता था। वह अपने वेतन का अधिकांश भाग शराब के लिए खर्च करता था। इसलिए घर का खर्च नानी-माँ के जिम्मे पर पड़ता था। भाई लोग जब काम करने लगे तो वे घर के लिए बहुत सहायक बने।

सुशीला जब स्कूल जाने लगी तब से वह छुआछूत की भयानक स्थिति का सामना करने लगी। अध्यापक निम्न जाति के छात्रों के साथ कठोर व्यवहार करते थे। अध्यापकों के बीच में भी जो सवर्ण जाति के थे, उनका स्थान बिलकुल ऊँचा था। यह छुआछूत स्कूल तक सीमित नहीं था; बल्कि बाजार में, होटलों में, रेलवे स्टेशन के कैंटीन में सभी स्थानों में फैला हुआ था। पर दलित लोग उन सबके विरोध करने के बदले सवर्णों को मान्यता देते आ रहे थे। युग-युगों से सवर्णो के ताड़न-प्रताड़न के शिकार बनने से उनमें जो हीनग्रन्थी पैदा हुई थी, उससे उभर आने की अनिवार्यता बचपन से ही सुशीलाजी ने महसूस की थी। उनका यह उच्च विचार निस्सन्तान ब्राह्मण द्वारा गरीब बच्चों को गोद न लेना (पृ. 48), दलितों को कुएँ का पानी लेने से मना करना (पृ. 50), माँ के प्रति डॉक्टर का दुर्व्यवहार करना (पृ. 51) आदि सन्दर्भों में प्रकट है। अपने उद्धार के लिए जो कानून बनाये गये हैं, उनसे दलित बिलकुल अनभिज्ञ हैं। हिन्दू धर्म का वे डटकर विरोध करती हैं। पर

जन्मवाद और भाग्यवाद पर उलझे हुए हिन्दू धर्म का अन्धानुकरण दलित करते आ रहे हैं। हिन्दू-धर्म में पशुपक्षियों को जो स्थान दिया गया है, वह स्थान भी दलितों को उपलब्ध नहीं। सवर्णों से भयभीत होकर उनको हिन्दू धर्म स्वीकारना पड़ा। हिन्दू धर्म की वर्णव्यवस्था को बढ़ावा देनेवाले गाँधी के विचारों का सुशीलाजी खुले ढंग से विरोध करती हैं। सुशीलाजी के अनुसार गाँधीजी ने दलितों को दयनीय बने रहने का आदर्श सिखाया था। दलित शब्द से जितना वे नाराज हैं, उससे ज्यादा गाँधीजी द्वारा दिये गये 'हरिजन' नाम से हैं। प्रगतिशील पहचान बनने के बाद पुरानी पहचान से दलितों को मुक्त होना चाहिए। महाराष्ट्र में हरिजन शब्द का बहिष्कार करने का कार्य अम्बेडकरवादियों ने किया। सुशीलाजी दलितों के उद्धार का पूरा श्रेय डॉ. भीमराव अम्बेडकर को देती हैं। अब भी उनके बीच में बहुत सारे लोग हैं, जो अपने जीवन की सारी सुख-सुविधाओं और इज्जत का कारण गाँधीजी को मानते हैं। उनकी इस अज्ञता पर सुशीलाजी सहानुभूति प्रकट करती हैं। उनके अनुसार बाबासाहब डॉ॰ भीमराव अम्बेडकर ने सम्पूर्ण दलितों को एकता के सूत्र में बाँधकर एक होने का सन्देश दिया था। लेकिन आपसी स्वार्थ के कारण उनके बीच में एकता नष्ट हो गयी। सब अपने-अपने स्वार्थ पर केन्द्रित हैं, तब एकता के बदले अलगाव बढ़ जाता है। शिक्षा, संघर्ष एवं संगठन ही सामाजिक समता पाने के आधार हैं। लेखिका उस दिन के इन्तजार में हैं कि अपने वर्ग के लोग जोतिबा फुले और डॉ. भीमराव अम्बेडकर को जानेंगे, उनकी विचारधारा को समझेंगे और अपनी सही स्थिति जान पायेंगे। 'वाल्मीकी' नाम को स्वीकार करने वाले दलितों से भी वे विरोध प्रकट करती हैं।

दलित स्त्रियों को शिक्षा पाना बहुत कठिन कार्य था। कॉलेज में पढ़ाई करने के लिए सुशील जी को कई दिनों तक उपवास करना पड़ा। पिता-भाई का यह विचार था कि कॉलेज आते-जाते वक्त सवर्ण जातीय लड़के निम्नजातीय लड़कियों की इज्जत लूट लेंगे। लेकिन लेखिका के दृढ़ निश्चय के कारण ही शादी के पहले उसकी बी. ए. तक की पढ़ाई हो चुकी थी। बाद में पति-गृह में भी अपनी पढ़ाई को आगे बढ़ाने के लिए बहुत प्रयत्न करना पड़ा। पहले जब स्कूलटीचर बनी, तब भी पढ़ाई छोड़ने के लिए वे तैयार नहीं हुईं। एम. ए. की पढ़ाई के बाद कॉलेज में टीचर बन गयीं। लेकिन बच्चों का जन्म, घर का दायित्व, कॉलेज का काम, धन का अभाव, पति का दुर्व्यवहार आदि को झेलते हुए दृढ़ संकल्प के साथ वे आगे बढ़ती रहीं। आखिर उन्होंने जीत हासिल की। यह अपराजिता रूप जो है सुशीलाजी के व्यक्तित्व का, वही सबसे ज्यादा आकर्षक तत्त्व है। जाति के नाम पर उन्होंने क्या-क्या भोगा नहीं?

सुशीला जी का यह सवाल पूरी किताब में गूँजता रहता है कि इतने बड़े ओहदे की हैं, शिक्षित हैं, एवं सादगी की हैं, शिष्याचरण है, फिर क्यों यह उपेक्षा भाव?

पहले खामोश समुन्दर की तरह अपने सारे कड़वे अनुभवों को उन्होंने अपने दिल में दबा कर रखा था। लेकिन बाद में उनका भावुक, अन्तर्मुखी एवं चिन्तनशील व्यक्तित्व जाग उठा। उन्होंने समझ लिया, अन्याय के सामने सिर झुकाना गलत है। गलत परम्पराओं को बदलना ही होगा। इसलिए गाँधीजी और काँग्रेस की परम्परा को छोड़कर ब्लैक पैंथर एवं अम्बेडकर के रास्ते में आ गयीं। किराये पर घर मिलना भी उनके लिए आसान नहीं था। कॉलेज में और बाहर समाज में भी उपेक्षाभाव सहना पड़ा। सभी इलाकों में रहने का अधिकार उनको नहीं था। सवर्णजातीय इलाके में रहने के कारण सासू माँ की मृत्यु जब हुई तो उनको घोर अपमान और वेदना झेलनी पड़ी। सुशीला जी जानती हैं कि ऊपरी सज्जनता, सौमनस्य और धार्मिक सद्भाव दिखाने पर भी लोग भीतर ही भीतर उनसे जातिभेद रखते हैं, उनका अपमान करते हैं, उनसे कपट व्यवहार भी करते हैं। इसलिए जब सासू माँ की मृत्यु के वक्त जो घोर निन्दा हुई, तब उन्होंने जातिवादी लोगों से बदला लेने की कसम खायी। उन्होंने साफ-साफ कहा, ''मैं सिर्फ साहित्यकार नहीं हूँ, सिर्फ प्राध्यापिका नहीं हूँ, इसके पहले मैं सामाजिक कार्यकर्ता हूँ। तथागत बुद्ध की करुणा, समता, मैत्रीभाव से प्रेरणा लेकर समाज जागृति के लिए कटिबद्ध जोतिराब फुले और सावित्रीबाई फुले से प्रेरण ा लेकर मैं उनके विचारों की संवाहक बनी हूँ। क्रान्तिसूर्य डॉ॰ अम्बेडकर के समाज जागृति और व्यवस्था परिवर्तन के आन्दोलन से जुड़कर, 'मूल निवासी संघ' से जुड़कर समाज जागृति और महिला जागृति का काम अपनी जिम्मेदारी समझकर कर रही हूँ।.... मैं ब्राह्मणवादी-मनुवादी विचारधारा का विरोध करती हूँ, पूँजीवादी-सामन्तवादी विचारधारा का विरोध करती हूँ, हिंसा दहशतवाद-जातिवाद का विरोध करती हूँ, सम्पूर्ण दलित-पीड़ित समुदाय की जागृति के लिए वैचारिक आन्दोलन से जुड़ी हूँ। दलित 'पिछड़ी आदिवासी' मुस्लिम महिलाओं की मुक्ति-जागृति के लिए कार्यक्रमों में अपना वैचारिक सहयोग दे रही हूँ।'' (पृ. 303) यही सुशीलाजी का कर्मक्षेत्र है। इससे बढ़कर एक विवेकी महिला का कौन सा आत्मपरिचय?

जातिगत पीड़ा से भी कम नहीं थी पत्नी गत पीड़ा। अनमेल विवाह की शिकार हैं वे। उस विवाह में एक पुरुष की हीनमनोग्रन्थी कैसे काम करती है, उसका दृष्टान्त है सुशीलाजी के पति टाकभौरेजी का नीच व्यवहार। वे अपने को उच्च दिखाने के लिए विवेकी, होशियार, सुशील पत्नी पर दमन नीति अपनाते हैं। यह दमननीति कई प्रकार की है। 'शिकंजे के दर्द' में पति अपनी बहन और माँ से मिलकर पत्नी को कई प्रकार के उत्पीड़न के तहत अपने अधीन बनाने का तंत्र रचते हैं। साथ ही उसका सभी प्रकार से लाभ उठाना भी चाहते हैं। आर्थिक, सामाजिक, शारीरिक दृष्टियों से भी पति पत्नी का शोषण करता है। माँ और ननद कम से कम अशिक्षित हैं। पर एक पढ़ा-लिखा पति अपनी पत्नी से जानवर से भी बदतर ढंग से व्यवहार करता है। अनमेल विवाह के दुष्परिणाम को उन्होंने आत्मकथा में संजीदगी से उकेरा है। इस

आत्मकथा की सबसे बड़ी विशेषता भी यह खुलापन है, यह ईमानदारी है।

सफाई का काम करनेवालों की जाति में शिक्षित और अच्छी नौकरीवाले लड़के नहीं मिलते थे। बड़े परिवारों में घर का पूरा काम बहु को करना पड़ता है। सास, ननद, देवरानी, जेठानी के झगड़े तथा अन्य कई रीति-परम्पराओं की बातें चलती थीं। यह सब सोच-समझकर ही शायद सुशीला जी की माँ ने उसे बड़े शहर में भेजने का निर्णय लिया होगा। दलितों का विवाह हिन्दू पद्धति पर चलता था। इसलिए धर्मग्रन्थों की मान्यताओं का अनुसरण पत्नी को करना पड़ता है। वैवाहिक रिश्तों को ईश्वर द्वारा बनाया गया बंधन माना जाता है। पति बूढ़ा, बीमार, कोढ़ी, कलंकी, वेश्यागामी हो, पर पूजनीय होता है। इसलिए बेकार के सोचविचार में न पड़कर जो भी अन्याय हो; उन्हें चुपचाप स्वीकार करना पड़ता है, भले ही उसका परिणाम चाहे दुःख हो या सुख। हिन्दू धर्मग्रन्थ मनुस्मृति पर अवस्थित है। लड़की की उम्र से तीन गुनी बड़ी उम्र के वर से विवाह किया जा सकता है। हिन्दू धर्म इसे अनमेल विवाह मानता ही नहीं। उसका विरोध कोई भी स्त्री करती नहीं। इसलिए सुशीलाजी को भी लम्बे अरसे तक पति और उसके परिवारवालों की दमन नीति का शिकार बने रहना पड़ा।

बहू ससुराल की सेवा करने का उपकरण मात्र समझी जाती है। सुशीलाजी नागपुर आने के बाद स्नेह और अपनेपन के भाव से बिलुकुल वंचित रह गयीं। उनकी परवाह करनेवाला उस घर में कोई नहीं था। जिस पति से उसे प्यार प्राप्त होना चाहिए था, उसके बारे में वे यों लिखती हैं—"लगातार भय का वातावरण बनाकर रखा जाता। हमेशा भयभीत रखकर डरा-धमकाकर अपने शासन-सत्ता को कायम रखना यह पुरुष सत्ता की कूटनीति है। पुरुष सत्ता बनी रहे, इसलिए स्त्रियों को शुरू से कमजोर बनाकर रखा जाता है। समाज की परम्पराएँ स्त्री विरोधी हैं। इन्हें तोड़कर ही स्त्री स्वतंत्रता, समता और सम्मान पाएगी, तब वह अबला नहीं रहेगी, सबला बन जाएगी। इस भय से जीवन व्यवहार की बातों में पत्नी को नगण्य बताया जाता है, उनकी भावनाओं का खयाल नहीं रखा जाता। यह उनका शोषण-उत्पीड़न है।" (पृ. 144) सुशीलाजी इससे सजग हो गयीं। दबाव की तीव्रता जितनी तीक्ष्ण होगी, उतनी ही तीक्ष्ण होगी आखिर उसकी प्रतिक्रिया एवं प्रतिरोध। सुशीलाजी की जिन्दगी में भी यही हुआ। एक अक्षर भी पति की अनुमति के बिना लिखना मना था। लेकिन अब बिलकुल स्वतंत्र होकर वे लिखती हैं, यात्रा करती हैं, पैसे का व्यवहार करती हैं, सामाजिक संगठन से मिलकर काम करती हैं।

सभी लोगों को जिन्दगी में कोई मोह है तो वह है प्रेम पाना और प्रेम करना। सुशीलाजी पति के प्रेम से एकदम वंचित थीं। इसलिए उनकी कहानियों में प्रेम पाने का आग्रह प्रबल दिखाई देता है। यही नहीं, वे प्रेम की ललक में यथार्थ जीवन में प्रेम की कल्पना की उड़ान भरती हैं। प्रेम पाने का अपना अदम्य आग्रह यों प्रकट

करती हैं—"जब मैं कोई प्रेम कहानी पढ़ती या प्रेम कहानी की फिल्म देखती थी, तब मेरा मन कल्पना के इन खिलौनों को छोड़कर यथार्थ जीवन के अभाव से तड़पकर रोता था। कई दिनों तक, जैसे रेगिस्तान में खड़ी मैं दूर-दूर तक अपने सागर का किनारा खोजती रहती थी, गर्म रेत में पड़ी मछली की तरह तड़पने लगती थी, तब मन दुःखी रहता था। क्यों मेरा मन इतना भटकता रहा? अपने जीनव के इस अभाव की पूर्ति मैं कल्पना में खोजती थी। कल्पना में प्रेमीपति का प्यार और दुलार पाती थी। कभी हमारा झगड़ा भी होता था, मगर हर बार ही मुझे मनाते थे।" (पृ. 213) इस प्रकार की फैंटसी के निर्माण के जरिए वे अपनी अपूर्ण कामनाओं को सफल बना देती हैं। संवेदनशील सुशीलाजी को महाराष्ट्र का नागपुर नीरस लगता था। यहाँ भावना की जगह व्यवहार ही प्रमुख था।

सुशीलाजी अच्छी तरह जानती हैं कि उनके साथ जो अन्याय हुआ, वह कोई नयी बात नहीं है। उनकी जैसी बहुत-सी महिलाओं के साथ इससे कम या ज्यादा ऐसा होता ही रहता है। उन सबको अधिकांश स्त्रियाँ भारतीय मूल्य के नाम से चुपचाप सह लेती हैं। सुशीलाजी की जिन्दगी भी उसी मूल्य के कारण संतप्त रही। बचपन से मिले संस्कारों के कारण तन-मन की आग में सुप्त ज्वालामुखी सा जीवन, स्वयं अपनी आग में जलता रहा। भूतकालीन जिन्दगी पर वे बिलकुल निराश हैं।

नौकरीपेशा नारी के जीवन के कष्टों को भी सुशीलाजी ने अपनी जिन्दगी के जरिए दर्शाया है। सभी प्रकार की प्रतिकूलताओं को उसे झेलना पड़ता है। पति, सास, ननद आदि की डाँट-फटकार-मारपीट आदि के साथ दिन भर कॉलेज का काम करना पड़ता है। उसके बीच गर्भधारण-प्रसव आदि से उत्पन्न पीड़ाएँ अलग हैं। सुशीलाजी को इसलिए अपनी बेटियों को बचपन में मायके छोड़ना पड़ा। संवेदनशील माता का दिल दुखता था उन दिनों में बच्चे के अलगाव से। पति की मदद कभी भी मिलती नहीं थी। बीच में उसे भ्रूणहत्या भी करनी पड़ी। पास-पास के गर्भधारण ने उसकी मानसिकता को भी खराब कर दिया। पति सुबह समाचार-पत्र लेकर बैठता था। उनके वेतन पर भी पूरा अधिकार पति का था। रहने के लिए घर नहीं था, पहनने को अच्छा वस्त्र नहीं था। फिर भी सुबह चाय बनाकर देते वक्त चप्पल से मारने को तैयार बैठे हैं पति। अन्त में हिम्मत बटोरकर सदा डरानेवाले पति के सामने जब उसने अपनी चप्पल उठायी और अपनी खामोशी को तोड़ा तो टाकभौरेजी सन्न रह गये। स्त्री को भारतीय परम्परा से हटकर कभी इस प्रकार का साहसी कदम उठाना पड़ता है। तब से सुशीलाजी सचमुच स्वतंत्र हुईं। अपने डरे-सहमे स्वभाव से वह मुक्त हो गयीं। वैसी मुक्ति चाहिए भारतीय नारी को।

दरअसल पति के साथ जीवन बहुत कष्टपूर्ण रहा। वैवाहिक जीवन दूभर हो गया था। फिर भी वे अपने पति से प्राप्त मदद को भूल नहीं गयीं। टाकभौरेजी की जानकारी, उनका अध्ययन, उनके सम्पर्क का लाभ जाने-अनजाने उनको मिलता ही

रहा। सुशीलाजी उनके एहसान का बदला कई दिन तक चुकाती रहीं। उनकी जी-हजूरी करती रहीं। उसका फायदा उनको लगातार मिलता रहा, लेकिन उसके लिए उनको जीवन में बहुत कीमत चुकानी पड़ी। वे पति-पत्नी के बीच के रिश्ते को छोड़ने के बारे में यों विचार करती हैं—''इस बन्धन से छूटकर जाती भी भला कहाँ? अपने निर्धारित स्थान को छोड़कर फिर से कोई अन्य निर्धारित स्थान पा लेना सबके लिए सम्भव नहीं होता। इसके लिए हौसला चाहिए सबसे टकराने का। टक्कर का जवाब देने का और अपने लिए फिर से नया स्थान लेने का साहस चाहिए।'' (पृ. 215) लेकिन निष्कर्ष में वे यह तय करती हैं कि अपने एक लाभ के लिए अनेक लाभों को खोना सही नहीं है। वे पहचानती हैं कि टाकभौरेजी के साथ रहकर उन्होंने बहुत कुछ पाया। वे अपने को तसल्ली देती हैं कि जीवन में सभी रस सबको नहीं मिलते। कभी कोई एक रस नहीं मिला तो उसके बिना भी जीवन चलाना पड़ता है। यह समझदारी उनके लेखन की भाषा में मौजूद है, क्योंकि पति के लिए आदर सूचक बहुवचन का ही प्रयोग किया गया है।

जब पति सुशीला जी को बर्तन माँजनेवाली नौकरानी के बराबर मानता है तथा उनके महत्त्व और सम्मान को नकारता है, तब मन में दबे आक्रोश को कविता, कहानी नाटक, एकांकी और लेख लिखकर प्रकट करती रहीं। पति द्वारा जान से मार दी जाती हैं तो भी स्त्रियाँ मरते दम तक पति को दोष नहीं देतीं। वे पहचानती हैं कि स्त्रियों का यह संस्कार और खोखला आदर्श पुरुषों को निरंकुश बनाता है। पुरुष कभी भी स्त्रियों को अपनी कमजोरी और गलती सुनाने नहीं देता। सुशीलाजी की कहानी 'सिलिया' इसलिए बहुत चर्चित हो गयी। बतौर लेखिका और उनकी स्वयं की यात्रा भी बहुत कष्टपूर्ण रही। लेकिन पति की परवाह किए बिना वे खुद आगे बढ़ रही हैं। सुशीलाजी जानती हैं कि आज समाज में उनके मान-सम्मान की वजह उनके द्वारा लिखित साहित्य है। इसलिए वे लिखती हैं—"मेरा लेखन मेरी जरूरत है, मेरे समाज की जरूरत है। अपने सामाजिक, आर्थिक जीवन के कई तरह के दर्द के बीच, लेखन ने मुझे ऊर्जा दी है, पहचान दी है, मेरे जीवन का लक्ष्य निर्धारित किया है। अब यह मेरी खुशी बन गया है, समाज का ऋण चुकाने का जरिया बन गया है।.... वह पूरे समाज के लिए है, न्याय के लिए है, मानवता के लिए है।'' (पृ. 270) आज वे इसी आत्मतृप्ति और आत्मविश्वास के साथ देश भर के विश्वविद्यालयों और संस्थाओं द्वारा आयोजित सेमिनारों, सम्मेलनों और विचार गोष्ठियों में भाग लेती हैं तथा कई साहित्यकारों से विचार-विमर्श करती हैं। इस प्रकार उन्होंने अपना स्पेस बनाया। यही है एक स्त्री की सफलता। नौकरानी के दर्जे से उठकर वह हिन्दी साहित्य जगत् में मानी जानेवाली लेखिका बन गयीं। कई सम्मान-पुरस्कार प्राप्त हुए। कई संस्थाओं से मिलकर दलितों एवं स्त्रियों की मुक्ति के लिए वे सक्रिय रहीं। यह सतत सक्रियता ही उनकी अपनी अस्मिता है, जिसको उन्होंने अपनी जिन्दगी की दहकती अग्नि से खुद गढ़ लिया है।

लोकतत्व

'शिकंजे का दर्द' के सबसे आकर्षक तत्वों में एक है लोकतत्त्व। यह इस आत्मकथा की एक अलग पहचान है। सुशीलाजी के बचपन के दिनों में वे लोकजीवन से बहुत घुलमिल कर रहती थीं। अनेक प्रकार के अन्धविश्वासों, विश्वासों, लोककथाओं, किंवदंतियों, जनश्रुतियों, लोकगीतों, किस्सा-गोइयों वाला समाज था उनका समाज।

सुशीलाजी की जाति के लोग बिलकुल प्रकृति और मिट्टी से जुड़े हुए थे। वे प्रत्येक ऋतु के आगमन को धूमधाम से कई रस्मों के साथ मनाते थे। सावन के महीने में झूले में झूलते थे। झूलते वक्त वे गाना गाते थे जैसे–''कच्चे नीम की निंवारी सावन जल्दी आइयो रे...'' (पृ॰ 38) वैसे ही रक्षाबन्धन को मनाने की रीति भी हमारी ध्यान आकृष्ट करने वाली है। सावन के महीने जब खूब पानी बरसता, तब सुशीला जी की माँ और नानी आल्हा-ऊदल के युद्ध की पुस्तक 'आल्हा-खण्ड' पढ़वाती थीं। कई कहानियाँ वे सुनाती थीं। सचमुच 'आल्हा-खण्ड' जैसी पुस्तकों के अध्ययन से दलित जाति में उत्साह एवं वीरता का संचार होता है।

सुशीलाजी के अनुसार उस समय जनमानस में व्याप्त अन्धविश्वास अच्छे-भले समझदार लोगों को भी अन्धविश्वासी बना देता है। कई उदाहरणों को उन्होंने हमारे सामने रखा है। जैसे "घर के ऊपर बैठा कौआ काँव-काँव करता, तब लोगों को विश्वास हो जाता कि उनके घर में मेहमान आने वाले हैं। रोटी बनाते समय तवे के ऊपर आग चमकती, तब महिलाएँ कहतीं, ''तवा हँस रहा है, मेहमान आयेंगे।'' (पृ. 30) ऐसे अन्धविश्वासों में लोकजीवन की धुन प्राप्त है। वैसे ही 'सातमोरी का पुल' बनाने के लिए नरबलि करना भी इस अन्धविश्वास का परिणाम है। घर के पीछे गुराड के पेड़ पर घुगु के रोने को अपशकुन मानते थे वे लोग। लेकिन सुशीलाजी ने इन सबको नकारकर एक वैज्ञानिक दृष्टि अपनाई थी।

कई त्योहारों को मनाने का जिक्र उनकी आत्मकथा में है। सर्दियों में उनके गाँव में भजन और रामलीला आयोजित किये जाते थे। वे कव्वाली सुनने जाते थे। अनाज पीसते वक्त श्रम-कष्ट को भूलने के लिए अक्सर सुशीलाजी की नानी और माँ गाती थीं। उनके गीतों में कभी सूरदास के पद होते और कभी मीरा के भजन। वे लोककथाओं पर आधारित लोकगीत भी गाती थीं–''कां करूँ म्हारी लाडो बेटी, थारी माँ ने करेला खाये थे...'' (पृ. 55) महिलाएँ जब खेती में काम करती थीं, तब कष्टों के बीच में भी उत्सव का माहौल बना करता था। किसान और मजदूर मिलकर खेतों में उत्सव मनाते थे। खेती सम्बन्धी और कई फलियों को अलग करने तथा कई ग्रामीण एवं घरेलू चीजों के निर्माण का जिक्र आत्मकथा में प्राप्त है। त्योहार सवर्णजातियाँ धूमधाम से मनाती थीं। सुशीलाजी का पिता एक बार दीवाली के अवसर पर कहता है–''ये त्योहार हमारे नहीं हैं। हमारे पास कहाँ लक्ष्मी है, जो हम उसकी पूजा करें? पिताजी पुरानी परम्पराओं को ढकोसला कहकर उनका विरोध

करते थे।'' (पृ. 41) उनके सामाजिक एवं सांस्कृतिक जीवन की कई परम्पराएँ सिर्फ भावना पर आधारित थीं।

गाँव में वे कई प्रकार के जानवरों को पालते थे। मुर्गी एवं बकरियों के साथ उनके अभावग्रस्त जीवन को सरल बनाने के लिए सूअर को भी पालते थे। अभाव के जीवन जीते हुए भी कुत्ते, बिल्ली, पक्षियों को पालने में वे खुशी ढूँढ़ लेते थे। पालतू जानवर एवं पशु-पक्षी उनके घर के सदस्य-समान थे। लेकिन गाय को पालने का अधिकार निम्न जाति को नहीं था। तरह-तरह के फलों का जिक्र किया गया है, जिनको वे तोड़कर खाते थे।

प्रकृति-सौन्दर्य का वर्णन भी उनकी आत्मकथा में है। ये सौन्दर्य वर्णन सुशीलाजी की साहित्यिक रुचि एवं आत्मकथा की साहित्यकता को दर्शाते हैं। जैसे—''मैं गुराड के पीछे प्रकृति का अलग ही सौन्दर्य देखती थी। शाम के समय पश्चिम दिशा में छिपने के पहले सूरज कांसे की बड़ी थाली के बराबर दिखता, तब मुझे सूरज, आसमान और धरती सब सुन्दर लगते थे। हर तरफ फैली सिन्दूरी आभा मन को मोह लेती थी। शुक्ल पक्ष की चाँदनी रात में चमकते चाँद और तारों को मैं देखती, तब हृदय आनन्द से भर जाता था।'' (पृ. 70) जब जीवन कठिन और कठोर था, तब लेखिका का मन उस ग्रामीण प्रकृति के सौन्दर्य में रम जाता था। लोकजीवन के विभिन्न पक्षों का उद्‌घाटन कर यह सिद्ध किया गया कि जिन लोगों को जाति के नाम पर छुआ-छूत के नाम पर अलग किया गया है, वे सचमुच धरतीपुत्र हैं। धरती एवं प्रकृति से वे मिले जुले हैं, इसलिए वे बहुत सहज एवं प्रकृत हैं। उनका शोषण सचमुच धरती का शोषण ही है। वे भारतीय संस्कृति को अपनी धरोहर मानकर प्रकृति-जीवन बिताते आनेवाले हैं। इसलिए जब सुशीलाजी नागपुर आयीं तो सबका सब भावनाहीन, स्नेहशून्य यंत्रवत् एवं व्यावहारिक सा दीख पड़ा। उन्होंने अपने परिवार में नानी और माँ के ऊष्मल स्नेह को यथासाध्य अनुभव किया था। इसी वातावरण में पली-बढ़ी सुशीलाजी अन्याय का विरोध करने के काबिल हुईं और सभी उपेक्षित पीड़ित एवं शोषितों को जगाने और उद्धारने के कार्य में अपने को लगा सकीं।

सुशीलाजी अपने कर्म से सबसे श्रेष्ठ स्तर की हैं। उनके विचार भी कितने उच्च हैं; देखिए—''मैं स्वयं तक सीमित नहीं, मैं मात्र अपने जाति समुदाय तक सीमित नहीं हूँ। सम्पूर्ण विश्व मेरा है। सम्पूर्ण पृथ्वी पर निवास करनेवाला मानव समाज मेरा कुटुम्ब है। मेरा हितचिन्तन सबके लिए है। मैं सबके लिए न्याय की माँग करती हूँ। मानवता मेरा धर्म है, मानवाधिकार मेरी माँग है। दलित, शोषित, पीड़ित सम्पूर्ण मानव समुदाय के लिए मैं समता, सम्मान, स्वतंत्रता, मैत्रीभाव की कामना करती हूँ। यही मेरा लक्ष्य है। यही मेरी मंजिल है।'' (पृ. 304) यह अग्नि में जल जलकर शुद्ध बने सोने की सुशीला है। यह एक सचेतन, विवेकी स्त्री के

कर्तव्यबोध से उत्पन्न विश्वबोध है। ऐसी स्त्री के हाथों में मानवता सुरक्षित रहेगी। ऐसी स्त्रियों की जरूरत है आज हमारी दुनिया को। यही है स्त्री-स्वातंत्र्य, यही है स्त्री का कर्तव्य। इस सन्दर्भ में कात्यायनी की कविता 'सात भाइयों के बीच चम्पा' की पंक्तियाँ याद आ रही हैं–

''ओखल में धान के साथ
कूट दी गयी
भूसी के साथ कूड़े पर
....
....
फेंक दी गयी।
वहाँ अमरबेल बनकर उगी।
....
....
निर्भय-निस्संग चम्पा
मुस्कुराती पायी गयी।''

चम्पा की मुस्कुराहट में सुशीला जी की जीत की मुस्कुराहट का प्रतिबिम्ब दीख रहा है।

भारतेन्दु की विरासत

अपने युग और समय के अनुरूप अतीत के प्रतिभाधनी रचनाकारों की प्रासंगिकता की तलाश हर चेतनासम्पन्न पीढ़ी करती है। इससे जहाँ एक ओर अतीत के प्रति नयी पीढ़ी की जागरूकता का पता चलता है तो दूसरी ओर अपने समय के प्रति उनके गहन एवं स्वाभाविक लगाव का बोध भी हमें प्राप्त होता है। अतीत का जो कुछ भी इस तलाश और पहचान के सिलसिले में जीवन्त और प्राणवान बनकर पाठकों की जिज्ञासा को जगाते हैं, वे ही उसकी विरासत के रूप में आगे के युगों द्वारा स्वीकार किए जाते हैं और उनकी अपनी उपलब्धियों के अंग बन जाते हैं। इसी रूप में परम्परा आगे बढ़कर विकास की नयी-नयी मंजिलें पार करती है। हम उसके आईने में महज वर्तमान को ही नहीं, वरन अतीत और आगत को भी सिलसिलेवार प्रवाहमान शृंखलाबद्ध कड़ियों के रूप में रखकर उसकी जीवन्त वास्तविकता तथा ज्वलन्त सम्भावनाओं की जाँच-पड़ताल करते हैं।

हम भारतेन्दु और उनकी सर्जना को निरन्तर परखते और पहचानते रहना चाहते हैं कि हम भारतेन्दु को बराबर अपने साथ रखते हुए सार्थक बदलाव के लिए चल रहे आज के तमाम अभियानों में उनके अनुभवों को पाथेय के रूप में इस्तेमाल करना चाहते हैं। जिस संसार में भारतेन्दु जिए-मरे और जिस संसार को उन्होंने रचाया-बसाया वह संसार भी हमारे लिए कतई अनजान नहीं है। उनके विचारों के ताप का ही नहीं, उनके बीच उनके बने रहने के एक जीवन्त एहसास का बोध भी हमें है। भारतेन्दु की इस क्रान्तिकारी विरासत को उसके सही सन्दर्भों में विचार का विषय बनाया जाए और दृढ़ता के साथ सामने रखा जाए—यही आज के सन्दर्भ में हमारा परम कर्तव्य है। भारतेन्दु की विरासत को समूचे पैनेपन तथा समूची वस्तुनिष्ठता के साथ उजागर करने की जरूरत है। उनकी जीवन्त आधुनिक मानसिकता को क़तई नजरंदाज नहीं करना है। भारतेन्दु अपने समूचेपन के साथ हमारे समकालीन बने। वे अपने तीखे, गहरे सूक्ष्म तथा तेज भाषा-प्रयोग से हमें बहुत गहराई से चिन्तन मनन करने के लिए मजबूर करते हैं।

यदि भारतेन्दु बहुमुखी प्रतिभा हैं तो भी एक नाटककार के रूप में उनकी ख्याति सबसे ज्वलन्त है। नाट्य-प्रयोग एवं विषय की दृष्टि से सबसे महत्त्वपूर्ण एवं प्रासंगिक दो नाटक हैं—'भारत-दुर्दशा' और 'अन्धेर नगरी'। भारत-दुर्दशा हिन्दी का

पहला राजनीतिक नाटक है तो 'अन्धेर नगरी' हिन्दी का पहला आधुनिक नाटक है। इन दो नाटकों की विरासत अथवा प्रासंगिकता पर मुख्यतः तीन स्तरों पर विचार किया जा सकता है–राजनीतिक सामाजिक, और आर्थिक।

भारतेन्दु का काल ब्रिटिश उपनिवेश का था। ब्रिटिश उपनिवेश में भारत सभी दृष्टियों से परास्त हो गया। भारत को पूर्णतः मटियामेट कर यहाँ की सारी सम्पत्ति को अपने देश की ओर ले जाना ब्रिटिशों का एकमात्र लक्ष्य था। भारतेन्दु 'भारत-दुर्दशा' के पहले अंक में ही यह सूचित करते हैं–

''अंगरेज राज सुख साज सजे सब भारी।
पै धन बिदेश चलि जात इहै अति ख्वारी।''

भारत अपने अधिकार से हट गया, फटे कपड़े पहने, सिर पर अर्ध किरीट, हाथ में टेकने की छड़ी और शिथिल अंग के भारत के रूप से उसकी दुर्दशा तो विदित होती है। यही नहीं, भारत दूसरे अंक में दुर्योधन का प्रसिद्ध वाक्य याद करता है–"सूच्याग्रं नैव दास्यामि बिना युद्धेन केशव।" अंग्रेजों ने युद्ध का मार्ग अपनाया नहीं, उन्होंने कूटनीतिक चाल से सारा देश हड़प कर इसे श्मशान बना दिया। भारत का सारा ऐश्वर्य, सोचने-समझने की शक्ति, मान-अभिमान, धन, साहित्य, संस्कार सब उन्होंने छीन लिया। भारत अनाथ है, आश्रयहीन है। उसके बचने का रास्ता भी नष्ट हो गया। ऐसी एक नाजुक स्थिति में पूर्णतः थके-माँदे, मृतप्राय भारत को प्रस्तुत किया गया है नाटक में।

उपर्युक्त नाजुक स्थिति की वजह मध्यकालीन भारतीय जीवन की निस्सारता थी। वे केवल ईश्वर और भाग्यवाद पर विश्वास रखते हुए भौतिकता की समृद्धि का अनदेखी कर रहे थे। इसलिए भौतिक क्षेत्र में जो आगे बढ़े, वे विज्ञान एवं प्रौद्योगिकी की मदद से भारतीय भाग्यवादियों पर आसानी से विजय प्राप्त कर सके। भारतीय मिट्टी बौद्धिक, आध्यात्मिक, साहित्यिक एवं सांस्कृतिक दृष्टि से उर्वर थी। लेकिन उस उर्वरता को नष्ट कर ब्रिटिश शासक भारत के लोगों की सारी क्षमताओं पर अंकुश लगाते हैं। यही नहीं, सामाजिक शिथिलता एवं जर्जरता के लिए जितना काम कर सके, वह सब उन्होंने किया। 'फूट डालो राज करो' की नीति उन्होंने सभी क्षेत्रों में फैलायी। भारत दुर्दैव ब्रिटिशों का प्रतीक है। हमारे यहाँ के लोगों को भी उनको फौजी बनाकर यहाँ के सर्वनाश के लिए उन्होंने बीज बोये। नाटक में अन्धकार, मदिरा आलस्य, रोग, सत्यनाश आदि को फौजी बनाकर भारत को घेर लिया गया। भारतीय जनता में इन सबको बढ़ावा देने का षड्यंत्र उन्होंने रचा।

धर्म को सबसे बड़ा हथियार बनाया गया। सत्यनाश वादा करता है कि ''बहुत हमने फैलाए धर्म। बढ़ाया छुआछूत का कर्म।'' उस उपनिवेश में बहुत से भारतीय ब्रिटिशों के साथ मिलकर भारत के खिलाफ काम कर रहे थे। उपनिवेशवादी व्यवस्था के लिए क्लर्कों (गुलामों) की जरूरत थी। इन क्लर्कों के जरिए और विदेशी शिक्षा

के जरिए जनता की मानसिकता को उपनिवेशों के पक्ष में ढाल लेना ही ब्रिटिशों का लक्ष्य था। यह लक्ष्य अंग्रेजी शिक्षा से उन्होंने पूरा किया। धर्म सही रास्ते से विचलित हो गया। कई प्रकार से कूपमंडूकता बढ़ी। सही पूजा-आराधना के बदले जादू-टोने का प्रचार हुआ। धर्म की दुर्व्याख्या से भारतीय जीवन को शिथिल बनाया गया। इसके साथ उस समय के राजा-महाराजा अपव्य के साथी थे। फूट, डाह, लोभ, भय, उपेक्षा, स्वार्थपरकता, पक्षपात, हठ आदि बढ़ते जा रहे थे। जिन-जिन मार्गों से भारतीय चेतना पर आघात पहुँचा सका, उन सबका इस्तेमाल इन ब्रिटिशों ने किया।

आखिर भारत को चेतना शून्य बनाया गया। उस चेतना शून्य स्थिति से उसको बचाने के लिए सांस्कृतिक जागरण की जरूरत आ पड़ी। आर्थिक दृष्टि से पिछड़े हुए समाज में संस्कृति का सामाजिक तथा मूल्यगत महत्त्व है। वाल्टर बेन्जामिन ने ठीक ही लिखा है कि किसी खतरे के समय संस्कृति का रचनात्मक स्मरण होता है। तीसरी दुनिया के पिछड़े देशों ने अपने सांस्कृतिक जागरण को राष्ट्रीय जागरण में बदल दिया। उपनिवेश में नवजागरण का दायित्व दो संस्कृतियों की टकराहट में अपनी अस्मिता की पहचान में है। उपनिवेशवादी अंग्रेज यहाँ की संस्कृति को हीन दृष्टि से देखते थे। यद्यपि प्राच्च विद्याविद, भारत के अतीत का गौरव-गान करते रहे तो भी तत्कालीन भारत को मुर्दा देश माना गया। औपनिवेशिक अनुभव उपनिवेश-विरोध के रूप में सामने आया। इसके मूल में किसी न किसी प्रकार का संघर्ष था। संघर्ष एक ऐसी वस्तु है, जो इसमें संलग्न व्यक्तियों को रचनात्मक बनाती है। संघर्ष और रचना का बहुत गहरा सम्बन्ध है।

'भारत दुर्दशा' में उपर्युक्त संघर्ष से प्रज्वलित सांस्कृतिक क्षेत्र के कुछ मनीषी एकजुट हो गये। वे भारत को बचाने के मार्गों पर विचारविमर्श करते रहे हैं। वे सब रचनात्मक क्रांति से भारतीय चैतन्य को वापस लाने के पक्ष में थे। वे सब इस बात पर सहमत रहे कि "सब लोग मिलकर एक चित्त हो विद्या की उन्नति करो, कला सीखो, जिससे वास्तविक उन्नति हो।" लेकिन 'कवि-वचन सुधा' जैसी पत्रिका पर भी प्रतिबन्ध लगाने का सरकार की तरफ से जो उपक्रम हुआ, उससे यह विदित हो उठा कि सभी प्रकार से भारतीयों को परतंत्र बनाकर भारत की पूरी बरबादी ही ब्रिटिश सरकार ने चाही थी।

अचेत भारत को जगाने के लिए भारत-भाग्य ने उसके कानों पर अतीत के गौरव को फूँक दिया। लेकिन इन सबका कोई असर इसलिए उसपर पड़ा नहीं था कि यहाँ के सांस्कृतिक महत्त्व को ब्रिटिश शासक मानते नहीं थे। यहाँ के उस समय के महात्माओं ने असल में अपनी अस्मिता की प्रतिष्ठा तथा जनता की जागरूकता के लिए भारतीय संस्कृति का आधार ग्रहण किया था। भारत-भाग्य भारत में जिस विदेशी शिक्षा का उदय हुआ था, उसको उम्मीद एवं गर्व की दृष्टि से देखता है। उसे भी भारत का भाग्य वह समझता है। इससे यह संकेत भी मिलता है कि भारतीय

नवजागरण पाश्चात्य शिक्षा का परिणाम है। लेकिन इसे अनेक कारणों में से एक मानना सही होगा। भारत भाग्य की उक्ति से यह सूचना मिलती है कि चेतना का लक्षण प्रकट हुआ, लेकिन पुराने सामाजिक भेद-भावों, अत्याचारों एवं अन्यायों से मुक्ति की सम्भावना दिखाई नहीं देती। ''छिन्न-भिन्न होकर सब नरक की यातना भोगते हैं।'' भारतेन्दु हमेशा, भारत की उन्नति के लिए चिन्तित थे। उन्होंने एक निबंध में लिखा—''भाई हिन्दुओं, तुम भी मतमतांतर का आग्रह छोड़ो। आपस में प्रेम बढ़ाओ। इस महामंत्र का जप करो। जो हिन्दुस्तान में रहे, चाहे किसी रंग किसी जाति का क्यों न हो, वह हिन्दू है। हिन्दू की सहायता करो। बंगाली मरट्ठा, पंजाबी, मदरासी, वैदिक, जैन, ब्राह्मण, मुसलमान सब एक का हाथ एक पकड़ो। कारीगरी जिससे तुम्हारे यहाँ बढ़े, तुम्हारा रुपया तुम्हारे ही देश में रहे, वह करो। देखो जैसे हजार धारा होकर गंगा समुद्र में मिलती है, वैसे ही तुम्हारी लक्ष्मी हजार तरह से इंग्लैंड, फ्रांस, जर्मनी, अमेरिका को जाती है।'' भारत दुर्दशा का मूलमंत्र भी यही है।

भारत-भाग्य भारत को जगाने के लिए कई ईश्वरों को बुलाता है, लेकिन कोई सुनता नहीं। अन्त में पराजित होकर भारत-भाग्य आत्महत्या कर लेता है। उसने कहा ''मुझसे वीरों का कर्म नहीं हो सकता।'' इसका तात्पर्य है कि भारत को सचेत करने के लिए वीर कर्मठ योद्धाओं की जरूरत है। भाग्यवाद, ईश्वरवाद आदि कर्मक्षेत्र से बच जाने के मार्ग हैं। जो इन मार्गों पर अडिग रहते हैं, वे असल में निष्क्रिय एवं डरपोक लोग हैं; इसलिए समय की जरूरत को मानकर भारतभाग्य खुद अपनी भूमिका समाप्त करता है। भारत में आधुनिकता के आगमन की सूचना अर्थात् भौतिक विकास का संकेत भारत-भाग्य के अन्त के साथ नाटक में प्राप्त होता है।

'अन्धेर नगरी' को भारत-दुर्दशा की अगली कड़ी मानी जानी चाहिए। 'भारत-दुर्दशा' में उन्होंने कहा था 'किया चौपट यह सारा देश', इसलिए उस चौपट देश के हालात पेश करने के लिए चौपट राजा की कहानी चुन ली गयी। जिस देश के सारे के सारे क्षेत्रों में मदिरा, धार्मिक उच्छृंखलता, अनावृष्टि, बुद्धिजीवियों की गुलामी जैसे तमोगुण फैल गये, वहाँ सिर्फ अन्धेरा ही अन्धेरा बना रहेगा। यह एक नगरी तक सिमटता नहीं, बल्कि पूरे देश भर में व्याप्त हो जाता है। एक देश का अन्धेरापन उस देश की तत्कालीन शासन-व्यवस्था पर आधारित है। इस नाटक में एक लोक-कथा के जरिए तत्कालीन शासन-व्यवस्था पर अत्यन्त तीखा व्यंग्य छोड़ा गया है, जो उसकी पूरी संरचना में घुल-मिल गया है। रामविलास शर्मा ने ठीक ही लिखा है—''भारतेन्दु ने यहाँ यह दिखाया है कि पुरानी लोक-संस्कृति के रूपों को राजनीतिक चेतना फैलाने के लिए किस तरह इस्तेमाल किया जाना चाहिए।'' (भारतेन्दु हरिश्चन्द्र और हिन्दी नवजागरण की समस्याएँ—पृ. 132)

'अन्धेर नगरी चौपट राजा' के मंगलाचरण का भाव ही पूरे नाटक में गूँजता

रहता है। गुण-अवगुणों का भेद समझने में असमर्थ राजशासन में नीति एवं न्याय कैसे चलेंगे? अन्धेर नगरी का वातावरण यथार्थ जीवन का ही प्रतिबिम्ब है। अन्धेर नगरी के गुणी लोग चन्दन और कीकर वृक्ष का भेद, हंस और काक का भेद, हाथी और गधे का भेद और कपूर एवं कपास का भेद न जाननेवाले हैं। यहाँ सब वस्तुयें हैं, चाहे मानव हो, धर्म हो, कबाब हो, हलवा हो, सब्जी हो, जानवर हो। किसी में कोई अन्तर नहीं हैं। यहाँ सब चीज़ें टके सेर बिकती हैं, "टका सेर भाजी टका सेर खाजा।" महंत के ये विचार सबसे उल्लेखनीय हैं–

"सेत सेत सब एक से जहाँ कपूर कपास।
ऐसे देश कुदेश में, कबहूँ न कीजै बास।।
कोकिल बायास एक सम, पण्डित मूरख एक।
इन्द्रायन दाडिम विषय, जहाँ न नेकु विवेक।।
बसिए ऐसे देस नहीं, कनक-वृष्टि जो होय।
रहिए तो दुख पाइए, प्राण दीजिए रोय।।"

अन्धेर नगरी की सत्ता, मूर्ख राजा एवं नौकरशाही मिलकर जनता का मनमाना शोषण करते आ रहे हैं। वहाँ का बाजार व्यंग्यात्मक ढंग से हिन्दुस्तान की बुरी हालत की पोल खोल देता है। यहाँ टके का महत्त्व सर्वोपरि है। टके के लिए जाति, धर्म आदि बेचे जाते हैं। अन्धेर नगरी अंग्रेजी राज्य का ही दूसरा नाम है। अंग्रेजी राज्य के हाकिम ही घासीराम के चने खाकर लोगों पर दूना टैक्स लगाते हैं। यहीं हिन्दुस्तान का मेवा-फ्रूट और वैर-टके सेर बिकते हैं। यहीं जैसे काज़ी, वैसे पाजी है। यहीं दालमंडी है, जहाँ की देवियाँ चूरन की शौकीन हैं और जहाँ अमले चूरन खाकर दूनी रिश्वत पचाते हैं। यहीं वेद-धर्म, कुलमर्यादा, सचाई, बड़ाई सब टके सेर बिके जाते हैं। इससे समकालीन नवउपनिवेशी बाजार कैसे भिन्न हैं?

इस अन्धेर नगरी का राजा असल में चौपट ही होगा। न्याय चलाना उसके वश की बात नहीं है। क्या गलत है, क्या सही है, यह उसे आता नहीं है। उसके देश में सभी प्रकार का अन्याय चलता है। अपराध के लिए दंड अवश्य देगा, लेकिन भोगनेवाला और कोई होगा। बाजार का आकर्षण बड़ा है। नाटक में अपने गुरुजी की आज्ञा न मानकर गोवरधनदास टके सेर मिठाई खाता है और चौपट राज्य की व्यवस्था में फँस जाता है। आम आदमी की मानसिकता को गोवरधनदास के जरिए भारतेन्दु उजागर करते हैं। आम आदमी उपभोग संस्कार की गिरफ्त में जल्दी ही फँस जाता है। लेकिन इस नाटक में जो महन्त है, वह चिन्तनशील सचेतन बुद्धिजीवी का प्रतीक है। 'भारत-दुर्दशा' में भारत-भाग्य ने कर्मवीरों की जरूरत की ओर इशारा किया था। यहाँ चिन्तनशील बुद्धिजीवी वर्ग ब्रिटिशों के सामने लाचार हो गया है। यद्यपि 'भारत-दुर्दशा' का सबसे सजीव हिस्सा किताबखाने वाला दृश्य है तो भी वहाँ जनता से विच्छिन्न बुद्धिजीवियों की असहाय दशा उकेरी गयी है।

'अन्धेर नगरी' में सचेतन सूझबूझ वाले महन्त के जरिए चौपट राजा को फाँसी पर चढ़ाना बहुत ही प्रतीकात्मक है। बुद्धिप्रबल लोगों के सामने चौपट राजा सुधबुध खोकर परास्त हो गया। ऐसे विवेकियों से ही भारत को चेतना मिलती है। सन्दर्भ के अनुसार विवेक का इस्तेमाल कर आगे बढ़ने पर उपनिवेशी ताकतें अवश्य डाँवाडोल हो जाएँगी। ऐसे विवेकी लोगों के एकजुट होकर काम करने से भारत दुर्दैव यहाँ से चला जाएगा। इसलिए ग्रामीण और अनपढ़ जनता की भी समझ में आनेवाली बातें लिखकर भारतेन्दु ने अंग्रेजी राज्य की अन्धेर नगरी की आलोचना ही नहीं, इस अन्धेरगर्दी को खतम करने की प्रबल इच्छा भी प्रकट की। इस इच्छा को चरितार्थ करने के उपलक्ष्य में महन्त नामक पात्र की सृष्टि की गयी। 'भारत दुर्दशा' में अतीत का गौरवगान तो है, पर वह जन-मानस में चेतना भर देने तथा आत्मगौरव से सजग करने के उद्देश्य से ही किया गया है।

भारतीय नवजागरण अतीत से जुड़ा हुआ है, उससे बहुत कुछ ग्रहण करके आगे बढ़ना है। सच तो यह है कि अपने यहाँ अतीत वर्तमान भविष्य का विभाजन नहीं है। काल का एक-सा तथ्य है। आधुनिक जो भी विचार हो; वे सब वेद, उपनिषद नववेदान्त में घुले-मिले हुए हैं। आत्मचेतस अन्धेरनगरी के महन्त में विद्यमान है। 'भारत-दुर्दशा' में प्रत्येक चिन्तनशील व्यक्ति में विद्यमान आत्मचेतस की चिनगारी चमकती है तो भी उसे सामाजिक बनाने में वे असमर्थ निकले हैं क्योंकि वे तितर-बितर पड़े हैं। भारतेन्दु के विचार में जब इन आत्मचेतसों को समष्टि-चेतस में परिणत करें, तब चौपट राजाओं का अन्त सुनिश्चित होगा। इसलिए भारतेन्दु मंडली रूपायित हुई।

उपनिवेशवाद एक सच्चाई है, जिसका एक लम्बा इतिहास है। इस दीर्घकालीन राजनीतिक एवं सांस्कृतिक व्यवस्था की जड़ों ने भारतीय समाज, संस्कृति, अर्थव्यवस्था तथा विकास योजना में व्यापक रूप से घुसपैठ की है, लेकिन आज भी उसके प्रतिरोध का क्रियात्मक प्रयास शुरू नहीं हुआ है। औद्योगिक क्रान्ति के पश्चात् साम्राज्यवादी शक्तियाँ मंडी की खोज में निकलने लगी थीं। यह साम्राज्यों एवं उपनिवेशों की स्थापना हेतु निकली। साम्राज्यवाद की नृशंसता, कुरूपता तथा उसकी परिणतियों से देशी लोग परेशान होने लगे। परिणामस्वरूप नवजागरण, नये राष्ट्रबोध तथा सामन्ती मूल्यों को चुनौती देने का कार्य आदि शुरू हुए। यह भी सच है कि नयी राष्ट्रीयता नवजागरण और राष्ट्रीय स्वतंत्रता आन्दोलन का सम्बन्ध उपनिवेशी शक्तियों से प्रत्यक्ष एवं परोक्ष रूप से है। असल में उन्हीं से प्राप्त ज्ञान-विज्ञान ने भारतीय जागरण के हेतुओं में मुख्य भूमिका निभाई है, चाहे पाश्चात्य शिक्षा प्राप्त कुछ व्यक्तियों के जरिए हो। निजी संस्कृति की पहचान कर हीनता भाव के बिना व्यवहार करने की शैली नवजागरण काल में अपनाई गयी। उक्त राष्ट्रीय संस्कृति के केन्द्र में बहुलतावादी भारतीय संस्कृति को पहचानने का आग्रह, धर्मनिरपेक्षता, समाजवादी

लोकतंत्र, स्वतंत्रता का मोह आदि बातें अन्तर्निहित रही थीं। इसलिए धीरे ही सही, उसमें सभी वर्ग, वर्ण, जाति, धर्म आदि का योगदान रहा।

आज भूमंडलीकरण की प्रक्रिया के द्वारा जो नवउपनिवेशी साम्राज्यवाद पुष्ट हो रहा है, उसके प्रतिरोध की जरूरत है। अमेरिका उस समय ब्रिटेन का प्रत्यक्ष उपनिवेश रहा है तो आज अमेरिका भूमंडलीकरण के नाम पर अपनी स्वार्थता के तहत विश्व को अपने लिए अनुकूल मंडी बना लेने का कुत्सित कार्य कर रहा है। भूमंडलीकरण का असली लक्ष्य अविकसित तथा विकासशील राष्ट्रों को आवश्यक आर्थिक तथा तकनीकी सहायता देकर उन्हें विकासोन्मुख करना तथा विश्वराष्ट्रों का खुला मंच तैयार करना भी है। लेकिन आज विश्वबैंक, अन्तर्राष्ट्रीय मुद्राकोश तथा विश्वव्यापार संगठन अपने मूल लक्ष्य से विचलित होकर अमेरिकी साम्राज्यवाद को पनपने का अवसर दे रहा है। आज भारत में शहरों, गाँवों के भेद के बिना हर दरवाजे पर बहुराष्ट्रीय कंपनियों एवं बैंकों के बिचौलिए खड़े हुए हैं, अपने आकर्षक वादों की तरफ जन साधारण का ध्यान आकर्षित करने तथा उन्हें फँसा लेने के लिए। इसके लिए सुविधा प्रदान कर रहे हैं हमारे देश के सत्ताधारी चौपट राजा लोग। अन्धेर नगरी में बाजार सब चीजों की बिक्री का केन्द्र है। यही नहीं, वहाँ का प्रत्येक व्यापारी विज्ञापन के जरिए अपनी ओर उपभोक्ताओं को आकर्षित कर रहा है। वे सब देश के सारे तंत्रों से परिचित हैं। वे ही राजा से, नगरी की दण्डनीति से, मुसलमान-ईसाई भेद-भाव को बनाए रखते हुए धर्म की बिक्री की सम्भावनाओं से परिचित हैं। यानी कि वे देश के हर स्पंदन को समझनेवाले हैं। यही तंत्र है आज के बाजार का। अन्धेर नगरी में सब चीज़ें टके सेर बिकी जाती हैं। आज एक चीज़ के बदले में दो या तीन मुफ्त में देने का जो तंत्र है, अन्धेर नगरी के तंत्र से कहाँ भिन्न है? आज के विज्ञापनों का मुख्य नारा है 'मुफ्त और किश्त नीति'।

आज भारत की बहुत सी चीज़ों पर अधिकार बहुराष्ट्रीय कम्पनियों का है। खेती के क्षेत्र में, वनस्पति के क्षेत्र में, औषधियों के क्षेत्र में, विज्ञान और तकनीकी क्षेत्र में सब कहीं भारत का स्वत्व नष्ट हो रहा है। यही नहीं, विदेशी कम्पनियों ने भारत के बाजारों पर भी अपना अधिकार जमा लिया। भारतेन्दु ने सूझ-बूझ के साथ 'भारत-दुर्दशा' में "धन विदेस चलि जात यहै अति ख्वारी" का सूत्र पकड़कर अंग्रेजों की लूट का बुनियादी तौर से पर्दाफ़ाश कर दिया था। उस समय आम जनता जिस प्रकार असली लूट से अनभिज्ञ थी, वैसे ही आज के नवउपनिवेश में छिपे छल की गहराई से अबूझ होकर उसके जंजाल में फँस गयी है। साम्राज्यवादियों के खुले बाजार में शामिल होकर अपनी मातृभूमि को एक बाज़ार में परिवर्तित करके हमारे शासकों ने बड़ी भूल की है। हमारे देश के चौपट राजाओं की आँखें खुलाने और उनकी नीति के ज़रिये जो भीषण अमानवीय और जनविरोधी स्थिति पैदा हुई, उससे अवगत कराने का कार्य समाज के बुद्धिजीवी वर्ग को अपना दायित्व समझना

है, जैसे भारतेन्दु ने रास्ता दिखाया है। आज के उपनिवेश के खिलाफ संघर्ष करने के लिए हमें उपनिवेशित दृष्टि से मुक्त होना अनिवार्य हो गया है। हर भारतीय स्वदेशी बनता जाए, तो नव-उपनिवेश समाप्त हो जाएगा। ऐसे सांस्कृतिक विमर्श के लिए हमें भारतेन्दु की ओर, उनके विवेक और तर्कबुद्धि की ओर पुनः देखना पड़ता है। विदेशी उपनिवेश के खिलाफ देश की आत्मा की खोज अथवा आत्मचेतस को जगाने का प्रयास भारतेन्दु ने अपनी रचनाओं के जरिए किया। सचमुच वही कार्य नवउपनिवेश कालीन अधिकांश रचनाकार करते आ रहे हैं। हम मुड़-मुड़कर देखने को तैयार हैं भारतेन्दु की ओर, तब उनकी रचनाएँ हमारे लिए पाथेय बनती हैं, यह समय की अनिवार्यता है। जितने युग बीत जाने पर भी हमारे सामने समयानुकूल जिज्ञासाएँ जगाते हुए हमसे संवाद करते हुए पीढ़ी-दर-पीढ़ी का साथ देने की जो शक्ति भारतेन्दु की रचना में है, वही है भारतेन्दु की विरासत। प्रत्येक युग के प्रतिभावान रचनाकार हमें यही याद दिलाते रहते हैं कि 'हम प्रलय न होने देंगे।'

'रक्तकरबी' की प्रासंगिकता

मूल्य संवाहक रचनाएँ सदा काल को लाँघकर अपनी ताजगी से पाठकों को आकृष्ट करती रहती हैं। भारतीयों को गर्व के साथ यह कहना पड़ता है कि रवीन्द्र बाबू की रचनाओं में जब-जब गोता लगाता है, तब-तब असंख्य मोतियाँ हमारे हाथ लग जाते हैं। उनकी रचना कितनी छोटी हो, वह कोई बात नहीं, गागर में सागर भरती है, हमें गहराई से सोचने के लिए विवश करती है। महान विचारों को उद्दीप्त करने योग्य शिल्प भी उनकी रचनाओं को और गहरा बनाता है। ठाकुर जी का 'रक्तकरबी' नाटक निश्चय ही मानवीयता और पृथ्वीगुण का प्रतीक है। उस गुण के दमनार्थ राजा के मानवीय व्यक्तित्व को जाल की ओट में रखकर चारण लोग जो निर्मम शासन करते है; वहाँ सब मूल्य चकनाचूर हो जाते हैं। इस प्रकार सामन्तीय एवं पूँजीवादी व्यवस्था का सबसे बड़ा भयानक एवं निन्दनीय चेहरा पर्दा उठाकर प्रकट होता है। आज के सन्दर्भ में यह नाटक इसलिए विचारणीय है कि पृथ्वी एवं प्रकृति की छाती को तोड़मरोड़कर उसमें निहित सम्पत्ति का अनावश्यक उपभोग कर पृथ्वी का सर्वनाश करने में लोग लगे हुए हैं। अथवा हम एक प्रलय की कगार पर खड़े हुए हैं। उसके खिलाफ समझदार लोग लड़ने लगे हैं। यह नाटक भी प्रतीकात्मक रूप में यही सत्य हमारे सामने खोल देता है।

पृथ्वी की सम्पत्ति युग-युगों से संचित है। उसके गर्भ में संचित उस अमूल्य और अनन्त सम्पत्ति का प्रकटीकरण है यह अनन्त रूपात्मक जगत। इस अनन्तरूपात्मक जगत की प्रकट सम्पत्ति का यथायोग्य प्रयोग कर मनुष्य सुख की जिन्दगी बिता सकता है। प्रकृति की अवस्थिति से हमें जो सुख और शान्ति मिल जाती है, वह मनुष्य भूल जाता है, बदले में बाहर की हरियाली के कारण बननेवाली भूमि की गर्भस्थ सम्पत्ति को चुराना दुराग्रही एवं लालची मनुष्यों का लक्ष्य है। गर्भस्थ सम्पत्ति के लूटने से धरती नये को जन्म देने में नाकाबिल हो जाती है। धीरे-धीरे पृथ्वी नाशोन्मुख हो जाएगी और वह मनुष्य को समाप्त कर देगी। ठाकुर ने खुद पहचान लिया और प्रकट भी किया कि मनुष्य के दुराग्रह का अन्त उसके पतन से ही हो जाएगा। मानवीय मूल्यों पर पर्दा डालकर पृथ्वी की अनवरत खुदाई में लगे हुए एक सामन्तीवर्ग का यथातथ्य चित्र 'रक्तकरबी' में पेश किया गया है। आज इस प्रजातंत्रीय व्यवस्था में स्थिति और भी शोचनीय बनती दिखाई देती है। इस ज़माने

में खुद अपने-आप धरती की खुदाई की गयी तो नवऔपनिवेशिक युग में विदेशी कम्पनियों एवं साम्राज्यवादी शक्तियों की मदद से यह प्रक्रिया चलती है। यह भारत तक सीमित प्रक्रिया नहीं, बल्कि सम्पूर्ण विश्व में व्याप्त है। भूमि के अनावश्यक शोषण से वह मरणासन्न पड़ी है।

'रक्तकरबी' नाटक यक्षपुरी का नाटक है। यहाँ के श्रमिक मिट्टी के भीतर से सोना निकालने के काम में नियुक्त हैं। यहाँ का राजा एक अत्यन्त जटिल आवरण के भीतर निवास करता है। राजा के उस जाल का आवरण ही इस नाटक का एकमात्र दृश्य है। आवरण के बाहरी भाग में ही समस्त घटनाएँ घट रही हैं। तब 'रक्तकरबी' मतलब लालकनेर इस स्थिति में परिवर्तन लाने सूचक अर्थात् स्नेह, मानवमूल्य, क्रान्ति आदि का प्रतीक है। लालकनेर की माला एवं कंकण पहनती है नायिका नन्दिनी। नन्दिनी जाल में फंस गयी लड़की है। राजा का आवरण, सरदारों द्वारा देश के संचालन की व्यवस्था, सोने के लिए भूमि की खुदाई, देश के शोषण में सरदारों, चौधरियों एवं गोसाइयों का हिस्सा आदि को पूर्ण रूप से समझती है नन्दिनी। ये सब देश के विकास के लिए हानिकारक हैं, इसलिए राजा को आवरण से बाहर लाना नन्दिनी अनिवार्य मानती है। देश के परिवर्तनार्थ वह सारी कोशिशें करती है। नन्दिनी और उसका प्रेमी रंजन दोनों युवावस्था, कर्मठता, मूल्य, कृषिसंस्कार एवं मिट्टी की ऊपरी हरियाली के धन पर विश्वास करते हैं। लेकिन रंजन सत्ता के हाथ में है। रंजन को छुड़ाने की नन्दिनी की कोशिश प्रतीकात्मक है। रंजन को छुड़ाने का मतलब है कि राजा को आवरण से बाहर निकालकर अर्थात् चारणवृंदों की धोखेबाजी से बाहर निकालकर मानवीयता की रक्षा करना। सुरंग में निहित सोने को लेने के बदले भूमि के ऊपर प्रयत्न कर धन कमाना। नन्दिनी का समर्थन करनेवाले विशु, किशोर, फागूलाल जैसे मजदूर इस अनावश्यक खुदाई एवं पराधीनता से अवगत हैं।

नन्दिनी के लिए सभी प्रकार का कष्ट झेलकर लालकनेर पहुँचाने के किशोर के वादे से नाटक का आरम्भ होता है। सुरंग में सोने के लिए खुदाई में नियुक्त मजदूरों में एक है वह। फिर भी इसी बीच में सरदार की आँख चुराकर इसीलिए वह लालकनेर तोड़ने आता है कि उसे मालूम है कि नन्दिनी का लक्ष्य बहुत ऊँचा है। देश को स्वतंत्र बनाना है। नन्दिनी इसी स्वतंत्रता का प्रतीक है। किशोर जैसा मजदूर बड़ी उम्मीद करता है नन्दिनी पर। नाटक के अध्यापक के शब्दों से यक्षपुरी की अवस्था और वहाँ नन्दनी का स्थान यों जाहिर होता है कि "हमारे खुदाई करनेवालों का दल पृथ्वी की छाती को चीर कर जरूरत का बोझ सिर पर लादे कीड़ों की भाँति सुरंग के भीतर से ऊपर चला आ रहा है। इस यक्षपुरी में हमारा जो कुछ धन है, वह सब उसी धूलि की नाड़ी का धन है सोना। परन्तु सुन्दरी तुम जो सोना हो, वह धूलि की नहीं हो। तुम प्रकाश की हो। जरूरत के बन्धन में उसे कौन बाँध सकेगा।"

(पृ॰ 12) यक्षपुरी में सबका प्रकाश बनकर नन्दिनी आ गयी है।

नन्दिनी पहचानती हैं कि सारा शहर मिट्टी के भीतर मुँह डालकर अन्धेरे में हाथ पसारे फिरता है। सुरंग खोदकर जो धन निकालने की कोशिश हो रही है वह धन अनेक युगों का मृतप्राय धन है। पृथ्वी ने उसे कब्र देकर रखा था। अध्यापक के अनुसार सोने को बाँध लेने पर पृथ्वी को मनुष्य अपनी मुट्ठी में बन्द करेगा। आधुनिक युग में पृथ्वी को अपने अधीन करने के व्यर्थ प्रयत्न की ओर ठाकुरजी इशारा करते हैं। पृथ्वी को अधीन कर उसके गर्भ में जो मृतधन है, उसकी महा शक्ति पर आधुनिक मनुष्य गर्व करता है। वैसे ही राजा को मनुष्योत्तर बनाकर उसके प्रताप को बढ़ाने का कार्य है। इसलिए राजा को जाल की ओट में प्रतिष्ठित किया गया है। राजा को साधारण जन से दूर रखकर हमारे प्रजातंत्र में भी उसकी महानता को बढ़ाचढ़ाकर दिखाने की पद्धति चलती आ रही है। अध्यापक का विचार यहाँ विचारणीय है–"नंगे का कोई परिचय नहीं, गढ़े हुए कपड़ों से ही कोई राजा होता है, कोई भिखारी होता है।" (पृ. 13) राजा को सबसे अलग कर राजा की श्रेष्ठता बढ़ायी जाती है। असल में जब राजा जाल के इर्दगिर्द से बाहर आकर साधारण जन से मिलता है, तब वह मनुष्य बनता है। वेश और अलंकारों से उसे मनुष्यों से अलग करना मूर्खता है। इसलिए जनता एवं राजा के बीच के लोग असल में शासन को बर्बाद करते हैं। ऐसे चारण लोगों से राजा को बचाकर प्रजा और राजा के बीच के सम्बन्ध को दृढ़ बनाने की आवश्यकता है।

नन्दिनी के वक्तव्य से अध्यापकों एवं विद्वानों की विद्वत्ता की अनुपयोगिता जाहिर होती है। नन्दिनी के अनुसार यक्षपुरी के मजदूर सोने की खान खोदते-खोदते मिट्टी के भीतर समाप्त होते जा रहे हैं, उसी तरह पण्डित या अध्यापक भी दिन-रात पुस्तकों में खोदते रहते हैं। दोनों के व्यर्थ प्रयत्नों पर व्यंग्य छोड़ती है नन्दिनी। नन्दिनी और अध्यापक के बीच की बातचीत से आधुनिक युग की बहुत सी विसंगतियाँ पोल खोलकर प्रकट होती हैं। नन्दिनी को उसका प्रेमी रंजन अभी तक शासकों द्वारा नहीं सौंपा गया है। वह इसलिए बहुत चिन्तित है। उसको पूरा भरोसा है कि रंजन को ले आने पर इन मृत लोगों में प्राण नाच उठेंगे। लेकिन नन्दिनी के उसे ले आने से आज सत्ता आतंकित है। नन्दिनी देश में व्याप्त जड़ता के विरोध में है। यदि रंजन भी उसके साथ है तो सम्पूर्ण जड़ता को वे आसानी से हटा सकते हैं। वह नदी के समान सबको हँसाकर एवं जरूरत पड़े तो सभी बाधाओं को तोड़-मरोड़कर देश को परिवर्तित दिशा की ओर ले जाएगा। नन्दिनी पूरी उम्मीद से पूर्ण सूरज समान रंजन की प्रतीक्षा करती है। प्रकाश एवं परिवर्तन अवश्य सम्भव हो जाने की आशा वह बाँधती है। लेकिन ऐसे पूर्ण सूरज को हतबुद्धिवालों से भरा हुआ कोई भी देश स्वीकार नहीं करता है। अध्यापक यों कहता है– "यक्षपुरी ग्रहण-लगी पुरी है। सोने के गड्ढे के राहु द्वारा उसे पूर्ण रूप से निगल लिया गया है। वह स्वयं पूर्ण नहीं है,

किसी को भी पूर्ण नहीं रखना चाहती।" (पृ. 16)

अध्यापक के शब्दों से यह जाहिर होता है कि नन्दिनी और रंजन जैसे पूर्ण सूर्य को यक्षपुरी की सत्ता स्वीकार नहीं करेगी। यह देश उनके लिए सुरक्षित जगह नहीं है। इस देश को सुधारना नामुमकिन है। उनके चले जाने पर यद्यपि अन्धकार की सुरंग का मुँह अधिक खुल जाएगा तो भी उनको बचाने के लिए वहाँ से चले जाना है। यक्षपुरी में धरती की सम्पत्ति की लूट हो रही है। यहाँ वसुन्धरा को टुकड़े-टुकड़े किया जा रहा है। पृथ्वी का गुण है नन्दिनी और रंजन में भी। वे धरती से पाताल जाना नहीं चाहते हैं। उनका लक्ष्य पृथ्वी को प्यार से बचाना है। प्यार का प्रतीक है लालकनेर। स्नेह शून्य रिक्त जीवन है यक्षपुरी का। वहाँ हरीतिमा लाने के लिए जो प्रयत्न करेगा, उसका नाश अवश्य होगा। नन्दिनी रंजन की प्रतीक्षा में सदा है। रंजन के आगमन की प्रतीक्षा प्रतीकात्मक है। वह प्यार, ताजगी, शक्ति, प्राण, परिवर्तन की प्रतीक्षा है।

आधुनिक मनुष्य की रिक्तता नाटक का प्राण है। राजा नेपथ्य से जब बोलता है, तब वह अपने को शक्तिसम्पन्न बनाने के लिए धरती की खुदाई एवं सोने को संचित कर भंडार को विकसित करने की ओर इशारा करता है। लेकिन उसी दम वह अपनी मानसिक रिक्तता भी प्रकट करता है। आधुनिक मनुष्य मायाजाल में है, यथार्थ एवं सत्य से कोसों दूर है। धन एवं ऐश्वर्य के पीछे पागल मनुष्य यथार्थ सुख एवं शान्ति को पहचानता नहीं है। वह भूमि की खुदाई में तुला हुआ है। भीतर जाने से, भूमि को पीड़ा देकर शोषण करने को सुख समझता है। लेकिन पौष का गीत अथवा फसल पकने के बाद लोग उसे काटते समय आनन्द एवं सुख का जो गीत गाते हैं, वह आज लोग सुनते नहीं हैं, राजा भी। नन्दिनी उस संगीत को बार-बार सुनती है और भावविह्वल हो जाती है। राजा को बाहर की ओर बुलाती है खेतों की वंशी सुन-सुन कर मुदित होने के लिए। लेकिन राजा के लिए खेतों का सरल काम कठिन लगता है। जीवन्त खेती की सम्पत्ति में रुचि नहीं है। मृत धन को बटोरने में वह शक्ति समझता है। जैव सौन्दर्य में आधुनिक मनुष्य सुख देखता नहीं है, वह मृत मरीचिका के पीछे है।

रवीन्द्रनाथ ठाकुर ने अपनी दूरदर्शिता के तहत विकास के नाम पर होनेवाले औद्योगीकरण, धरती की अन्धाधुन्ध चीरफाड़, उससे उत्पन्न होनेवाली जड़ता एवं मनुष्यवंश के नाश को उसी समय अर्थात् बीसवीं शताब्दी के आरम्भिक दिनों में ही महसूस किया था। 'रक्तकरबी' इसलिए पारिस्थितिकी की दृष्टि से समकालीन सन्दर्भ में एक सशक्त प्रासंगिक रचना है। राजा से नन्दिनी का यह वार्तालाप सुनिए—"पृथ्वी अपने प्राणों की वस्तु स्वयं प्रसन्न होकर देती है। परन्तु जब उसकी छाती चीरने के समान मृत हड्डियों को ऐश्वर्य समझकर छीन ले आते हो, तब अन्धेरे में से एक अन्धे राक्षस का अभिशाप ले आते हो। देखते नहीं?—यहाँ के सभी जैसे किसी भाँति

क्रुद्ध हो रहे हैं, किंवा सन्देह करते हैं, किंवा डरते हैं। (पृ. 22) इससे यह बिलकुल स्पष्ट है कि वहाँ की जनता इस खुदाई से अतृप्त है। जब मनुष्य प्रकृति से मिलजुल कर रहता है, तब सुख अनुभव करता है। कृषि संस्कृति, मनुष्य की प्रकृति के साथ के सम्बन्ध को सुदृढ़ बनाये रखनेवाली है।

औद्योगीकरण की जगह अथवा यंत्रीकरण के बदले कृषि संस्कार को बढ़ावा देने की अनिवार्यता पर नाटककार जोर देते हैं। इसलिए नाटक में नन्दिनी राजा से बार-बार बाहर आकर पृथ्वी पर पैर रखने के लिए कहती है–"उजाले में निकल आओ, मिट्टी के ऊपर पैर रखो, पृथ्वी खुश हो उठेगी" (पृ. 22)

राज्य अपने को मिट्टी के साथ अथवा पृथ्वी के साथ मिलाना चाहता है, फिर भी पूँजी के अतिमोह में यह सम्भव नहीं होता है। पूँजीवाद के अति घोर यथार्थ को वे पेश करते हैं। राजा की शक्ति में है देश के धरतीपुत्रों का आनन्द। लेकिन राजा लोग अथवा सत्ता उन धरतीपुत्रों से मिल नहीं पाती, क्योंकि उसके चारों ओर जो पूँजीवादी, साम्राज्यवादी एवं धार्मिक शक्तियाँ उसे नियंत्रित करती हैं। वे उसके लिए अनुमति नहीं देतीं। नाटक में सरदार, चौधरी, गोसाई जैसे पात्र इनका प्रतिनिधित्व करते हैं। समकालीन सन्दर्भ में यही भारत जैसे देश में चल रहा है। साम्राज्यवाद एवं पूँजीवाद धर्म के सहारे से लोगों में अन्धविश्वास पैदा कर भटका देते हैं। नाटक में सरदार एवं चौधरी लोग गोसाई के माध्यम से धार्मिक अन्धविश्वास फैलाते हैं। इसमें विश्वास कर चंद्रा जैसी स्त्री नन्दिनी जैसी यथार्थ स्नेह एवं पृथ्वीरूप की निन्दा करती है। इस आधुनिक युग में इसलिए सत्ता यथार्थ को पहचाने बिना पूँजी एवं साम्राज्यवाद से गठित पर्दे के पीछे अन्धे राजा के समान अर्थात् धृतराष्ट्र बनकर पराजय का शासन करता है। तब पृथ्वी कैसे बच जाएगी। आज के राजा की मान्यता देखिए–"पृथ्वी के नीचे की तलहटी में पिंड के पिंड पत्थर, लोहा और सोना है; वहीं रहती है बल की मूर्ति। ऊपरी तल पर थोड़ी-सी कच्ची धरा पर घास उगती है, फूल खिलते हैं–वहीं रहता है जादू का खेल। दुर्गम स्थान से हीरा लाता हूँ, माणिक लाता हूँ, सरलतापूर्वक प्राणों के उस जादू को ही नहीं निकालकर ला पाता।" राजा कष्टपूर्ण काम से जो मिलता है, उसे मूल्यवान एवं शक्तिपुंज समझता है। किसानी एवं प्राकृतस्थ जीवन से जो प्राप्त करता है, उसे बहुत सस्ता एवं जादू मानता है।

जब धन एकत्र हो जाता है, तब अपने यौवन की पूर्ति के लिए साधन के प्रति लालच बढ़ जाता है। नाटक में सहज स्नेह एवं न्याय-अन्याय को पहचाननेवाली सबकी प्रेरणास्रोत नन्दिनी को पाना राजा का मुख्य लक्ष्य रहा। इसके लिए उसके प्रेमी को उससे अलग कर दिया गया। दोनों के मिलने पर उस राज्य की यह परतंत्रता अवश्य मिट जाएगी। लेकिन खंड-खंड करके दुर्बल बनाने का तंत्र सत्ताधारी रचते हैं। राजा खुद तप्त है, रिक्त है और क्लान्त है। उसकी तृष्णा को शान्त करने के लिए उसकी रिक्तता ने कई उर्वरा भूमि क्षेत्र को चाट लिया। उर्वरा भूमि मरु में बदलती है और

मरुप्रदेश की सीमा बढ़ जाती है। राजा की शोषण मनोवृत्ति का ज्वलंत दृष्टान्त है यह। लेकिन इतने बलवान होते हुए भी उसके सामने की दुर्बल घास को अर्थात् नन्दिनी को वह अभी तक अपना नहीं सका। शक्ति का भार स्वयं को ही पीस डालता है। राजा यह सत्य समझता है। इसलिए नन्दिनी विश्व की बाँसुरी में नाच का जो छन्द बज रहा है, वही छन्द समझती है। राजा उसे अपने से ज्यादा सबल मानने लगता है। उस सहज सौन्दर्य में निहित आनन्द की शक्ति पहचानता है। इसलिए राजा कहता है–"सुन्दर का जवाब सुन्दर ही पाता है। असुन्दर जब जवाब छीन लेना चाहता है, वीणा के तार नहीं बजते, टूट जाते हैं।" (पृ. 28)

यक्षपुरी में पृथ्वी की खुदाई में लगे हुए सारे मजदूर अतृप्त हैं। उन्हें कोई आजादी नहीं घर जाने का अधिकार नहीं, संगठित होने का भी हक़ नहीं। असल में पूँजीवाद के इशारे पर उन्हें नाचना पड़ता है। मजदूर सब पिंजड़े में आबद्ध पक्षीगण हैं। यक्षपुरी में कोई सुन्दर को समझता नहीं है, सब उसकी अवज्ञा करते हैं। विशु और फागूलाल दोनों सत्ता के प्रति घोर विरोध प्रकट करते हैं। सरदार किसी को इससे हटने नहीं देता। मजदूरों की कोई सामाजिक स्वीकृति यानी कि अस्तित्व नहीं था। सत्ताधारियों के लिए वे मनुष्य नहीं है, केवल संख्या हैं। प्रत्येक मजदूर के लिए नम्बर दिया गया है। इससे वह बुलाया जाता है। गाँवों में मनुष्य को मनुष्य मानने की परम्परा आज भी शेष रहने की सूचना ठाकुरजी देते हैं। लेकिन शहर में सब धन के पागल हैं, यक्षपुरी में है तो सोने की शराब से उत्पन्न नशा है। सत्ताधारी लोग इसके नशे में अपना कर्तव्य भूल जाते हैं। वे बहुत निर्मम एवं अमानवीय बनकर अपनी शक्ति को भयानक बनाते हैं।

नाटक में विशु नन्दिनी की माँग के अनुसार उसे मिट्टी का, सौन्दर्य का गीत सुनाता है। नन्दिनी पूस का गीत गाते हुए खेत की ओर जानेवालों को देखती है। नन्दिनी विशु से कहती है–"इस बन्द गढ़ के भीतर केवल तुम्हारे-मेरे बीच में ही थोड़ा सा आकाश बचा हुआ है। बाकी सब ठोस है।" नन्दिनी, विशु जैसे बहुत कम लोग ही वहाँ भावुक हैं, स्नेह एवं मूल्यों युक्त मनुष्य हैं। बाकी सब यंत्र बनकर काम करते रहते हैं, धन कमाना उनका एकमात्र मकसद है। पूँजीवाद में मानवीय संवेदनाएँ नहीं के बराबर हैं। वह दूसरों को डराता है। स्नेह की भाषा जानता नहीं है। वह बिलकुल मुर्दा है। सरदार का परिचय नन्दिनी यों देती है–"उस जैसी मुर्दा-वस्तु नहीं देखी। जैसे बेंत के जंगल में से काटकर लाया गया बेंत हो। पत्ते नहीं, जड़ नहीं, मज्जा तक में रस नहीं; सूखकर लपलपा रहा है।" (पृ. 53) लेकिन उसमें रंजन का दूसरा पहलू है। वह अपनी इस स्थिति से बिलकुल अस्वस्थ है। रंजन को छुड़ाने हेतु और मजदूरों के अधिकार के लिए लड़ने की इच्छा विशु में बलवती है। वह और कई मजदूर नन्दिनी से प्रेरणा प्राप्त कर इस निष्प्राण नगर को बचाना चाहते हैं।

ईश्वर को भी चुनौती देकर पत्थर के कोटर में घुसकर उसकी आड़ में हजार

वर्ष तक टिके रहे मेंढक के समान राजा भी जीना चाहता है। लेकिन वह राजा भी रंजन को मार डालने के बाद पूरा अपराध अपने ऊपर लेकर नन्दिनी के साथ मृत्यु के वरणार्थ चला जाता है। वह बिलकुल प्रतीकात्मक है कि रंजन जो प्रकृतिबोध अथवा पृथ्वीबोध का प्रतीक है, जब उसकी हत्या पूँजीवाद के माध्यम से की गयी, तब से राजा स्वतंत्र हुए। अपने रंजन की हत्या यद्यपि हुई तो भी उसके जरिए राजा को स्वतंत्र बनाने की नन्दिनी की कोशिश सफल हुई। नन्दिनी इसलिए इसे अपनी जययात्रा की शुरुआत मानती है। राजा भी पिंजड़े से बाहर आकर उसके पीछे मृत्यु को स्वीकार करने जा रहा है। अपने चारों ओर के पूँजीवादी चारणों के षड्यंत्र में फँसकर अभी तक वह बन्धन में था। रंजन की हत्या एवं प्रेम में अटल नन्दिनी उसके मार्ग को प्रशस्त करने में सहायक बनी।

राजा पर नन्दिनी का जितना प्रभाव पड़ा, उससे ज्यादा पहले ही उसके पीछे खड़े होने में तैयार हुए विशु, फागूलाल, किशोर आदि पर। मजदूर एक साथ संगठित हुए। जब राजा स्वतंत्र हुए, उन्होंने भी अपने कारागृह को तोड़ दिया। वे उस व्यवस्था के खिलाफ लड़ने को तैयार हुए। सरदार के नेतृत्व में राजा के सैनिकों के बल पर मजदूरों पर आक्रमण होना शुरू हुआ। अध्यापक भी अपने पोथी-पत्र को छोड़कर नन्दिनी के पीछे भागता है। अध्यापक अपनी विद्वत्ता एवं बुद्धिमत्ता में सीमित रहता है। अपना सामाजीकरण नहीं करता। इसलिए ऐसे अध्यापकों एवं बुद्धिराक्षसों से समाज को कोई फायदा नहीं। जिसका फायदा नहीं वह जड़ है। लेकिन सम्पूर्ण यक्षपुरी की जिन्दगी में गति प्रकट हुई। नन्दिनी के कारण यक्षपुरी अपना यंत्रस्वरूप खो चुकी और विवेकी हुई।

यहाँ सबसे विचारणीय एवं सुसंगत बात यह है कि पूरे देश में परिवर्तन लाया गया एक स्त्री द्वारा। स्त्री का प्यार है उसका सम्मोहित करने वाला सौन्दर्य। नन्दिनी लाल करने के आभूषण पहनकर अपने प्रेमी का इन्तजार अटल विश्वास के साथ करती है। प्रेमी भी गति, ओज, उत्साह, कर्म, यौवन, प्रकृति की हरीतिमा खेती की संस्कृति से सम्पन्न सही मनुष्य है। उसकी हत्या की गयी। यह नन्दिनी की जययात्रा का आरम्भ माना जाता है। संगठित मजदूर, राजा की स्वतंत्रता आदि औद्योगिक पूँजीवादी संस्कृति से कृषि संस्कृति की ओर आने की सूचना है। अन्त में दूर से जो गीत सुनाई पड़ता है, वह कृषि का और मिट्टी का है—

"पौष मास ने तुम्हे पुकारा आओ रे चले
आओ, आओ, आओ
भरा धूलि का आँचल पाकर पकी हुई फसलें
बलि जाओ, जाओ, जाओ!" (पृ. 109)

स्त्री द्वारा सम्पूर्ण जनता एवं पृथ्वी का बचाव हुआ है। यह स्त्रीशक्ति का अच्छा नमूना है। इसलिए इसे इको-फेमिनिज़्म में दर्ज किया जा सकता है। रवीन्द्रनाथ जी के

जन्म का एक सौ पचासवाँ वर्ष मनाये जानेवाले इस अवसर पर काल का अतिक्रमण कर जनता को पुनः सोचने-समझने के लिए विवश करनेवाली उनकी रचना है पर पुनः चिन्तन बिलकुल सार्थक है। रक्तकरबी वैसी एक रचना है। प्रत्येक कालजयी रचना पाठक के मन में आकांक्षाएँ एवं जिज्ञासाएँ जगाती रहती है। शाश्वतता एवं इतिहास को लाँघकर प्रत्येक काल के पाठक से संवाद करती रहती है। मनुष्य को स्वाधीन बनने का रास्ता खोल देती है।

❑❑